JN096207

「そだちあい」のための
社会的養護

遠藤由美
【編著】

ミネルヴァ書房

まえがき

「友だちが応援してくれたから，がんばって竹馬に乗れるようになった」。

「今の基準で考えれば，私の親は虐待者。それでも……親は捨てられない」。

「40％は自分ががんばった。20％はお母さん，あとの40％は保育士・指導員，いろんな人に手伝ってもらって育った」。人は人の中で育ち，地域の中で育つ。

「新しい社会的養育」として，家庭養護と施設養護の協働，地域に息づく社会的養護のあり方が問われる今，本書は，日々子どもたちの育ちの現場に立ち会う研究的実践者と，共に子どもの育ちを応援する実践的研究者によって書かれた。キーワードは「そだちあい」のための社会的養護。子どもがおとなから学び育つだけでなく，おとなも子どもから学ぶ。子どもは一人ひとり大切にされることを通して，他者の大切さをも知る。じぶんと他者を大切にできる関係，人と人との関わりの中に学びがあり，そだちあいがある。子どももおとなも育つ営みとして社会的養護を捉えようとしたのが，本書である。

本書は6章からなる。論稿の多くは執筆者が勤務する施設での経験を踏まえ書かれており，事例や実践記録は，個人が特定されないように改変されている。生の実践が示す苦悩と喜びは共感をもってより深く学ぶことができる。

第1章では「社会的養護の歴史・現在」，子どもたちの現実と社会的養護の歴史を紐解き，法制度・施設・専門職の役割を確認する。

第2章は，「子どもの生活原理と『そだちあう』環境の構築」として，「人権の尊重と主体性を尊重した人間形成」「子どもの情緒安定のための環境の構築」「個と集団がそだちあう場の設定」を挙げ，第3章は，「主体的な社会参加の促進と家庭・地域との関係調整」として，「主体的な社会参加の促進」「親・家族との関係調整」「地域の中での子育て」を挙げ，「社会的養護における子どもの生活原理」についてまとめている。第2・3章の各節の冒頭では，その原理の考え方も含めて論じ，続く項で多様な視点から原理に接近する。

第4章「社会的養護における支援内容」では子どもの理解と3つの支援の基

本を取り上げ，続く第5章では，「入所から退所までの流れと自立支援計画」について把握する。

　第6章は「社会的養護の専門性と労働」をテーマとし，子どもの権利と支援者の権利の統一的な保障が子どもの最善の利益保障になることを前提に，支援者が学ぶべき学習内容や働き続けられる条件づくりの課題について論じる。

　執筆者たちが届けてくれた経験に裏打ちされた大切なメッセージが，日々の実践を切り拓く上で，ささやかな希望になることを望みたい。

　2022年2月

遠藤由美

目　　次

まえがき

<table>
<tr><td>第1章</td><td>社会的養護の歴史・現在</td></tr>
</table>

1　社会的養護が必要な子どもたち

（1）子どもたちの現在

1）世界の子どもたちの機会の格差

　2015年に生まれた子どものうち約100万人が，人生の初日にその最期を迎えた。2012年，毎日約1万8,000人の子どもたちが，5歳の誕生日を迎える前に命を亡くしていた。死亡した5歳未満児のほぼ半数は，肺炎，下痢，マラリア，髄膜炎，破傷風，はしか，敗血症，エイズなどの感染症を死因としており，防ぐことの可能な原因で亡くなっている。シエラレオネで生まれた子どもは，日本で生まれた子どもに比べて，5歳になる前に死亡する確率が40倍も高い。

　ユニセフ『ユニセフと世界のともだち』(2013年12月改訂新版) は，2013年当時の世界の子どもたちの状況を次のように伝えている。

　　5歳の誕生日を迎えられず，命を失ってしまう子どもたち：1年間に約660万人

　　栄養が足りない0〜4歳の子どもたち：4人に1人

　　働かなければならない子どもたち：約1億6,800万人（5〜17歳）

　　小学校に行くことのできない子どもたち：約5,700万人

　　子ども兵士：約30万人

　4人に1人の子どもたちは，貧しくて栄養的に十分な食べ物が食べられないため，また親が栄養のことを知らず栄養が偏ってしまうため，栄養が不足していた。約5,700万人の子どもたちは，学校が近くにない，教科書や学用品が足りない，先生が少ない，学校に行く時間がない，子どもが学校に行くと働き手が少なくなるので親が通わせない，女の子というだけで親が学校に通わせない，といった理由から小学校に行くことができない状態であった。

国連は,「ミレニアム開発目標（MDGs）」(2000年採択) や「持続可能な開発目標（SDGs）」(2015年採択) を示した。ユニセフは，不利な立場にある子どもたちに対して重点的に投資しない場合，SDGs の達成年とされる2030年までに，次のような事態に陥ると指摘している。

　　１億6,700万人の子どもたちが極度の貧困下で暮らす。

　　2016年から2030年の間に6,900万人の５歳未満児が亡くなる。

　　6,000万人の就学年齢の子どもたちが学校に行けない。

　国際的な取り組みにより改善も見られる一方で，進展の陰に取り残された子どもの存在や，格差の拡大などの課題が浮かび上がっている。

２）日本の子どもたちの格差

①　子どもの貧困

　サハラ以南の国々のうち，国民１人当たりの GNI（１年間に一つの国が生み出している収益を国民数で割った金額）が１年365ドル未満で暮らす国が多くあるのに比べると，日本は３万ドルを越え，世界的にも20位内に入るほど豊かである。しかし，日本の子どもたちの状況は一様ではない。日本では，2008年を「子どもの貧困元年」と呼び，2012年には「６人に１人の子どもが貧困である」と指摘され，子どもの貧困対策がより強く求められることになった。朝日新聞アンケート（2015年11月）には，「子どもの貧困」の具体的姿が寄せられた（以下，抜粋）。

　　「小学校で給食を作る仕事。朝ごはんを食べずに学校へ来て，夕飯は菓子パンを食べるだけ，給食だけが唯一きちんとした食事だという子どもがいました。」（千葉県40代女性）

　　「中学生が下の子をお迎えに行くために学校を早退する。部活の大会で外に行く時冬なのにカッターとブレザー以外着るものがない。」（神奈川県50代女性）

　　「６畳２間に台所に家族７人暮らし。学習スペースはない。」（高知県50代女性）

　　「児童相談所で働いている。子どもの貧困とは衣食住に不安を感じる生活はもちろん，経済的理由によって親とゆっくり過ごせる時間が少ない，自立を強いられる，子どもらしく遊ぶことを制限されるなど，経験やその後

の人生が制限されている状況をさすと考えています。」（千葉県・20代女性）

「教員です。中学校の部活動でユニホームなど（生徒たちが）揃えられないため，私が全員のユニホームを自腹で負担した。試合に行くにも，練習と称し，バスに乗らずに走った。お弁当を用意できない子がいるので，私の昼食はおにぎりのみ，用意できない子の逃げ道ができる。」（兵庫県・50代男性）

　経済的貧困は，さまざまな機会の貧困を生み出し，孤立を生み出す。家族の生活を左右する就労の状況の悪化によって，「生活の不安定化」が生じる。そうした中で，「父母の疾病・入院」「父母の行方不明」など想定外の「生活事故」が起きると，それまでと同様の生活を送ることが難しくなる（「家族の抵抗力低下」）。ギリギリの状態で働き生活せざるを得ない中で「養護問題」が発生し，「虐待」に至る場合がある。「相談」や「通告」による児童相談所の援助方針会議の結果，施設入所や里親委託となる場合もある。誰にも助けを求めることができない場合，心中や虐待死に至る事例もある。図１-１は，生活の土台の不安定・ゆらぎが，家族の生活・子どもの生活に影響を及ぼすことを示したものである。可能な限り下層の段階で，要求と必要に基づいた支援の確保が必要である。

　子どもが生活の拠点とする家庭における経済的貧困は，生活資料の欠乏を招き，それはさらに子どもたちのさまざまな機会の欠乏や不足をもたらし，結果として家族との人間関係や友だち関係のゆがみや欠乏（孤立），学習意欲や学力，生活意欲の減退を招く。さらに放置された「子どもの貧困」は「青年の貧困」につながり，「おとなの貧困」を生み出す。「おとなの貧困」は「次世代の子どもの貧困」に連鎖する可能性がある。貧困の世代間連鎖は貧困の固定化長期化につながる（図１-２）。

　②　子どもへの虐待

　ゆっくり過ごす時間や色々なことを経験する機会を確保することができない状態は，おとなの生活の不安定や見通しのもてなさにつながり，おとなをも精神的・身体的に追い詰める。しわよせはより弱いものにいくため，結果として「放任」といわれ，あるいは子どもの「しつけ」と称して行われる虐待・体罰が繰り返され，子どもが生命を失う事例が生み出される。

図1-1 子どもの貧困問題の社会的背景

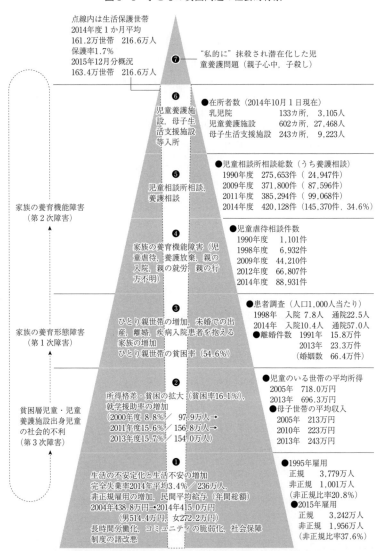

点線内は生活保護世帯
2014年度1か月平均
161.2万世帯　216.6万人
保護率1.7%
2015年12月分概況
163.4万世帯　216.6万人

❼ "私的に"抹殺され潜在化した児童養護問題（親子心中，子殺し）

❻ 児童養護施設，母子生活支援施設等入所

●在所者数（2014年10月1日現在）
乳児院　　　　　 133カ所，　3,105人
児童養護施設　　 602カ所，27,468人
母子生活支援施設 243カ所，　9,223人

❺ 児童相談所相談，養護相談

●児童相談所相談総数（うち養護相談）
1990年度 275,653件（ 24,947件）
2009年度 371,800件（ 87,596件）
2011年度 385,294件（ 99,068件）
2014年度 420,128件（145,370件，34.6%）

家族の養育機能障害
（第2次障害）

❹ 家族の養育機能障害（児童虐待，養護放棄，親の入院，親の就労，親の行方不明）

●児童虐待相談件数
1990年度　 1,101件
1998年度　 6,932件
2009年度 44,210件
2012年度 66,807件
2014年度 88,931件

❸ ひとり親世帯の増加，未婚での出産，離婚，疾病入院患者を抱える家族の増加
ひとり親世帯の貧困率（54.6%）

●患者調査（人口1,000人当たり）
1998年　入院7.8人　通院22.5人
2014年　入院10.4人　通院57.0人
●離婚件数　1991年　15.8万件
　　　　　　2013年　23.3万件
　　　　　　（婚姻数　66.4万件）

家族の養育形態障害
（第1次障害）

❷ 所得格差・貧困の拡大（貧困率16.1%），就学援助率の増加
（2000年度 8.8%／　97.9万人→
　2011年度15.6%／156.8万人→
　2013年度15.7%／154.0万人）

●児童のいる世帯の平均所得
2005年　718.0万円
2013年　696.3万円
●母子世帯の平均収入
2005年　213万円
2010年　223万円
2013年　243万円

貧困層児童・児童養護施設出身児童の社会的不利
（第3次障害）

❶ 生活の不安定化と生活不安の増加
完全失業率2014年平均3.4%／236万人，
非正規雇用の増加，民間平均給与（年間総額）
2004年438.8万円→2014年415.0万円
　　　　（男514.4万円，女272.2万円）
長時間労働化，コミュニティの脆弱化，社会保障制度の諸改悪

●1995年雇用
正規　　 3,779万人
非正規　 1,001万人
（非正規比率20.8%）
●2015年雇用
正規　　 3,242万人
非正規　 1,956万人
（非正規比率37.6%）

資料：厚生労働省編『平成27年版厚生労働白書』日経印刷，2015年，厚生労働省国民生活基礎調査，労働力調査ほか，内閣府編『少子化社会対策白書〈平成27年版〉』日経印刷，2015年，浅井春夫『戦争をする国・しない国』新日本出版社，158頁。
出所：浅井春夫『「子どもの貧困」解決への道』自治体研究社，2017年，21頁。

4

図1-2　子どもの貧困イメージ図

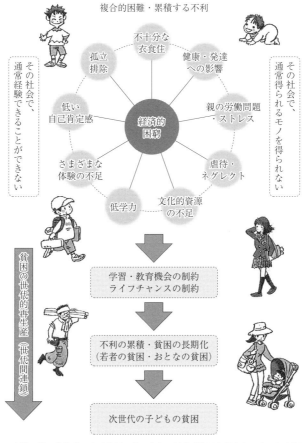

資料：秋田喜代美・小西祐馬・菅原ますみ編著『貧困と保育』かもがわ出版，2016年。
出所：小西祐馬「子どもの貧困イメージ図」松本伊智朗・湯澤直美・平湯真人・山野良一・中嶋哲彦編『子どもの貧困ハンドブック』かもがわ出版，2016年，13頁。

　虐待的環境は，子どもたちにさまざまな恐怖と欠乏を与える。昨日まで繰り返し叩かれてきた行為に加え，今日また叩かれたことに震え，明日また叩かれるのではないかと怯えて過ごす子ども。おとなの暴力からすぐに逃げられるように，壁に背をもたれかけさせたまま眠る子ども。恐ろしい現実を感じないよ

うに，できるだけそこに存在していないように過ごす子ども。その目は，凍りついた瞳である。何気なく手をあげた相手に，叩かれるわけでもないのに防衛のために両手で身体をかばおうと反射してしまう子ども。他者の前で身体を硬くし，いつ叩かれても痛みが最小限になるように歯を食いしばる子ども。おとなの機嫌を損ねないように，時に嘘を重ねて取り繕う子ども。相手を否定し，拒絶することばを，絶妙のタイミングで効果的に使える子ども。子どもたちは，おかれた虐待的環境の中で，虐待のない環境では見られないような言動をとりながらも，傷ついた自分を守り生き抜こうとしている。

　③　子ども同士の関係のゆがみ——いじめ・不登校

　多くの子どもたちが１日のうち長い時間を過ごす場として「学校」等がある。そこで作られる人間関係について，問題が指摘されて久しい。いじめの認知件数は，41万件を超えている（2018年10月文科省問題行動調査）。生命や心身への重大な被害，不登校につながった可能性のある「重大事態」は前年度と比べて増加，自殺した小中高の児童生徒数は250人。いじめの種類では，インターネットや交流サイトの誹謗中傷が１万件を超え過去最多を更新している。小中高における暴力行為の発生も６万件を超え過去最多，中高では減少しているものの小学校で連続増加の傾向にある。不登校の小中学生数は，14万4,000人を数えている。子ども同士の関係形成のゆがみは，いじめや暴力行為の発生としてあらわれ，そこからの離脱が進む。子ども同士の関係形成の困難さが見える。

（2）家庭養護と施設養護

　子どもたちには「３つの間」（時間・空間・仲間）が必要であり，空間的には家庭・学校・地域の視点が重要である。

　子どもたちは，家庭等で日常生活を送り，学校等に通い，必要な場合は特別な治療等を行うサービスを利用する。放課後学童保育や補習教育の場で過ごす場合もある。学校外の活動機会としては，地域子ども会・少年団，青年団等の地域組織活動，さらには，児童館や児童遊園，博物館（動物園や美術館等）や図書館等社会教育施設を利用することもある。

　子どもたちが育つ場として，その人生の初めから濃密な関係をもつのは一般的に「家庭」であり，子どもたちは「家庭」からの影響を受けて育つ。子ども

にはベースとなる拠点が必要であり，「家庭」がその役割を果たす場合が多い。自分を見守る存在，受け止める存在，愛着形成の基礎となる場としての役割が期待されるとともに，新しい発見・学びや挑戦を重ねる場としての役割が期待される。

　そのような「家庭」で暮らさず，別の場を生活拠点として育つ子どもたちもいる。「社会的養護」＝「代替的養護」の下で育つ子どもたちである。具体的には里親家庭やファミリーホーム等「家庭養護」の場と乳児院・児童養護施設をはじめとする居住型の児童福祉施設「施設養護」の場，すなわち「社会的養護」の場で育つ子どもたちである。「乳児院」や「児童養護施設」では，近年小規模化が進められつつあり，地域におけるマンションや一軒家などの住居や，多様な機能をもつ施設内に設けられた居住空間・ユニットにおいて少人数の子どもを養育する形態が増加してきている。子どもたちの生活単位が小さくなることによって，個々の状況にきめ細やかに寄り添いながら日々の生活をおとなと子どもが紡いでいく可能性が高まる。

　「家庭養護」の場では，実際の夫婦とともに暮らす中で，里親とそこに暮らす実子や里子の関係が作られる。

　「施設養護」では，里親やファミリーホームと比べると通常子ども数が多いため，子ども同士の関係や子どもと職員との関係が，より問われる。それだけに人と人との関係の作り方が，養護・養育の中心として衣食住の基本的生活づくりの中に位置づけられることが求められる。子どもは関わりの中で育つものだからである。

（3）地域における社会的養護

　地域で，家庭から離れず子どもが育っていくことができるための手立てが，準備されはじめている。地域子育て支援の取り組みは，妊娠から出産・子育て期まで切れ目ないきめ細やかな支援を目指し，取り組まれている。子どもたちは以前よりずっと多い子育て支援を準備され，親がそれを利用する中で育てられる。共働き家庭の子どもを対象に行われてきた保育所保育も，専業母親家庭の親子地域支援事業に取り組み始めた。社会的養護の分野においても，施設に附置された児童家庭支援センター等を中心に，困っている親子への生活支援や

学習支援等に乗り出している。子どもたちができるだけ家庭で，地域で暮らしながら，さまざまな社会資源を必要な形で活用しながら育ち学ぶ環境づくり，地域の中の「社会的養護」づくりが始められている。

2　社会的養護の歴史

(1) 社会的養護の原型

　人類は，氷河期など地球環境の激変を何度も経験する中で，脳と言語能力及び集団のチームワークを進化させてきた[1]。その子育てについては，単なる種の存続としての意味にとどまらず，子どもへの愛や慈しみ，成長への期待や喜びを伴ういとなみとして発展させてきた。またそれは，産んだ親だけでなく共同体の中で共有されてきた。

　石器から金属器への移行，農耕や牧畜の開始などを契機とする生産力の発展により，共同体から相対的に独立した特定のパートナー同士による生活及び子育ての基礎単位として家族が誕生した[2]。しかし，基礎単位としての家族は，主な生産従事者が欠ければたちまち生活が困難に陥るという，小集団ゆえのリスクを伴う。家族が誕生して以降，そのリスクは，元々子育ての機能を果たしていた共同体もしくは血縁関係の大家族あるいは別の家族（現在の里親）等による相互扶助的・自助的なシステムがカバーしてきた。

　やがて，生産力の発展とともに，強い者が富を占有し他者を支配するしくみとして国家が誕生した。国家は，共同体に代わり家族崩壊等のリスクに対応する社会的な子育てのシステムを整備もしくは奨励するようになった。

　日本では，仏教思想に基づく救済活動として，聖徳太子が建立した四天王寺の境内に，敬田院，療病院，施薬院，悲田院からなる四箇院が593（推古元）年に開設された。そのうち悲田院では，棄児・孤児をはじめ，身寄りがなく生活に困窮している者が保護された。これが日本の社会的養護の源流の一つとされている。

(2) 近代社会の誕生と社会事業の生成

　約200年前，ヨーロッパで市民革命が起こり，人権思想を基盤とする近代社

8

会が誕生した。人権思想は，信ずる宗教や思想信条などについて国家の不干渉を原則とする自由権とともに，同時期の産業革命を背景に工場主や資本家の経済的な利益を確保する所有権を国家に認めさせるものであった。

　一方，産業革命は，社会的規模で失業，貧困，児童労働などの社会問題を生み出したことから，災害，流行病などを含めて，個人の生命，生存の危機に国家が介入してこれを守らせる社会権の思想も生み出した。家族や共同体での子育てが困難になった場合，それまでの共同体による相互扶助のしくみに加えて，あるいはそれに代わり，近代社会では国家による公的扶助及び代替的養育の整備が求められるようになった。

　日本では，1868（明治元）年前後の明治維新による社会の混乱の中で，家族や共同体における子どもの養育機能の崩壊が広がった。これに対して明治政府は，1871（明治4）年に棄児養育米給与方などの慈恵的救済対策をとり，また1874（明治7）年には貧困者救済の基本的な制度として恤 救 規則（明治7年太政官第162号達）を定めた。その基本理念は「救済は人民相互の情宜」，すなわち相互扶助にあり，誰からも援助がない者に限って国が一定のお米を支給するなど，きわめて限られた制度であった。この制度は，公的扶助を理念とする救護法（1929〔昭和4〕年成立，1932〔昭和7〕年実施，1946〔昭和21〕年の生活保護法で廃止）まで続いた。

　明治政府の実績としては，1872（明治5）年に困窮者救済のための複合的な救護施設として養育院を設置し，病者，老人，障害者などとともに，棄児，孤児や貧困児童を保護したことが注目に値する。養育院は，1874（明治7）年から前年大蔵省を退官して第一国立銀行総監役となった渋沢栄一がその運営に関与し，1890（明治23）年に東京市営になると渋沢が初代院長に就任した。養育院は，近代日本における社会事業を牽引する貴重な役割を果たした。[3]

　公的救済制度が未発達な状態の下で，棄児，孤児，障害児等のための児童保護事業の多くは，実際には民間の慈善事業家や宗教家によって行われた。例えば，1869（明治2）年には，日田県（現・大分県）知事だった松方正義が寄付を集めて日田養育館を設立し，孤児の保護だけでなく，貧困等の事情で出産が困難な妊婦の支援，さらに親が育てられない子どもを匿名で預かる活動や養子の斡旋なども行った。しかし，寄付や善意による経営は困難に至り，1873（明治

6）年に閉鎖された。

　キリスト教関連では，主に孤児を保護する施設として，1872（明治5）年に横浜で修道女ラクロット（Roclot, S. M.）による仁慈堂，1874（明治7）年に長崎でフランス人宣教師ド・ロ（Marc Marie de Rotz）神父と岩永マキらによる浦上養育院などが建てられた。知的障害児施設としては，石井亮一により1891（明治24）年の濃尾大地震の救済活動を基に現在の東京都北区に弧女学院（1897〔明治30〕年に滝乃川学園と改称）が設立された。1909（明治42）年には，脇田良吉が京都府教育会附属事業として白川学園を設立した。また，仏教関連では，1879（明治12）年に今川貞山による福田会育児院，1886（明治19）年に森井清八による愛知育児院などが建てられた。

　その後，1887（明治20）年に石井十次による岡山孤児院，1890（明治23）年に大阪で小橋勝之助による博愛社が設立されるなど，明治末までに約100施設が建てられた。岡山孤児院は，「"無制限収容"の原則から，1891年濃尾震災，1906年東北大凶作で罹災した子どもを次々保護し，収容人数は1891年に100人を超え，1906年に1195人に達した[4]」という。この記録に象徴されるように，日本の社会的養護の発達は自然災害が大きな契機となった側面がある。

（3）帝国主義戦争と児童保護事業

　日本では，1900年頃までに産業革命を経て資本主義経済が生成発展した。それは同時に，低賃金の労働者階級を形成し，貧困，失業による窮乏と家庭崩壊の危機を構造的に生み出した。19世紀末から20世紀にかけての児童保護施設の増加は，貧困による家庭崩壊の拡大を反映したものでもあり，その救済に向けられた宗教者や慈善事業家の熱意によるものであった。

　孤児や貧困者の救済対策は，恤救規則により相互扶助を原則としてきたが，20世紀に入ると，1894（明治27）年の日清戦争，1904（明治37）年の日露戦争で犠牲となった兵士の遺族，遺児を援護する軍人家族援護事業を契機に公的な救済対策がとられるようになる。特に，日露戦争開戦直後に公布された下士兵卒家族救助令（明治37年内務省令第4号）は，救護法につながる公的救助義務主義に基づく最初の救貧法規とされる[5]。日本の児童保護事業は，前述の自然災害とともに，戦争の犠牲への対応も契機となったといえる。

　国家が関与した児童保護施策としては，内務省警保局官僚であり監獄学者でもあった小河滋次郎の尽力で1900（明治33）年に制定された日本初の子ども法ともいうべき感化法（明治33年法律第37号）の制定があり，これに基づき，各府県に感化院の設置が義務づけられたことを挙げることができる。感化院は，現在の児童自立支援施設につながる非行少年の保護更生のための施設であり，更生可能性など子どもの特性に基づき，懲罰ではなく教育による処遇を目指した。

　当時，非行少年のための民間の事業は感化事業と呼ばれ，民間の事業としては，1883（明治16）年に大阪で神道祈祷師・池上雪枝が日本初の保護施設を，さらに，1885（明治18）年に東京湯島で教誨師・高瀬真卿が私立予備感化院（翌年，東京感化院と改称。1949〔昭和24〕年に児童福祉法による養護施設・錦華学院に転換）を，1899（明治32）年には東京巣鴨に牧師・留岡幸助が家庭学校を開設,[6] 1914（大正3）年には，家庭学校の北海道分校として北海道家庭学校を設立した。また，1906（明治39）年には元巣鴨監獄所長・有馬四郎助が小田原幼年保護会（横浜家庭学園）を，翌年，横浜市根岸町に女子感化部として根岸家庭学園を開設している。

（4）15年戦争による子どもの犠牲

　1929年にニューヨークから発振した世界大恐慌により，日本でも多くの労働者が失業し，生活困窮家庭が急増した。日本政府と軍部はこの危機を帝国主義的な侵略によって打開しようとし，1931年の満州事変，1937年の盧溝橋事件を契機に中国との全面戦争（日中戦争）に突き進んでいった。その後，1940年のインドシナ進駐，1941年の真珠湾攻撃からはアメリカをはじめとする連合国軍との戦争（太平洋戦争）となった（日中戦争と合わせて15年戦争といわれる）。

　15年戦争の終盤には，空襲により家や家族を失った大量の子ども（戦災孤児）が生み出されていた。1945（昭和20）年8月に戦争は終結したが，約3万人の戦災孤児，中国東北部で親と死別もしくは生き別れとなって帰国した約1万人[7]の引揚孤児など，少なくとも十数万人の子どもが孤児として路頭に迷う状況を強いられていた。[8]

　この状況に対して当時の厚生省は1945（昭和20）年9月20日に戦災孤児等保護対策要綱を発表し，12月15日には生活困窮者緊急生活援護要綱，1946（昭和

21）年4月15日に浮浪児その他の児童保護等の応急措置実施に関する件，9月19日に主要地方浮浪児等保護要綱を発表して孤児，浮浪児の保護に乗り出した。引き取り手がない子どもの保護は主に施設が担い，戦争終結時には86施設であった施設数が1950（昭和25）年までには約400施設に増加した。現在の児童養護施設の多くは，この頃，戦争の犠牲となった子どもを保護するために設立されている。

（5）児童福祉法の制定と社会的養護

　基本的人権の尊重と平和的・民主的国家の建設を目指す戦後改革が進む中，1947（昭和22）年12月に児童福祉法（昭和22年法律第164号）が成立した。制定過程からは，「すべて児童は，歴史の希望として」その基本的人権が保障されなければならないという立法意思を読み取ることができる[9]。

　児童福祉法により，児童相談所を中核とする子どもの権利保障の体系が構築された。またこの時点で，児童福祉施設として，助産施設，乳児院，母子寮，保育所，児童厚生施設，養護施設，精神薄弱児施設，療育施設，教護院が規定された。孤児，浮浪児等は主に養護施設や教護院で保護された。

　教護院は，感化法に基づく感化院が1933（昭和8）年の少年教護法（昭和8年法律第55号）によって少年教護院と改称され，ここでさらに改称されたものであり，生きるために不良行為を犯さざるを得なかった浮浪児等の保護と更正のための教育を行った。なお，少年教護院とは別に，罪を犯した少年の矯正施設として1922（大正11）年の矯正院法により矯正院が開設され，戦後1948（昭和23）年の少年法および少年院法に基づく少年院となる。

　この頃の施設は，国による補助がきわめて不十分な中で，設置者や職員の献身的な努力によって，当面の子どもの生命・生存の危機を救済するのが精一杯であった。中には100人を超える子どもが共同生活を営む大規模な大舎制の施設もあり，子どもの権利保障の観点にまでは至らず，職員の暴力を伴う管理的な処遇，子ども間の暴力やいじめなど厳しい生活実態もあった[10]。

　その中で，ホスピタリズム（施設病）[11]が日本に紹介され，施設におけるケアのあり方が議論されるようになった。また一部の施設においては，現実に施設で暮らす子どもの生活に根ざしつつ，子どもを生活の主人公と位置づけ，子ど

も同士の「そだちあい」を重視する実践も取り組まれていた。⁽¹²⁾

　一方，日本経済は朝鮮戦争（1950-53年）による軍需産業の活性化を契機に復興し，1973（昭和48）年にオイルショック⁽¹³⁾が起きるまで高度経済成長を続けた。しかし，スクラップ・アンド・ビルドを伴う経済成長の裏では，倒産，失業の犠牲となった労働者とその家庭が生活困窮に陥り，借金苦や一家離散を強いられる事態を生じさせた。高度経済成長に伴う自然破壊や人口の都市集中による地域の養育力の衰退も，個々の家庭での養育困難を加速させた。養護施設では，成長した戦災孤児等が次第に施設を巣立っていく一方で，新たな社会的・経済的要因による要養護児童の入所が増加しはじめた。

（6）子どもの権利としての社会的養護

　高度経済成長期には，中学校卒業者が「金の卵」といわれ低賃金労働者として積極的に採用された。施設で暮らす子どものほとんどは，中学卒業と同時に施設を退所して就職した。

　1970年代には高校進学率が全国平均で90％を超えるようになった。しかし，その中で養護施設等入所児童は30％台にとどまっていた。すなわち，施設で暮らす子どもの多くは，中学卒業と同時に社会の荒波に放り出され，「自立」を強いられていた。⁽¹⁴⁾

　こうした実態を踏まえつつ，社会的養護とりわけ施設養護の実践を子どもの権利の視点から追求する動きが起こった。⁽¹⁵⁾また，施設退所後に「強いられた自立」⁽¹⁶⁾の下で苦しむ若者への支援を展開してきた自立援助ホーム⁽¹⁷⁾の取り組みも広がりはじめた。

　子どもの権利をめぐる動きは国際的にも展開し，国際連合（以下，国連）が1989年12月の国連総会で児童の権利に関する条約（以下，子どもの権利条約）を採択した。日本は，この条約を1994（平成6）年に批准した。1990年代は，日本政府の責任の下で，子どもの権利とその保障が大きく発展する時代になるはずであった。

　しかし，日本政府の政策はまったく逆の方向に向かった。政府は，企業の経済活動の活性化を名目とした規制緩和を柱とする新自由主義に基づき，むしろ国家責任を縮小し，恤救規則に遡るかのような相互扶助や自己責任を強調する

政策を打ち出した。また一方で，グローバリゼーションによる経済競争が激化し，倒産，失業，就職難，非正規雇用などが拡大するとともに，貧困化や子育て困難が深刻化し，児童虐待の犠牲となる子どもが急増した。

　こうした状況を背景に，こんにちの社会的養護には，児童虐待の犠牲をはじめとするハイリスク・ニーズを抱えている子どもの生存・発達保障のための積極的な取り組みが求められている。

3　子どもの生活の基盤
——社会的養護の法制度

（1）子どもが育つ平和な社会と家庭環境を維持するための国の責任

　子どもの権利条約が制定された背景には，前節で見たように，戦争による多くの子どもの犠牲があった。その最も大きな契機は，第1次世界大戦（1914-18年）であった。国家間の総力戦となったこの戦争は，それまでと比較にならない犠牲者とともに，多くの戦災孤児を生み出した。大戦後，戦争への反省とともに，子どもを守る国境を越えた保護活動が起こり，そうした運動を背景に，1924年の国際連盟総会で子どもの権利に関するジュネーヴ宣言が採択された。これは，史上初の子どもの権利に関する国際合意であった。

　しかしその後，イタリア，ドイツ，日本などで軍事独裁体制（ファシズム）が成立し対外侵略を進めたことにより，第2次世界大戦（1939-45年）が勃発した。その結果，第1次世界大戦を遙かに上回る犠牲者が生み出され，再び多くの子どもがその生命と尊厳を奪われ，家族との人間関係を引き裂かれた。

　第2次世界大戦後の1945（昭和20）年10月，「二度まで言語に絶する悲哀を人類に与えた戦争の惨害から将来の世代を救」うために国連が設立された。国連は，1948年，戦後世界の基本原理として世界人権宣言を採択し，1959年には，特に子どもの権利宣言を採択した。

　国連はさらに，1979年の国際子ども年を契機に，各国が誠実にこの宣言を尊重し子どもの権利の保障を確実に実現するよう，法的拘束力をもつ国際条約にすることを目指して討議を重ね，1989年の条約採択に至った。子どもの権利条約はその前文で，「家族が，社会の基礎的な集団として，並びに家族のすべての構成員，特に，児童の成長及び福祉のための自然な環境として，社会におい

てその責任を十分に引き受けることができるよう必要な保護及び援助を与えられるべきである」として，子どもにとっての家族の重要性とともに，親がそのような家庭環境を維持できるようにするための国の援助責任を前提的な基本理念として明示している。

（2）家庭環境を奪われた場合における子どもの権利

　子どもの権利条約は，前文に示した理念に加え，第18条において，より具体的に子どもの養育に対する家庭環境とりわけ父母の役割の重要性を「第一次的養育責任」（primary responsibility）として規定している。同時に，国に対して，父母の責任を尊重し父母がこれを遂行できるように，「児童の養護のための施設，設備及び役務の提供の発展を確保する」責任があると規定している。

　国の援助が不十分であると，児童虐待をはじめ，本来，子どもが安心して生活できるはずの家庭環境を奪われることがある。子どもの権利条約第20条は，そのような家庭環境を奪われた子どもの権利について次のように定めている。この条文は，社会的養護に関して子どもの権利条約が規定する基本条項である。第2項の「児童のための代替的な監護」[19]が，日本における児童養護又は社会的養護にあたる。

　「第20条（家庭環境を奪われた子どもの養護）

　　1．一時的若しくは恒久的にその家庭環境を奪われた児童又は児童自身の最善の利益にかんがみその家庭環境にとどまることが認められない児童は，国が与える特別の保護及び援助を受ける権利を有する。

　　2．締約国は，自国の国内法に従い，1の児童のための代替的な監護を確保する。

　　3．2の監護には，特に，里親委託，イスラム法のカファーラ，養子縁組又は必要な場合には児童の監護のための適当な施設への収容を含むことができる。解決策の検討に当たっては，児童の養育において継続性が望ましいこと並びに児童の種族的，宗教的，文化的及び言語的な背景について，十分な考慮を払うものとする。」

　第1項にある「家庭環境にとどまることが認められない」という判断は，司法等の専門機関が行う。その際，子どもの権利条約の一般原則である子どもの

意見表明権に基づき，子どもが自由に意見を言える環境や言葉で言い表せない思いが尊重されなければならない[20]。また，「国が与える特別の保護及び援助を受ける権利」という規定は，家庭環境を奪われた子どもの「社会的養護を受ける権利」の明記であるといえる。

第2項は，この「社会的養護を受ける権利」に対応して，国の「代替的な監護（alternative care）を整備する義務」を明記し，さらに第3項で，その具体的な例を挙げている。

（3）児童虐待等あらゆる暴力からの保護と回復措置

現代社会で増加しつつある児童虐待からの子どもの保護は，社会的養護の重要な役割である。子どもの権利条約第19条第1項は，児童虐待を含め「あらゆる形態の身体的若しくは精神的な暴力，傷害若しくは虐待，放置若しくは怠慢な取扱い，不当な取扱い又は搾取（性的虐待を含む。）からその児童を保護する」ために，国は「すべての」適当な措置をとるべきであると規定している。

この規定について，国連子どもの権利委員会は，子どもの権利条約の諸条文を詳細に解説した一般的見解（General Comment）第8号（2006年）「体罰およびその他の残虐なまたは品位を傷つける懲罰から保護される権利」，さらに，第13号（2011年）「あらゆる形態の暴力からの自由に対する子どもの権利」[21]を公表している。

ここでいう暴力は，第1に親など同居者による子どもへの虐待である。日本では，2000（平成12）年の児童虐待の防止等に関する法律においてその定義や対応原則が示された。第2は，里親や施設職員など社会的養護を提供する者による虐待であり，2008（平成20）年の改正児童福祉法で追加された第2章第7節「被措置児童等虐待の防止等」（第33条の10〜第33条の17）において，その定義および禁止規定と対応原則が示されている。

子どもの権利条約が禁止する暴力には体罰も含まれる。しかし日本では，民法第820条に親など親権者の懲戒権が規定され，その権限に体罰も含まれるとする考え方が根強くあり，子どもに対する暴力としての認識や法的規定が不明確であった。これについて国連子どもの権利委員会は，日本政府に対して，親や児童福祉施設職員による体罰を法的に明確に禁止するよう勧告していた[22]。こ

うした動向もあり，2019（令和元）年の改正児童虐待防止法で第14条第1項に親権者による体罰禁止が明記され，同時に，改正児童福祉法で第33条の2第2項および第47条第3項に一時保護所や児童福祉施設における体罰の禁止が追加された。

　児童虐待，体罰などあらゆる暴力は，犠牲となった子どもに深い心的外傷を与える。社会的養護には，子どもの心の傷の回復のためのケアとその後の自立支援のための援助が求められる。これに関連して子どもの権利条約第39条は，犠牲になった子どもの心身の回復と社会復帰のための措置を促進すべき国の責務を規定している。また，「このような回復及び復帰は，児童の健康，自尊心及び尊厳を育成する環境において行われる」と規定し，国の責務としてアフターケアを含む社会的養護の条件整備を進めることの重要性も示されている。[23]

（4）児童福祉法と社会的養護の制度

　日本における社会的養護の制度は，児童福祉法を中心に体系化されている。児童福祉法は，家庭において健全に養育できない状況におかれた要保護児童[24]の保護と健全育成に関する国や自治体の責任について，第3条の2で次のように規定している。この条文は，前述した子どもの権利条約第18条および第20条と関連づけられるべきであり，日本の社会的養護に関する法的根拠の出発点であるといえる。

　　「第3条の2　国及び地方公共団体は，児童が家庭において心身ともに健やかに養育されるよう，児童の保護者を支援しなければならない。ただし，児童及びその保護者の心身の状況，これらの者の置かれている環境その他の状況を勘案し，児童を家庭において養育することが困難であり又は適当でない場合にあつては児童が家庭における養育環境と同様の養育環境において継続的に養育されるよう，児童を家庭及び当該養育環境において養育することが適当でない場合にあつては児童ができる限り良好な家庭的環境において養育されるよう，必要な措置を講じなければならない。」

　この条文でいう「家庭における養育環境と同様の養育環境」は，「継続的に養育」できる養子縁組がまず想定される。同様に，家庭環境において特定の養

育者による養育（family based care）を提供できる里親及びファミリーホーム（家庭養護）が，次いで，養育者の交代はあるが家庭に近い物理的環境（家庭的環境）で養育されるグループホーム等の小規模施設における家庭的養護（family-like care）が想定される。また，そのような家庭的環境に適応できないなど特別なケアを要する子どものための施設養護（residential care）についても，「できる限り良好な家庭的環境」となるような措置を国及び地方公共団体に義務づけている。

　ここでいう「良好な家庭的環境」とは，子どもの権利条約が人権思想の歴史的発展の中で成立したことを踏まえれば，子どもを含めた家族の構成員をそれぞれ人権主体として認め合う民主的な家庭であるといえる。また，現代社会における家族の多様性も考慮されることになる。近年，児童養護施設においては，生活単位の小規模化，地域分散化が進行しつつある。施設が「家庭的」になればなるほど，共に生活する者同士の利害関係が濃密となる。それゆえに，それぞれの権利を尊重し合う民主的な関係性を意図的に一層追求せざるを得なくなる。

　なお，児童福祉法により規定されている社会的養護の具体的なしくみは，表1-1のように分類できる。また養子縁組については，児童福祉法とは別に民法（第817条の2～11）に基づき家庭裁判所によって承認される。[25]

（5）社会的養護のこれから

　国連は，2009年12月18日の総会で「児童の代替的養護に関する指針」（UN Guidelines for the Alternative Care of Children. 以下，国連指針）を決議の付属文書として採択した。この国連指針は，子どもの権利条約20周年を踏まえた社会的養護に関する国際的な共通理解の到達点であるとともに，社会的養護の今後のあり方を示す基本的な指針でもある。

　国連指針は，「A. 子どもと家族」の第3パラグラフにおいて，「家族に養育され続け，または，そこに戻ることができるようにすることに優先的な努力が向けられるべき」であり，国はそれを保障すべきであるとしている。家庭環境の重要性と国の援助義務を規定する子どもの権利条約の精神を引き継いでいる。

　さらに第23パラグラフで，「全般的に非施設入所化（deinstitutionalization）の

表 1 - 1　児童福祉法による社会的養護の分類

法律上の名称	根拠規定	通称または生活形態			大分類	
里親 　養育里親 　養子縁組里親	第 6 条の 4	里親			家庭養護	
小規模住居型児童養育事業	第 6 条の 3 第 8 項	ファミリーホーム				
児童自立生活援助事業	第 6 条の 3 第 1 項	自立援助ホーム			家庭的養護	施設養護
児童自立支援施設	第44条	小舎制				
児童養護施設	第41条	地域小規模児童養護施設	グループホーム			
		分園型グループケア				
		小規模グループケア ユニット制				
乳児院	第37条					
母子生活支援施設	第38条					
児童心理治療施設	第43条の 2	大舎制				
障害児入所施設 　福祉的／治療的	第42条					

出所：筆者作成。

戦略をとる」ことにより，施設養護のうち特に大規模施設の廃止を促し，全体として施設養護から家庭養護（family-based care）の方向に明確な目標を掲げて移行しつつ，子どものケアに関する児童養護指針（care standards）を策定して社会的養護の質を確保すべきであることを提言している。

　日本の社会的養護も，国際標準として示されたこうした方向性をこれからのあり方として目指すべきである。ただし，国連指針がイメージする施設観は，国際的に残存する収容所的な施設養護の実態を踏まえたものといえる。先進国の中には，児童虐待の増加等を背景に多様なニーズへの対応の必要性から専門的ケアを提供できる施設養護が改めて見なおされている側面もある。[26]

　国連指針を日本に適用する場合は，日本の社会的養護が子どもの権利に根ざした実践を少なくとも半世紀にわたって展開してきたことを考慮する必要がある。[27]そこで蓄積されてきた実践の質は，社会的養護のこれからのあり方を考える上での貴重な遺産でもある。

一方，日本政府は，厚生労働大臣の私的機関が2017（平成29）年8月に公表した報告書「新しい社会的養育ビジョン」（以下，ビジョン）に基づき，今後の社会的養護のあり方について，家庭での養育を原則とし「家庭復帰の可能性のない場合は養子縁組を提供するという永続的解決（パーマネンシー保障）」を基本とする「新たな子ども家庭福祉」の実現を目指すとした。またビジョンは，施設養護から里親，養子縁組へと数値目標を定めて迅速に移行させる提案をした[28]。このビジョンに基づき，都道府県は「社会的養育推進計画」を設定して目標達成に向けて取り組むことになる。

　一方，近年の社会的養護の現場では，発達障害の子どもや外国ルーツの子どもなど特別なニーズをもつ子どもが増加しつつあり，家庭養護だけでは子どもの多様なニーズに対応することは不可能な状況になっている。したがって，これからの社会的養護には，単に施設から里親への転換ということではなく，アフターケアを含む高度な専門性を備える施設養護と，「良好な家庭的環境」を提供する家庭養護・家庭的養護さらに地域子育て支援事業との有機的連携によるグラデーショナルケアともいうべき実践およびそれを可能にする制度整備が求められる。

　現代日本の家庭環境をめぐる基本課題として，少子化や家庭の孤立化の進行，さらに子どもの貧困の拡大がある。その一方で，伝統的な家庭像や親責任の強調[29]，極度に競争的な教育制度による発達のゆがみ[30]など，政府施策の結果として子どもの権利が侵害され続けており，子どもの権利条約の意義はますます高まっている。

　社会的養護の今後のあり方は，家庭環境を奪われた子どもが安心して暮らすことができる「良好な家庭的環境」でなければならない。それは，子どもから家庭環境を奪った基盤的要因ともいえる市場原理ではなく，子どもの権利と民主主義に根ざした社会的養護の関係づくりでなければならない。それはまた，社会的養護の下で暮らしている子どもやその経験者を含めた当事者の思いや気持ちを最大限に尊重しながら追求するものでなければならない。

4　子どもたちの生活を支える施設

（1）乳 児 院

1）施設の目的

　乳児院とは，さまざまな事情により家庭での養育が困難な乳児（生後5日〜2歳，場合によっては幼児）を入所させ，必要な期間24時間365日体制で養育を行う施設である。また，退所した者について相談その他援助も行っている。入所の理由として，経済的困窮，保護者の養育能力不足，虐待，予期せぬ出産や若年出産等多くが挙げられるが，保護者の精神疾患が年々増加傾向にある。

2）子どもの特徴

　近年，乳児院には今まで以上にケアニーズの高い子どもが入所してきている。「ケアニーズが高い子ども」とは，生まれつきの病気や虚弱体質・身体障害をもつ子ども，発達に課題のある子ども，愛着形成に問題のある子ども，虐待を受けていた子どもなどのことである。

　乳児院での生活はとても穏やかであり，にぎやかでもある。生活リズムが整う前の赤ちゃんたちはその子の成長に合わせて睡眠，授乳，沐浴，日光浴等を職員と1対1で行っている。少しずつ生活リズムが整ってくると太陽の光を浴びて起き，たくさん遊んで，しっかり食べて（飲んで），ぐっすり眠りながら，季節を感じられる行事や家庭での生活がイメージできるような活動（外出，外泊，小規模グループケアでの活動等）を通して周りの子どもたちや職員と共に「そだちあって」いる（表1-2）。落ち着いた毎日の繰り返しの中で，子どもたちは生活に見通しをもち，安心して過ごすことができる。そうして，初めて新しいことにチャレンジしようとする気持ちが生まれるのである。

3）職員の役割

　私たちは，家族の再統合を目指して日々子どもたちと関わっている。乳児院で過ごす中で，「大好きな大人」の存在やそれによって得られる安心感を知っていくことで，子どもたちは人を信頼し，新たに人間関係を築いていくことができる。乳児院を退所した後も自分らしく逞しく生きていけるよう，その基礎となる生きる力を育てることが私たちの役割である。また子どもへの支援だけ

でなく，保護者支援も私た
ちの大切な役割である。家
族再統合に向けて，子ども
と離れて暮らす保護者と共
に子どもの成長を分かち合
い，細やかな配慮が必要な
乳幼児の養育方法を丁寧に
伝え，保護者が子どもと関
係を築いていけるよう職員
同士連携して橋渡しを行っ
ている。

（2）母子生活支援施設
1）施設の目的
　母子生活支援施設とは，
配偶者のない母親，又はこ
れに準ずる事情のある母親
と子どもを保護するととも
に，その世帯が子どもと一
緒に自立して社会生活に適
応できるように援助する施
設（児童福祉法第38条）であ
る。つまり，社会的養護に
おいて母親と子どもが生活

表 1 - 2　乳児院日課例

	乳児期（離乳食中期）例 7.5カ月～9.5カ月	幼児期　例 1歳4カ月～
6:00		
	起　　床	起　　床
7:00	ミルク 140～160 cc	
7:30		朝　　食
8:00	朝　　寝	
	赤ちゃん体操	朝　　寝
9:00	散　　歩	
	遊　　び	散歩・あそび
10:00	入　　浴	
	離乳食	
11:00	ミルク 140～160 cc	昼　　食
	お昼寝	
12:00		お昼寝
13:00		
14:00		
14:30	おやつ	おやつ
15:00	ミルク 140～160 cc	
		あそび
16:00	睡　　眠	睡眠（ゴロゴロ）
16:30		入　　浴
17:00		
17:30	離乳食	
18:00		夕　　食
19:00	ミルク 140～160 cc	歯みがき
20:00	睡　　眠	睡　　眠
21:00		
22:00		
23:00	ミルク 140～160 cc	
	睡　　眠	
0:00		

出所：赤ちゃんの家さくらんぼ資料を基に筆者作成。

しながら支援を受けられると児童福祉法で規定されている。

2）子どもの特徴
　入所対象となるのは，原則として18歳未満の子ども（現在は満20歳まで規制緩
和されている）とその母親である。入所理由は，同居人などによる DV，母親の
心身の不調，貧困，児童虐待などである。

表 1 - 3　母子生活支援施設日課例

6:00	宿直員の安全確認の巡回 施設の玄関開錠
7:00〜9:30	宿直員から職員へ引き継ぎ 児童登校の見送り 母子の登園と出勤の見送り
9:30〜15:30	施設内清掃 入所児童と母親の登校出勤状況の確認 入所者の相談支援，同行支援 母子日誌，自立支援計画，ケース記録等の記録 各種会議 実習生の指導等
15:30〜	児童下校　児童クラブ開始
16:30〜18:30	母子の帰所 相談受付
17:30	児童クラブ終了
18:30〜19:30	母子の相談と記録
19:30	施設の各部屋施錠 職員から宿直員へ引き継ぎ
19:30〜7:30	宿直員の安全確認の巡回20:00，22:00

出所：母子生活支援施設キルシェハイム資料を基に筆者作成。

3）職員の役割

　施設には，母子支援員・少年指導員・用務員等が配置されているのが一般的だが，定員の規模や事業内容に応じて保育士・心理療法担当職員，個別対応職員が配置されている場合もある。このような職員配置によって，母子の生活に寄り添い，24時間体制で支援していく。

　母子は安全を確保するために，今まで培ってきた社会との関わりをすべて遮断した上で入所する。母親が勤めていた会社や子どもが通っていた保育園・小学校等の友達や関係者に事情を伝えないまま，まったく縁もゆかりもない違う場所で緊急保護され，施設の規則に基づいた生活を送ることになる（表 1 - 3 ）。

　母親が幼少期に親などから適切にしつけられていると，仕事に就き家計が安定すると，自立した生活をすぐに送れるようになる。しかし，子どもの頃に親などの周囲の大人から適切にしつけられていない場合は，基本的な生活習慣に関する経験が不足しているため，自立した生活を送るには多くの時間がかかる

場合が多い。このような場合，母親の尊厳を尊重しつつ，料理・掃除などの家事・金銭管理・子どもの養育・教育など，母親の「困りごと」を把握しながら，自立生活の実現に向けた支援を続けていく。

　母子生活支援施設では，母子がやがて自立した時に安全で豊かな生活が送れるように，他機関と連携しながら退所後も母子の生活を応援していく。

（3）児童養護施設
1）施設の目的
　児童養護施設とは，児童福祉法第41条に規定されたさまざまな事情で親と生活することのできない2〜18歳の子どもたちが生活する場である。さまざまな事情とは，経済的な理由，死別等が挙げられるが，近年特に多くなっているのは虐待による入所である。退所者に対する相談・自立のための援助も行う。

2）子どもの特徴
　親からの不適切な関わりを受けた子どもたちは，さまざまな課題を背負って入所する。最近ではアスペルガー症候群やADHD，LDなど発達上の課題を抱える子どもも多く見られるようになってきた。また虐待を受けてきた子どもは，大切にされた経験がほぼないため自己肯定感が低く，自分に自信をもてない子どもがとても多い。「どうせ私なんてどうでもいい」「なんで産んだの。捨てるなら産まなきゃよかったのに」「何やってもダメだから，何もやりたくない」と発言する子どもも少なくない。対人関係に課題を抱える子どもも多い。不適切な関わりしか知らない子どもは，良好な対人関係を築くことが難しく，過剰な甘えや反抗的な関わりで大人の反応を試す行動も見られる。受け入れてもらえなかった過去があるため，関わる大人が安心できるかどうかを試さないと不安なのである。

　暗いイメージがあるかもしれないが，実際の施設は明るく子どもや指導員の笑い声が飛びかっている（表1-4）。ハードな環境に置かれながらも気丈にふるまい，笑顔を見せる子どもたちに指導員は励まされ，元気をもらっている。友人と仲よく遊ぶこと，宿題でわからなくて拗ねてしまうこと，ゲームで盛り上がること，けんかして仲直りすること，時には指導員と言い合い，進路や家族のことで悩むことなど，さまざまな経験を施設で積み重ねていってくれている。

表 1 - 4　児童養護施設日課例

時間	幼　児	幼稚園児	小学生	中学生	高校生
6:00	起床・朝食等	起床・朝食等	起床・朝食等	起床・朝食等	起床・朝食等
7:00			登校（7:00）		登校（随時）
				登校（7:30）	バイト（随時）
8:00					
		登園（8:30）			
9:00	園内保育				
10:00					
11:00					
12:00	昼　　食				
	午　　睡				
13:00					
	自由あそび				
14:00	入　　浴				
15:00		帰　　所			
		自由あそび			
16:00		入　　浴	帰　　所		
			宿題・準備		
			自由あそび		
17:00					
18:00	夕　　食	夕　　食	夕　　食	帰　　所	
				夕　　食	
19:00	自由時間	自由時間	入　　浴	入　　浴	
			自由時間	自由時間	
20:00	就　　寝	就　　寝		宿　　題	
21:00			就　　寝		帰所（随時）
					夕　　食
22:00				就　　寝	入　　浴
					就　　寝
23:00					
0:00					

出所：児童養護施設一陽資料を基に筆者作成。

3）職員の役割

　私たち保育士や児童指導員の役割は，そんな子どもたちを見守って，安全に暮らしていくためのお手伝いをすることである。人生のちょっと先輩ぐらいの感覚で，子どもたちの思いや悩みを聞いて助言したり，子どもと一緒に悩み考えることがとても大切なのである。また子どもの課題に関しては，他の指導員や心理士とも話し合い，子どもたちの将来が少しでも生きやすいものになるよ

うに考え，支援することも重要な役割である。

　親との確執を抱え「大切にされていない，自分が悪いから施設に入れられた」と自己肯定感が低い子どもに対して，「あなたは大切な存在，愛される存在なんだよ」と子どもにめいっぱい愛情を伝えていくことが児童養護施設の役割である。

（4）児童心理治療施設

1）施設の目的

　児童心理治療施設とは，1962年の児童福祉法一部改正により「情緒障害児短期治療施設」として始まった児童福祉施設で，2017年の児童福祉法一部改正によって「児童心理治療施設」と名称変更された。日常生活の多岐に渡って生きづらさを感じている子どもに，医療的な観点から生活支援を基盤とした心理治療を中心に，学校教育とも密な連携を行い総合的な治療，支援を行う施設である。

2）子どもの特徴

　施設内で行っているすべての活動を治療と捉え，1日がどういう流れで過ぎていくのか，この時間には何をするのか構造化されている（表1-5）。虐待が日常的に起きる環境で生活していたため，いつ何が起こるかわからない不安を抱えている子どもや，自閉スペクトラム症やADHDの特性をもち，先の見通しがないとパニックとなる子どもが，安全で安心な生活をする工夫である。構造化された毎日を繰り返し，職員と寝食を共にすることで子どもは養育者の気分に振り回されない安定した生活を送る。その中で他者との信頼関係を構築していく子どもも多くいる。

　行事や部活動にも力を入れており，キャンプやお祭りなどの行事では，日常とは違う活動を通して楽しさを感じ，部活動では目標に向かって協力したり競い合ったりし，最後までやりきる経験をする。

3）職員の役割

　また，子どもが自分の課題に主体的に向き合う目的で，心理士による個別面接が実施されている。アセスメントに応じて虐待経験によるトラウマを扱ったり，感情コントロールを学習する心理教育的ワークに取り組んだりする。

教育面では，敷地内に分校・分級を置いている所が多い。1クラスの人数が少なく，教員配置も手厚い。これまで学校に通えず学習空白が多い子どもや，集団適応できない子どものために個別対応がなされている。他にも，医療や児童相談所と綿密に協働しながら支援を行っている。

　子どもたちと職員の日常は，時に一緒に笑い合い，時に言い合いをする毎日である。職員と子どもという職業的な役割関係だけでなく，1人の大人として子どもに楽しいことも頑張ることも伝え続け，一緒に成長していけるような大人であることが大切と感じる。

（5）児童自立支援施設
1）施設の目的

　児童福祉法第44条により，「児童自立支援施設は，不良行為をなし，又はなすおそれのある児童及び家庭環境その他の環境上の理由により生活指導等を要する児童を入所させ，又は保護者の下から通わせて，個々の児童の状況に応じて必

表1-5　児童心理治療施設日課例

時刻	内容
6:30	起床（休日は7:30）
	着替え，洗面，掃除を行う
7:00	朝食（休日は8:00）
	朝食後，歯磨き，登校準備（休日は以降余暇時間）
8:00	
8:10	小学生分団登校
	中学生各自登校
9:00	
10:00	
11:00	
12:00	昼食（休日の場合）
13:00	
14:00	小学生，中学生下校
	下校後，小学生は食堂で宿題
	終わった子から余暇時間
15:00	おやつ
16:00	
17:00	
17:30	5分前には食堂に来て，手洗い，夕食準備，夕食（中高生は18:15）
夕食後	余暇時間（PC，ゲーム等）
	順次入浴
	夕方に食べていない子はおやつ
	（20時まで）
18:00	
19:00	
20:00	
20:20	小学生1日の振り返り
20:30	中高生1日の振り返り
	（女の子ホームは全員で）
20:50	消灯準備（歯磨き，トイレ，布団の用意）
21:00	小学生消灯
21:20	消灯準備（歯磨き，トイレ，布団の用意）（休日は21:50）
21:30	中学生消灯（休日は22:00）
22:00	
22:50	消灯準備（歯磨き，トイレ，布団の用意）
23:00	高校生消灯
0:00	

出所：中日青葉学園わかば館資料を基に筆者作成。

表1-6　児童自立支援施設日課例

時刻	内容
6:00	起床・ランニング
6:30	ラジオ体操
6:40	作　　業
7:00	
7:40	掃除・朝食
8:00	
8:40	登校（施設内分校）
8:50	児童朝礼・授業
9:00	
10:00	
11:00	
12:00	昼食（寮）
13:00	
13:10	授業・帰寮
14:00	
15:00	寮ワーク
16:00	
16:30	作業 or ランニング
17:00	
17:40	自習・風呂
18:00	
19:00	
19:30	夕　　食
20:00	自由時間
21:00	振り返り・日記
22:00	
22:20	消　　灯
23:00	
0:00	

出所：児童自立支援施設三重県立国
児学園資料を基に筆者作成。

要な指導を行い，その自立を支援し，あわせて退所した者について相談その他の援助を行うことを目的とする施設とする」と規定されている。また，非行問題の対応に加えて，他の児童福祉施設や里親等では対応が難しいケースの受け皿としての役割も担っている。児童福祉法施行令第36条では，「都道府県は，法第35条第2項の規定により，児童自立支援施設を設置しなければならない」と規定されている。

2）子どもの特徴

　児童相談所の入所措置と，少年法に基づく家庭裁判所の審判における保護処分によって入所する児童が混在しており，多くが「非行」という行動上の問題を行った経験をもつ。そのため，再発防止に向けて自ら行った加害行為等と向き合わせ，個々の抱えている問題性および加害性・被害性の改善を目指し，被害者への謝罪の念や責任を果たす人間性を形成できるよう，子どもが安定した生活を送り健全な自己を確立するために必要な「枠組みのある生活」の中で育てていく（表1-6）。国立施設には，家庭裁判所の決定を受けて子どもの自由を拘束する「強制的措置」を行う寮が設置されている。

3）職員の役割

　施設での生活を共にし，人への信頼感を回復するための育てなおしや，成長を見守りながら自立に向けて支援することが，職員（児童自立支援専門員・児童生活支援員）の役割である。職員である実夫婦とその家族が小舎に住み込み，家庭的な生活の中で入所児童に一貫性・継続性のある支援を行う伝統的な「小舎夫婦制」や「交替制」の支援形態がある。入所児童が大切にされていると実

感できるような家庭的・福祉的アプローチを行い，愛着，社会性や基礎学力，生活自立や精神的自立，アイデンティティなどが獲得できるような育ち・育てなおしに尽力する。児童のニーズは複雑かつ多様化しており，より効果的な支援を行うためには，生活モデルを基盤としたケアワークを基本として，心理的ケア，ソーシャルワーク，学校教育など，総合的チームアプローチが必要となる。

（6）自立援助ホーム

1）施設の目的

　自立援助ホームとは，児童福祉法第6条・第33条に基づき，何らかの理由で家庭や児童養護施設で暮らせなくなり，働かざるを得なくなった，中学校を卒業した15歳から20歳未満の子どもたちを支援する児童福祉施設である。もし，突然，社会に出なければいけなくなったら，働かざるを得ない状況になったとしたらどうなるか。この年齢の子どもたちに日々生活していく力や，就労できる力が備わっているのかと問われれば，その力は十分ではないだろう。自立援助ホームはそんな子どもたちに対し，まずは安心して生活できる場所の提供，そして大人との信頼関係を通して社会で生き抜いていく力などを身に付けていくための施設である。

2）子どもの特徴

　利用する子どもたちの特徴はさまざまである。未成年にして飲酒や喫煙がやめられない子ども。交際相手宅に入り浸り，親から見放された子。時には家族の一人が暴力団員で，引き込まれないように身を隠す必要がある子どもなど幅広い。家族や家庭が本当に嫌で非行に走ったり，交際相手に求めたりということはある。しかし中にはそういった行為をすることで，親の目を自分に向けさせたかったということもある。難しいところではあるが，そういった状況になってしまった以上，これから先の人生は自分の力で何とかしていかなければならない。頑張る力をもつ子どもは多い。ただ，そのやり方がわからなかったり，継続する力が弱かったりする。そこで職員と一緒に，少しずつ生活の仕方や就労についてなど自立へ向けた練習をしていくのである（表1-7）。

表1-7　自立援助ホーム日課例
（通学しながら就労している場合）

時刻	内容
6:00	起床・朝食・弁当作り
7:00	登　校
8:00	
9:00	授　業
10:00	
11:00	
12:00	昼　食
13:00	
14:00	
14:30	学習支援のアルバイト
15:00	
16:00	
17:00	
18:00	
18:30	終了・移動
19:00	
20:00	スーパーでアルバイト
21:00	
22:00	
22:30	帰宅・夕食
23:00	居室・就寝
0:00	

出所：筆者作成。

3）職員の役割

　児童指導員として働く中での私の役割は，「話を聞くこと」「考えさせること」「一緒にやってみること」と考えている。例えば就労したい思いはあるが，髪を奇抜な色に染め，ピアスを着けていたら，その姿を見た人たちは「なんだ，あの子」と，白い眼で見てしまうだろう。その結果，就労に結びつく可能性は低くなる。しかし，当の本人はそれが格好良い，可愛いと思い，自分中心の価値観の中で生きている。他人から自分の容姿がどう見えているのかを知り，どうするべきかを考えさせる必要がある。また，今の生活やこれからの人生についても同様に，やりたいことや目標を聞き，そのために今必要なことを考えさせ，答えが出なければ一緒に考え，少しずつ行動に起こしてみるのだ。

　子どもたちと年齢が近いだけあって，こちらの言い分を受け入れてくれることもあれば，反発してくることもある。そうやって互いに言い合えるだけの関係性を築けたら，社会に出ても，めげることなく生きていけるのではと淡い期待をもって，子どもたちの支援をしている。

（7）障害児入所施設

1）施設の目的

　障害児入所施設は，障害児を入所させて保護，日常生活の指導・独立自活に必要な知識技能の付与，種別によっては治療を行う施設である（児童福祉法第42条）。知的障害のある児童が入所し，児童を保護するとともに，障害特性に応じた支援をして健全な発達を促すことを目的としている。

　学校や医療機関，児童相談所など関係機関と連携した支援を通じて，それぞれの児童に応じた健全な社会活動ができるようにすることを柱として，中軽度

児には高等学校卒業時をめどに社会適応能力の拡大と進展を，また重度児には，障害による負担を少しでも軽減し，家庭復帰などその児童なりに社会適応できるようにすることを支援の方針としている。

2）子どもの特徴

知的障害児のうち，概ね就学の始期から18歳未満の児童を受け入れている。在園児童の措置理由は，家族の疾病や死別，または虐待などの家庭養育困難によるものが多数を占めているが，子ども自身の問題により家庭生活が困難と判断される場合もある。

障害の状況は，愛護手帳〔愛護4度（軽度）IQ51〜75，愛護3度（中度）IQ36〜50，愛護2度（重度）IQ21〜35，愛護1度（最重度）IQ〜20〕を保持している。またほとんどの児童が，自閉症及び自閉傾向，広範性発達障害，ADHD，弱視，難聴，脳性麻痺，てんかん，愛着障害，ダウン症などの障害を併せ持っている。

平日，子どもたちは，地域の小学校・中学校の特別支援学級に通い，高校生は高等養護学校や特別支援学校に通学している。学校に通っていない子どもは，学園内にある日中支援を受けられる場所で作業の取り組みを行うなど，活動の場が保障されている（表1-8）。

休日の子どもたちの活動では，戸外活動や，地域のスポーツ教室への参加，買い物の練習，外食や映画など余暇の過ごし方を含めて，社会資源を利用しながらさまざまな経験ができるようにしている。

3）職員（保育士・児童指導員）の役割（中軽度棟）

家庭困難や虐待で措置されている児童が多数を占めるため，まずは生活基盤の立て直しを図り，生活のリズムを整えていかなければならない。支援者は誰もが安心して生活できる居住環境を整えるとともに，日常生活の中で子どもたちが生活技術を身に付けられるよう，一人ひとりの特性や発達と向き合いながら支援している。

虐待で受けた精神面でのケアも大事で，自己肯定感を築けるようなプログラムや，今後被害に遭わないために学習会にも取り組んでいる。それぞれの子どもの気持ちや思いと向き合いながら日々を見守っている。

また，支援者は児童のニーズ，保護者のニーズに向き合わなければならない。

表1-8 障害児入所施設日課例

時間	休　　日	時間	平　　日
7:30	起　　床	6:30	起　　床
7:50	朝　　食	6:50	朝　　食
8:30	自由時間	7:00	
9:00		7:30	登　　校
10:00	活　　動	8:00	学　　校
11:00		9:00	
12:00	昼　　食	10:00	
12:30	身辺処理	11:00	
13:00	活　　動	12:00	
14:00	おやつ	13:00	
15:00	自由時間	14:00	
16:00		14:30	下　　校
17:00			身辺処理
18:00	夕　　食	15:00	おやつ
18:45	入　　浴		自由時間
	自由時間	16:00	
19:00		17:00	
20:00	就床（順次就床）	18:00	夕　　食
21:00		18:45	入　　浴
22:00			自由時間
23:00			テレビ
0:00		19:00	
		20:00	就床（順次就床）
		21:00	
		22:00	
		23:00	
		0:00	

出所：名古屋市あけぼの学園資料を基に筆者作成。

一方的な支援にならないよう，児童や保護者の求める生活実現に向けてできることを考える役割も担っている。

　最終的には，将来の生活を考えていく必要があるので，施設を出た後の生活の場や（家庭復帰，グループホーム入所，生活介護の支援を利用等），日中の過ごし方（就労・作業所で働く，専門学校等）をどうするのかを本人，保護者，児童相談所の三者と慎重に話し合いを進めていく。それに伴い卒園後の生活の見通しやイメージ，自立に向けての支援を行っている。

（8）障害児通所支援（放課後等デイサービス）

　2012年 4 月に障害児支援の体系が変わり，障害種別の体系から，通所・入所の利用形態別の体系となった。すべて児童福祉法に位置づけられ（児童福祉法第 6 条の 2 の 2 等），障害児通所支援として，児童発達支援，医療型児童発達支援，放課後等デイサービス，保育所等訪問支援と，2018年に新設された居宅訪問型児童発達支援が定められている。ここでは，放課後等デイサービスについて紹介する。

1 ）施設の目的

　放課後等デイサービスは，2012年に新たにできた支援で，通学している障害児の放課後や長期休暇中に「生活能力の向上のために必要な訓練，社会との交流の促進その他の便宜を供与する」と定められている。創設以来費用総額，利用児童数，事業所数の大幅な増加が続き，2019年度，全国で利用児童数22万6,610人，事業所数 1 万4,046か所になっている（厚生労働省「障害児通所支援の現状等について」〔2021年 6 月14日〕）。

　友だちとのふれあい，あそびや趣味を広げる取り組みなど，年齢や興味に応じたさまざまな活動があり，学校でも家庭でもない第三の居場所として，子どもたちに豊かな放課後を保障するための欠かせない存在になっている（表 1 - 9 ）。

2 ）子どもの特徴

　対象年齢は小学校入学から高校卒業の18歳までだが（場合により20歳まで可能），「中高生のみ」などと受け入れ年齢を決めているところが多い。学齢児がいない時間に，就学前の子どもを対象とする児童発達支援事業を行う多機能事業所もある。障害種別では，知的障害，身体障害に加えて，発達障害の子どもが増えている。在籍の学校は，普通級，特別支援学級，特別支援学校とさまざまだが，どの子も学校生活での一定の疲れを抱えてやってくる。

3 ）職員の役割

　職員配置基準は，10人定員で児童発達支援管理責任者（児発管） 1 人と児童指導員 2 人。児発管は基準を満たした上で指定研修終了後取得できる資格を有し，子どもの姿や願いを捉えて個別支援計画を作成し，保護者の同意を得て実践する役割をもつ。

　事業所数の増加にともない，学習塾のようであったり発達支援が適切でない

表1-9　障害児通所支援の日課例

時間	通常の日課	時間	長期休業中の日課
8:30		8:30	開　　所
9:00		9:00	
10:00		9:30	学習・読書
11:00		10:00	朝の会
12:00			取り組み，お出かけ（プールなど）
13:00		11:00	
14:00		12:00	昼　　食
14:30	下　　校	13:00	あそび
15:00	あそび		（夏季のみ　1～3年生午睡）
16:00	おやつ	14:00	
16:30	あそび	15:00	
	その他の取り組み，行事	15:30	以下通常の日課と同じ
17:00		16:00	
17:30	読書・学習の時間	16:30	閉　　所
18:00	閉　　所	17:00	
19:00		18:00	
20:00		19:00	
21:00		20:00	
22:00		21:00	
23:00		22:00	
0:00		23:00	
		0:00	

出所：放課後等デイサービスあさがおHP。

事業所もあり，支援内容が問われている。多くの事業所の指導員は，子どもの問題行動に着目するのではなく，やりたいこと，好きなことを見つけ広げることを大切にし，学校と連携しながら学校とは違った，放課後ならではの自由さが保障される活動をつくりだしている。あそびやぶつかり合いを通して，友だちの気持ちに気づき共感を広げるため，学童保育と積極的に交流しているところもある。

（9）児童相談所──児童福祉司の1日
　これまで，社会的養護の施設の日課について，入所・利用している子どもの1日の活動に基づき記載してきたが，児童相談所の場合，子どもはその1日の生活の中の一部で利用しているので，本項では，子どもを受け入れる児童福祉

表1-10　児童福祉司のある1日

時　間	業　務　内　容
8:45	①メールチェック，電話対応，書類整理，面接準備等
10:00	②面接（警察からの書面通告：面前 DV の父母子呼び出し）
11:00	③電話対応，書類整理
12:00	④昼食
13:00	⑤面接（触法少年の父母子呼び出し面接）
14:00	⑥学校訪問，施設訪問で子どもと面接
17:30	⑦書類整理

出所：筆者作成。

司の1日について一例を紹介する。

1）児童相談所の目的

日々，児童相談所には虐待を含むさまざまな相談が寄せられ，その対応に現場は奮闘している。筆者は，児童相談所（以下，児相）の児童福祉司として勤務している。児相は，18歳未満の子どもに関するあらゆる問題を家庭やその他から受け，その家庭のもっている問題，ニーズ等を捉え，援助していく行政機関である。また，必要に応じて一時保護や，児童福祉施設等への措置を行う（児童福祉法第12条）。

一時保護・施設等への措置は他機関にない機能だが，児相だけでは限界があるので，医療機関や地域と連携して対応している。児童福祉司は相談が寄せられると，関係機関への調査，家族からの話を通してその家庭をアセスメントし，必要な助言，制度・サービスへとつなげていく。また，子どもの聞き取り，知能検査・発達検査・心理検査を，児童心理司に依頼するなどして子どもを総合的にアセスメントし，それを保護者にフィードバックして，子育ての助言や親子関係の調整を行っている。

2）児童福祉司の1日

表1-10は，筆者のある1日のスケジュールである。面接や訪問までの空いた時間は，電話対応や書類整理の時間に充てる。継続的に関わっている子どもが学校に出席しているかの確認や，経済的援助が必要と思われる家庭に手当を支給することができるかを市役所に確認，また面接や訪問の調整等を電話で行

う。面接の例で挙げた②は，虐待の呼び出し面接，⑤は触法少年の呼び出し面接である。

　②は，警察から心理的虐待（子どもに暴言を吐く，子どもに夫婦喧嘩を見せる）の書面通告を受理し，呼び出しをして，親子別々で面接を行うものである。親子面接のすり合わせをして，虐待の再発防止に向けて指導を行う。また，14歳未満の子どもが触法行為をすると警察から児相へ通告されることになっており，調査（事実確認や子どもの知能検査等）を通して，援助内容（文書での誓約，通所指導，施設措置，家庭裁判所送致）を決定する。

　⑤は，その触法少年の調査面接である。

　⑥は，施設で生活している子どもは，日中は学校に行っているので夕方の時間に面接を設定する。しかし，虐待通告が入るとスケジュール通りには進まないのが実態である。

　子どもからの聞き取りや怪我の程度によっては一時保護を行う。その場合，一時保護先の確保（県内の一時保護所が満床の場合，児童福祉施設等があたる），児童の移送，書類作成を迅速に行う必要がある。原則，一時保護の通知と保護者への事実確認は当日に行うので，仕事終わりの保護者を呼び出し，面接をすると時間外の対応となる。夜間や休日の対応は当番制で行う。当番者に連絡が入り，電話相談や虐待通告に対応するのである。内容によっては即日家庭訪問や一時保護を行う。

3）業務の魅力と辛さ

　児相の仕事は，深刻なケースが多い上に，夜間・休日も緊急対応に追われるため，なかなか心身が休まらない。また，職権一時保護（保護者の同意を得ることなく児相長の権限で一時保護を行うこと）を行うと保護者と対立することも多い。だが，同僚の児童心理司や上司と必死になって家族について考えたり，関係機関と連携できたり，先輩や上司の面接に感化されたり，家族に変化が現われたりすると，やりがいや達成感を感じる場面もある。児相は，どれだけ辛くても，魅力ある現場だと思っている。

5　労働と自己実現

（1）社会的養護を担う主な専門職

　社会的養護に関わる職種が働く場所として，どのようなところが考えられるだろうか。「社会的養育の推進に向けて」（厚生労働省，2021年5月）によれば，公的な責任として社会的に養護を行っている子どもが暮らす場として，里親，ファミリーホーム，乳児院，児童養護施設，児童心理治療施設，児童自立支援施設，母子生活支援施設，自立援助ホームが挙げられている。

　子どもたちが暮らす場である施設等に限らず，社会的養護を必要とする子どもを発見する過程を考えてみよう。児童相談所，保育所や学校，児童館や学童保育所，児童発達支援センターや子育て支援センター，保健所や病院，あるいは地域の商店も挙げられるだろう。

　このように社会的養護に関わる職種は，子どもの生活圏域すべてに及び多様で幅広いことがわかる。そのことを理解した上で，ここでは「専門性」と「労働」という観点から主な専門職を取り上げる。それぞれの専門職の専門性をイメージしながら読んでほしい。

1）保 育 士

　保育士は，子どもたちが通所・入所している児童福祉施設全般で働いている。児童福祉法に定められた名称独占の専門職であり，国家資格である。保育士登録の後に「保育士の名称を用いて，専門的知識及び技術をもつて，児童の保育及び児童の保護者に対する保育に関する指導を行う」（児童福祉法第18条の4）。2003年の法改正で「児童の保護者に対する保育に関する指導を行う」ことも保育士の業務となった。乳児院や児童養護施設，児童相談所の一時保護所等で働く保育士は主に子どもの保育を担い，子どもと生活を共にしている。

2）児童指導員

　児童指導員は児童養護施設，児童心理治療施設等で子どもとともに生活をしている。児童指導員は「児童福祉施設の設備及び運営に関する基準」においてその要件が定められている。同基準によれば児童養護施設は「養護」のほかに「生活指導」「学習指導」「職業指導および家庭環境の調整」「自立支援計画の策

定」「関係機関との連携」を行うことが規定されている。前述した保育士や児童指導員等，児童養護施設で働くものはこれらの仕事を担っている。

3）心理療法担当職員

心理療法担当職員は，1999年度より配置されてきた。現在は乳児院，児童養護施設，児童心理治療施設，児童自立支援施設，母子生活支援施設に配置されている。主に子どもや保護者に対して心理療法や生活場面面接，職員への助言等を行っている。養子縁組あっせんのために民間機関への配置も予算化されている（2021年度）。

4）個別対応職員

個別対応職員は，虐待を受けた児童等の施設入所増加に対応するため虐待を受けた児童等への対応の充実を図ることを目的として2001年度より配置されてきた。個別の対応が必要とされる児童への個別面接や生活場面での1対1の対応を担っている。乳児院，児童養護施設，児童心理治療施設，児童自立支援施設に配置が義務づけられている。

5）家庭支援専門相談員

家庭支援専門相談員はファミリーソーシャルワーカーともいわれ，1999年度より順次配置されてきた。児童相談所との密接な連携の下，子どもの保護者等に対し電話や面接などを実施し，早期家庭復帰，里親委託等を可能とするための相談援助等の支援を行っている。乳児院，児童養護施設，児童心理治療施設，児童自立支援施設に配置が義務づけられている。

6）里親支援専門相談員

里親支援専門相談員は里親支援ソーシャルワーカーともいわれ，2012年度より配置されている。児童相談所の里親担当職員，里親会等と連携して里親支援を行う。乳児院，児童養護施設に配置することができる。

7）専門里親

里親には養育里親，養子縁組里親，親族里親がある（児童福祉法第6条の4）。児童福祉法施行規則によると，専門里親は，養育里親のうち，児童虐待等の行為によって心身に有害な影響を受けた児童等を対象とする里親のことをいう。養育里親として3年以上の委託児童の養育の経験を有する者などであって，専門里親研修を修了していることや委託児童の養育に専念できることが要件とな

っている。「里親が行う養育に関する最低基準」により，専門里親に委託される子どもは同時に 2 人を超えることができないこと，養育期間は原則として 2 年を超えることができないことなどが決められている。

8 ）児童福祉司

児童福祉司は児童福祉法に規定された専門職である。任用資格であり，児童相談所に置くことが義務づけられている。児童相談所長の命を受けて，児童の保護その他児童の福祉に関する事項について，相談に応じ，専門的技術に基づいて必要な指導を行う等児童の福祉増進に努めることとされている。児童福祉司の配置基準は各児童相談所の管轄地域の人口 3 万人に 1 人以上を基本とする，とされている。政府が2018年12月に決定した「児童虐待防止対策体制総合強化プラン」では，児度福祉司とスーパーバイザーを担う児童福祉司について，2017年度から2022年度までにそれぞれ3,240人→5,260人，620人→920人に増員することが掲げられている。

9 ）児童心理司

児童心理司は，児童相談所において子どもや保護者などの相談に応じ，心理療法，カウンセリング，助言指導などを行うとともに，診断面接，心理検査，観察等によって心理診断を行う。2018年の児童相談所運営指針改正により，公認心理師が任用資格を有する者として該当することが明確化された。児童心理司は児童福祉司と同様に，2017年度から2022年度までに1,360人→2,150人に増員することが掲げられている。2019年の法改正によって配置基準が法定化された。

10）社会福祉主事・家庭相談員

社会福祉主事は，福祉事務所（社会福祉法第14条に規定されている「福祉に関する事務所」）に配置されている。1964年の通達により福祉事務所には家庭児童相談室を設置することができる。家庭相談員は，家庭児童福祉に関する専門的技術を必要とする業務を行う職員として家庭児童相談室に配置されている。2004年の児童福祉法改正により，2005年度から児童家庭相談に応じることが市町村の業務として法律上明確化され，2020年度の市町村における児童虐待相談の対応件数は15万5,000件を超えた（「令和 2 年度福祉行政報告例」）。

（2）社会的養護の場で働く労働者として求められる専門性

　児童相談所の児童虐待相談対応件数は，1990年度（1,171件）から年々増え続け2020年度は20万5,044件であった（「令和2年度福祉行政報告例」）。悲惨な児童虐待報道も後を絶たない。この現実を受けて，子どもたちの権利が侵害されないよう社会的養護を担う専門職の職員配置が見なおされるとともに，専門性の向上が求められている。それぞれの専門職にスペシフィックな知識や技術とともに，共通するジェネラルな力——子どもの権利の理解，子どもや保護者の理解，子どもや保護者を主体とする実践，問題を発見する，問題の構造を理解する，問題解決のために働きかける，支援者や援助者と連携するなど——の力量向上も求められている。

（3）なぜ社会的養護の場で働くのか——子どもとともに生きるということ
1）働くことの現実と苦悩

　社会的養護の場で暮らす子どもたちの多くは虐待を経験している。「児童養護施設入所児童等調査の結果」（2018年2月1日現在）で「虐待経験あり」の割合を見ると，里親38.4％，児童養護施設65.6％，児童心理治療施設78.1％，児童自立支援施設64.5％，乳児院40.9％，母子生活支援施設57.7％，ファミリーホーム53.0％，自立援助ホーム71.6％となっている。

　虐待は愛着形成に影響を与えると考えられる。過度な抑制や過度な警戒心，近接と回避を繰り返すといったきわめて両価的（アンビバレンツ：同じ対象に相反する感情を同時に抱くこと）な態度を示す，あるいは，無分別な社交性や誰かれかまわずべたべた近接することがある。例えば，「人の目を見ない，触られるのをひどくいやがる，かんしゃくを起こしやすい，変化に対応できずパニックを起こしやすい，パターンに固執する，人の気持ちを把握できないなどの問題行動を呈し，高機能広汎性発達障がいと鑑別が困難なことがある」[31]という。社会的養護について学んできたみなさんなら，このような子どもたちの苦しみや，子どもに向き合う職員の「しんどさ」を理解できるだろう。

　被虐待児への対応だけでなく，「（職員の）労働」と「（子どもたちの）暮らし」が同じ空間に存在すること，あるいは，「専門性の向上」と「家庭的であること」の社会的要請といった相反する事柄を同時になしえなければならないこと

について苦悩することもある。施設職員の勤続年数の短さからは仕事の厳しさがうかがえる。にもかかわらず，私たちはなぜ，社会的養護の場で働きたいと思うのだろうか。

2）社会的養護の場で働くものにとっての自己実現

社会的養護の場で働く私たちは，子ども期という人間の一生において重要な時期を，まさしく子どもとともに歩んでいる。子どもの人生を左右する重責を担う仕事である。

人間は「養護性（nurturance）」を備えもっているといわれる。養護性は「相手の健全な発達を促進するために用いられる共感性と技能」と定義されている。養護性には，「①子どもから大人までが持ちうるものという生涯発達の視点を含む（誰が），②さまざまな対象に対して行いうること（誰に），③相手を慈しみ育てる（相手の特徴）」という3点の特徴がある。私たちは，子どもの養護性が養われることを願って，日々自らの養護性を発揮しているのではないだろうか。つらくてしんどい時が果てしなく続くかと思うほどであったとしても，子どもの成長を実感する一瞬一瞬はかけがえのない喜びになる。私たちは，子どもとともに暮らし働く中で，専門職として，また人間として，私たち自身が豊かになっていることに気づく。「なぜ，なんのために働くのか」を問うことは，私たちの労働を意義づけ，日々向き合っている子どもの生活を豊かにすることにつながる。

6　社会的養護の専門性と多職種連携

（1）社会的養護に携わる職員の専門性

社会的養護に携わる職員には，父母などの保護者に代わって子どもたちを育てるための高度な知識と技能が必要である。このような専門性は，子どものトラブルをうまく仲裁したり，子どもたちの集団活動を適切に行えるといった支援技術を備えていることだけを指すわけではない。人権を尊重し，子どもたちの幸せを考え，子どもの可能性を信じるといった人間としての価値観・倫理観を基として，子どもや家族に関するさまざまな知識と対人支援のための技能を備えることが重要なのである。つまり社会的養護に携わる職員は，子どもや家

族と向き合うという強い気持ちをもち，子どもや家族を理解し慈しむ心で包容し，自身が自律しているという前提の上に知識と技能を身に付けるということである。施設の職員において考えてみると，家事など毎日の生活の関わりの中で子どもを温かく見守り，治療的な視点をもってさまざまな対人援助の方法をさりげなく用い，子どもたちの成長を支えることである。

　社会的養護の現場では保育士，児童指導員，心理療法担当職員などさまざまな専門職が活躍している。保育士は児童福祉法第18条の４に規定があり，第18条の21には信用失墜の行為の禁止，第18条の22には秘密保持の原則が記述されている。また児童指導員は，児童福祉施設の設備及び運営に関する基準第43条に規定されている。心理療法担当職員や家庭支援専門相談員などの職員についても厚生労働省の通知で資格要件が決められている。このように社会的養護に携わる専門職は，法令や通知等において規定されている。

　そして，児童福祉施設の設備及び運営に関する基準第７条には「児童福祉施設に入所している者の保護に従事する職員は，健全な心身を有し，豊かな人間性と倫理観を備え，児童福祉事業に熱意のある者であつて，できる限り児童福祉事業の理論及び実際について訓練を受けた者でなければならない」とある。施設の職員は豊かな人間性とともに人として守るべきこと，正しい行いをするための考え方，倫理観を備えていなければならないのである。そのことについて述べたものが倫理規定である。社会的養護の重要な現場の一つである児童養護施設における倫理規定として，全国児童養護施設協議会が2010年に「全国児童養護施設協議会倫理綱領」を策定した。この倫理綱領には，以下のように述べられている。

　　１．私たちは，子どもの利益を最優先した養育をおこないます
　　２．私たちは，子どもの理解と受容，信頼関係を大切にします
　　３．私たちは，子どもの自己決定と主体性の尊重につとめます
　　４．私たちは，子どもと家族との関係を大切にした支援をおこないます
　　５．私たちは，子どものプライバシーの尊重と秘密を保持します
　　６．私たちは，子どもへの差別・虐待を許さず権利侵害の防止につとめます
　　７．私たちは，最良の養育実践を行うために専門性の向上をはかります

　　8．私たちは，関係機関や地域と連携し，子どもを育みます

　　9．私たちは，地域福祉への積極的な参加と協働につとめます

　　10．私たちは，常に施設環境および運営の改善向上につとめます

　この倫理綱領には，子どもと向き合う時に職員として求められる姿勢，子ども
を含めたみんなで共に施設等の生活を構築する力，そして向上心を持ち続け
ることなどが述べられている。この倫理綱領は児童養護施設だけでなく，社会
的養護に携わる職員として子どもと関わる時に忘れてはならないことである。
そして倫理綱領の内容と日々の実践における具体的事柄を合わせながら，検討
し続ける姿勢が職員には求められる。

（2）社会的養護における援助活動

1）援助活動の流れ——入所前から退所後まで

　社会的養護の現場では子どもの自立を目指し，アドミッションケア，インケ
ア，リービングケア，アフターケアという援助活動が入所前から退所後に向け
て行われる。

　アドミッションケアとは，施設や里親等で子どもが生活する前後の支援のこ
とである。家庭から離れて施設という新しい環境で暮らすことになった子ども
たちは大きな不安を抱えている。そのため入所までの経緯や家族状況など，子
どもに関することを児童相談所などが収集したり，職員が子どもと話したりし
て子どもの不安を和らげ，安心して生活を始められるようにしなければならな
い。

　インケアとは，施設等での生活支援のことである。衣食住といった日常生活
での支援である。基本的生活習慣を確立するだけでなく，そのような支援を通
して大人との信頼関係を構築し，これまでの不適切な環境からの心身の回復を
図るのである。

　リービングケアとは，施設などから家庭に戻る子どもや高校を卒業し進学,
就職等で社会に巣立っていく子どもへの退所に向けての支援のことである。退
所後の新しい環境に慣れ，安定した生活が送れるように入所中から準備をしな
ければならない。

　アフターケアは，高校卒業後の進学，就職などで社会に巣立った子どもや家

庭で生活することになった子どもへの支援である。アフターケアでは就職先やさまざまな関係機関と連携し継続的な支援が必要である。

2）レジデンシャルワークの内容

これらの援助活動は，施設など子どもたちが生活する場で行われるものである。住む場所，施設といった意味のあるレジデンスにおける支援ということからレジデンシャルワークといわれている。レジデンシャルワークには，これまでも施設で行われてきているケアワーク，ケースワーク，グループワーク，ファミリーソーシャルワーク，コミュニティワーク，アドミニストレーションなどが含まれる。実際の施設での援助は，これらの活動を組み合わせながら行っている。

① ケアワーク

ケアワークとは，食事，衣類の着脱，学習，睡眠といった日常生活が適切にできるように支援することである。施設においてケアワークを主に行うのは，保育士や児童指導員である。またケアの中には心理的援助を含むこともあるため，施設における心理療法担当職員によるカウンセリングなどの心理的支援も含まれると考えられる。

② ケースワーク

ケースワークは，一人ひとりの子どもが抱える課題の解決に向けて行う作業である。ケースワークを適切に行うために職員は子ども一人ひとりを理解し，子どもの心情を受容するとともに，子どもの意思を尊重するといったことが必要である。これにより，子どもとの信頼関係を構築し，よりよい支援につなげていかなければならない。

③ グループワーク

グループワークとは，子どもたちの関係を基に生活能力を向上させるものである。スポーツなどのクラブ活動もグループワークではあるが，日常におけるさまざまな場面で行うことができる。例えば，子どもたちのゲーム遊び，幼児たちへの絵本の読み聞かせ，誕生日会などの行事の企画・運営など，職員が意図的に関わることによりグループワークは実践することができる。

④ ファミリーソーシャルワーク

ファミリーソーシャルワークは，子どもたちの問題を家族全体の中で捉え，

家族に対して支援するものである。子どもの問題は子どもだけの問題ではなく，家族構成員全体の関係の中で生じているものであると考え，関係機関と連携しながら，子どもにとって健全な家庭で暮らせるように支援するものである。例えば，施設に入所した子どもの親には経済的な問題が背景にあり，そのために子どもに十分な食事が与えられないのであれば，親の問題も含めて解決しなければ子どもは家庭に戻ることはできない。施設が家族と関わり介入していく時に，中心となるのは家庭支援専門相談員である。

⑤　コミュニティワーク

コミュニティワークは，地域社会で生じる問題を地域社会自らが解決していけるように援助するものである。そのためには地域にある社会資源を把握し，社会制度について理解しておかなければならない。施設において考えてみると，例えば子どもたちの小学校への通学経路における危険個所を把握し，通学路の変更，危険個所の改善などを，小学校や子ども会，町内会，行政機関等とともに行うといったことである。

⑥　アドミニストレーション

アドミニストレーションは，子どもたちと直接関わるわけではないものの，施設の社会化や地域化を行ったり，より居心地よく暮らせるように組織内外の連絡調整をしたり，援助方針を共に考えたりすることである。さらに職員へのスーパービジョンなど職員の資質向上も含まれる。

これらの活動が，社会的養護の現場では重なりながら複合的に行われているのがレジデンシャルワークである。援助活動を行う上で参考となるものが，ケースワークの展開過程の考え方である。ケースワークではインテーク，アセスメント，プランニング，インターベンション，モニタリング，終結といったプロセスがある。

インテークは問題が持ち込まれる段階のことである。この段階では問題の内容を把握することが必要である。施設では日々生じる子どもたちの問題と思われるさまざまな事柄を把握し理解しなければならない。

アセスメントでは，その問題と思われる事柄に関する情報を集め，見立てることである。例えば施設の子どもが自分の物ではない玩具を持っていたとしたら，施設の他児から借りた物なのか，近所の友人の物なのか，このことに関し

て，どのような対応が必要となりそうなのかを考えなければならないといったことである。

プランニングは，見立てに基づき支援方法の計画を立てることである。例えば，その玩具が友人宅から黙って持ってきた物であれば，それを返却しなければならない。その際，誰が，どのように返却するのがよいのか考えなければならない。

インターベンションとは，計画したことを実際に行動する段階のことである。子どもが黙って持ってきた玩具を持って，子どもと一緒に担当職員が相手の家に謝罪に行くといったことである。

モニタリングは，支援内容について点検する段階のことである。子どもと職員が一緒に友人宅に赴き謝罪したことにより，問題は解決したかどうかを確認するといったことである。そして，問題が解決していれば終結となるのである。もし解決していないのであれば，アセスメントに戻って見立てなおしたり，プランニングに戻り支援計画を立てなおすといったことが必要となる。こういった援助の展開過程は，社会的養護のさまざまな援助活動の中で用いることができる。日々の生活の中で，子どもが発するさまざまな問題と思われることをしっかり受け止め，そのことを理解し，見立て，支援方法を考え，実際に行い，点検し，そして子どもが笑顔で暮らしているかどうかを確かめることを職員は続けなければならない。

（3）社会的養護における多職種連携

社会的養護の施設では，児童指導員，保育士，家庭支援専門相談員，個別対応職員，心理療法担当職員，里親支援専門相談員，看護師などたくさんの専門職員が配置されている。これらの専門職が置かれるまで，社会的養護の施設でこれらの業務や支援が行われていなかったというわけではない。それ以前は，1人の職員がいくつもの業務を重ねて行っていたものを分業したということである。

施設に多くの専門職が配置された背景には，施設の子どもたちが抱える問題が複雑になり，それらを解決し子どもたちの育ちを支えるためには，さまざまな専門的アプローチが必要となったためである。このように，いくつもの専門

職が配置されると，専門職間の連携が重要になる。けれども多職種連携が重要であることをわかっていても，現場でうまく機能できるようにするためには難しいことも多い。そこで多職種連携を行う際のポイントをいくつか考えることとする。

　多職種連携を行うためには，職員自身が自分の職種の専門性を正当に評価し自信をもつことが重要である。自身の職種に自信をもった専門職が互いに対等で相手を尊重し合う関係の下に職種間連携は成り立つのである。例えば，児童養護施設の保育士と心理療法担当職員との連携について考えてみる。子どもと生活を共にする保育士は，子どもの養育に関する専門職であり，心理療法担当職員は心理治療に関する専門職である。このように職種間連携を行うためには互いに専門性をもった職員であることを忘れてはならないのである。

　さらに職種間連携のためには，それぞれの専門職の活動内容，相手のできることなどを互いに理解することが重要である。例えば，心理療法担当職員が子どもたちの生活を把握し，保育士の業務を知った上で行う助言は，生活の中で活かせる適切なものとなる。また，専門職が互いのことを理解していないと不信感が生まれ，子どもへの支援にもつながらない。そのためには日頃から職種間の話し合いなどを行うことが大切である。そのような職種間の話し合いにおいて，専門職としての業務について他の専門職に説明することが大切である。自分の業務について説明できず，施設内で理解を得られないと専門職としての活動はうまくできない。

　一方，他者に説明するためには専門職員自身が自分の業務について十分に理解しておかなければならない。そのために，自己研鑽をすることが重要である。そのことが専門職としての自信にもつながるのである。このように，施設内における専門職と専門職との間で連携が行われ，さらに他の専門職とも職種間連携が行われることにより，専門職員が連鎖し多職種連携が成立するのである。よい多職種連携を成立させるためには，自身の職種の業務を行うだけでなく，自身の業務を踏まえて他職種の業務が円滑に行えるように心がけることも忘れてはならない。

　多職種連携には施設内における職種間連携だけでなく，他機関の専門職との連携もある。他機関の専門職との連携のポイントも，施設内の職種間連携にお

けるものと同様である。それに加え，他機関の専門職と連携する際には機関同士も連携することについて了解しているという前提が必要である。例えば，児童養護施設の心理療法担当職員と児童相談所の児童心理司が情報を共有しようとする場合，個人的に情報を伝え合うのではなく，それぞれの機関が専門職同士の情報のやり取りを行うことを了解していなければならないということである。

　そして機関と機関が連携する場合も，施設内における職種間連携と同じように，以下のことが重要となる。機関と機関が対等で互いに尊重し合う関係であること，それぞれの機関の活動内容を理解し合うこと，機関の活動について相手に説明し了解を得るということ，である。このような関係を基にして，相手の機関の活動が円滑に行えるようにすることが機関連携である。社会的養護の機関連携について考えてみると，子どもを施設に措置する児童相談所と子どもを引き受け養育する施設との関係は，対等で互いのことを尊重し，互いの機関の活動内容を理解し，話し合える関係でなければならない。そのような関係の上に，子どもたちの育ちを支えることができるのである。

注
(1)　デヴィッド・クリスチャンほか／長沼毅　日本語版監修／石井克弥ほか訳『ビッグヒストリー——われわれはどこから来て，どこへ行くのか—宇宙開闢から138億年の「人間」史』明石書店，2016年。
(2)　エンゲルス『家族・私有財産・国家の起源』岩波文庫版，1965年（原著は1884年出版）。
(3)　養育院は，石原都知事の時代に廃止が決定され，2013年にその跡地には東京都健康長寿医療センターが設置されている。
(4)　井村圭壮・藤原正範『日本社会福祉史』勁草書房，2007年，45頁。
(5)　寺脇隆夫「日露戦争時の下士兵卒家族救助令の施行状況と軍人家族援護事業への展開（上）——関係史資料に見られる公的救済の「日本的」特徴」浦和大学総合福祉学部『総合福祉』2，2005年3月，37-81頁。
(6)　高瀬善夫『一路白頭ニ到ル——留岡幸助の生涯』岩波新書，1982年。
(7)　中国侵略にあたり中国東北部への大量植民事業が計画・実施され，1938（昭和13）年からは各都道府県に割り当てられた高等小学校卒業生による満蒙開拓青少年義勇軍が組織され，1945（昭和20）年の終戦までに8万6,000人の青少年が送り出

された。

⑻　1948年2月の厚生省児童局企画課調「全国孤児一斉調査結果」によると，同年2月1日現在で，計12万3,511人の孤児が把握されており，そのうち「施設に収容されているもの」1万2,202人，「祖父母，兄姉，親戚，知人その他により保護されているもの」10万7,108人，「保護者なくして独立して生活を営むもの」4,201人と集計されている。

⑼　望月彰『自立支援の児童養護論——施設でくらす子どもの生活と権利』ミネルヴァ書房，2004年，22-23頁。

⑽　市川太郎「当事者から見た日本の社会的養護」望月彰編『三訂　子どもの社会的養護——出会いと希望のかけはし』建帛社，2019年，169-192頁。

⑾　施設や病院で長期間生活することにより，母性的養育の剥奪（deprivation of maternal care）によって起こるとされる無関心，無感動などの感情の鈍磨や情緒不安定あるいは言語発達の遅れなどの傾向。イギリスの児童精神医学者・ボウルビィ（J. Bowlby）が1951年に発表した。

⑿　積惟勝園長の沼津・松風荘の実践など。積惟勝『はだかの教育——明日を創る子らとともに』洋々社，1970年など参照。

⒀　第4次中東戦争を機にアラブ産油国が原油の減産と大幅な値上げを行い，日本を含む石油輸入国に深刻な打撃を与えた事件。

⒁　小川利夫・村岡末広ほか編『ぼくたちの15歳——養護施設児童の高校進学問題』ミネルヴァ書房，1983年。

⒂　例えば，全国児童養護問題研究会（略称：養問研）が1972年に発足し，以来年1回の全国大会や地域での例会活動，機関誌・研究誌の発行などの活動を続けている。

⒃　青少年福祉センター編『強いられた「自立」——高齢児童の養護への道を探る』ミネルヴァ書房，1989年。

⒄　神奈川県立霞台青年寮（1953-79年），神戸少年の町・働く青年の家・青年寮（1954-61年），大阪府立白鳥学園分園（1955-70年），アフターケアセンター（財団法人青少年福祉センター）新宿寮（1958年-），憩いの家（1967年-）などから始まり，主に児童養護施設等退所者に居場所とアフターケアを提供してきた。1997年の改正児童福祉法第6条の3で，児童自立生活援助事業として初めて法的に位置づけられた。

⒅　国連憲章前文。

⒆　Alternative Care の訳出にはいくつかの表記がみられるが，ここでは外務省訳にしたがって「代替的な監護」とした。本章18頁で取り上げる国連 Guidelines for the Alternative Care of Children については，厚生労働省仮訳に基づき，「児童の代替的養護に関する指針」（以下，国連指針）とし，Alternative Care を「代替的

養護」と表記した。「代替的な監護」や「代替的養護」は，日本でいえば「児童養護」または「社会的養護」にあたる。

⑳　子どもの権利条約第12条第2項は，「児童は，特に，自己に影響を及ぼすあらゆる司法上及び行政上の手続において，国内法の手続規則に合致する方法により直接に又は代理人若しくは適当な団体を通じて聴取される機会を与えられる」と規定している。

㉑　その他の一般的見解（意見）を含めて，ARC・平野裕二の子どもの権利・国際情報サイトで，平野による日本語訳が提供されている。

㉒　第3回国連子どもの権利委員会最終所見パラグラフ47，2010年6月20日。

㉓　日本では，1948年に児童福祉施設最低基準（昭和23年厚生省令第63号）が制定されて以来，その劣悪さが問題とされてきた。この基準は，2012年に「児童福祉施設の設備及び運営に関する基準」へと名称変更されたが，最低基準としての縛りが緩くなり国家責任は後退した。里親に関しては，2002年になってようやく「里親が行う養育に関する最低基準」（平成14年厚生労働省令第116号）が制定されている。

㉔　児童福祉法第6条の3第8項で定義される，「保護者のない児童又は保護者に監護させることが不適当であると認められる児童」。

㉕　関連立法として，2016年に，民間あっせん機関による養子縁組のあっせんに係る児童の保護等に関する法律が制定されている。

㉖　黒川真咲「諸外国における里親制度の実態から考える」浅井春夫・黒田邦夫編著『〈施設養護か里親制度か〉の対立軸を超えて──「新しい社会的養育ビジョン」とこれからの社会的養護を展望する』明石書店，2018年，61-78頁。

㉗　全国児童養護問題研究会編『日本の児童養護と養問研半世紀の歩み──未来の夢語れば』福村出版，2017年など。

㉘　具体的には，「3歳未満については概ね5年以内に，それ以外の就学前の子どもについては概ね7年以内に里親委託率75％以上を実現し，学童期以降は概ね10年以内を目途に里親委託率50％以上を実現する」ことなどを提案した。

㉙　2006年12月制定の改正教育基本法に家庭教育条項が新設された。これに連動して自由民主党内で「家庭教育支援法案」が検討され，また，2012年12月に制定された熊本県の「くまもと家庭教育支援条例」を皮切りに，自治体における家庭教育支援条例制定の動きがある。そこに見られる理念は，概して，日本国憲法によって否定された戦前の家父長制的な家族観に基づいており，両性の平等や子どもを含めた家族一人ひとりの人権を尊重する立場ではなく，親の権威や責任を強調するものとなっている。

㉚　国連子どもの権利委員会による条約実施状況に関する審査で，日本政府は，1998年の第1回審査の時から毎回「極度に競争的な教育制度」の改善を勧告されてきた。

しかし，日本政府はこの勧告を無視し，2007年における全国一斉学力テストの再開など，競争的環境を一層激化させる政策をとってきた。

⑶ 松田博雄「虐待が子どもに及ぼす影響」庄司順一・鈴木力・宮島清編『子ども虐待の理解・対応・ケア』（社会的養護シリーズ③）福村出版，2011年，51頁。

⑶ 樋澤令子『青年期・成人期における養護性の発達と形成要因』風間書房，2012年，1頁。

参考文献
・第1節
ユニセフ『世界子供白書2014統計編　だれもが大切な"ひとり"』(2019年11月14日閲覧)。
ユニセフ『世界子供白書2016　一人ひとりの子どもに公平なチャンスを』(2019年11月14日閲覧)。
ユニセフ『世界子供白書2017　デジタル世界の子どもたち』統計データ（2019年11月14日閲覧)。
・第2節
ユヴァル・ノア・ハラリ『サピエンス全史——文明の構造と人類の幸福　上・下』河出書房新社，2016年。
子どもの権利条約　市民・NGO報告書をつくる会編『"豊かな国"日本社会における子ども期の喪失』花伝社，1997年。
子どもの権利を守る国連NGO・DCI日本支部編『子ども期の回復——子どもの"ことば"をうばわない関係を求めて』花伝社，1999年。
子どもの権利条約市民・NGOの会編『国連子どもの権利条約と日本の子ども期——第4・5回最終所見を読み解く』本の泉社，2020年。
・第3節
高橋重宏『ウェルフェアからウェルビーイングへ——子どもと親のウェルビーイングの促進：カナダの取り組みに学ぶ』川島書店，1994年。
許斐有『子どもの権利と児童福祉法——社会的子育てシステムを考える　増補版』信山社，2001年。
許斐有・望月彰・野田正人・桐野由美子編『子どもの権利と社会的子育て』信山社，2002年。
平湯真人編著『子ども福祉弁護士の仕事——恩恵的福祉観から権利的福祉観へ』現代人文社，2020年。
・第4節(1)
厚生労働省『乳児院運営ハンドブック』2014年。

全国乳児福祉協議会『改訂新版 乳児院養育指針』2015年。

・第5節

厚生労働省「令和2年度 福祉行政報告例」2021年。

厚生労働省「児童養護施設入所児童等調査の結果（平成30年2月1日現在)」2020年。

厚生労働統計協会編『国民の福祉と介護の動向 2021/2022』2021年。

・第6節

伊藤嘉余子『児童養護施設のレジデンシャルワーク——施設職員の職場環境とストレ
　　ス』明石書店，2007年。

小野澤昇・田中利則・大塚良一編著『子どもの生活を支える社会的養護』ミネルヴァ
　　書房，2013年。

喜多一憲監修・堀場純矢編『社会的養護』（みらい×子どもの福祉ブックス）みらい，
　　2017年。

吉村譲「社会的養護の現場における多職種連携について考える」『子どもと福祉』12，
　　明石書店，2019年。

<table>
<tr><td>第2章</td><td>子どもの生活原理と「そだちあう」環境
の構築</td></tr>
</table>

1　人権の尊重と主体性を尊重した人間形成
―― 子どもの人権が護られ確かな力を付けるために

（1）子どもの権利条約と社会的養護

1）生活原理の根本にある人権の尊重

　人権とは「人間として生きていく権利や尊厳」（人権絵本）であり，「人権を尊重する人間と社会」の土台には「三つのことが必要になる」。「一つ目は，じぶんを大切にすること。二つ目は他のひとを大切にすること。三つ目は，お互いを大切にする仕組みをつくること」であるという。「社会的養護」の下で暮らす子どもたちは，家族的背景によって，また家族や地域から引き離されることによって，自分や他者を大切にする経験を実感することが難しいまま，里親委託や施設入所になっている。だからこそ，侵害された人権の回復と日常的な人権の尊重は，養護実践の生活原理の第一である。

　養護が「社会的養護」と呼ばれるようになるはるか以前から，家族に替わる他者によって育てる営みがあった。憐れみから慈恵的に保護されていた時代を経て，長期にわたる戦争と敗戦による貧困で，自らそして家族の生命と生活を守ることに必死だった時代があった。その時代にも，「どの子にも人生がある」「どの子にも権利がある」「どの子にも教育可能性がある」と考え，主張し，取り組む養護実践はあった。それは，養護の場における子どもたちの生活を通して，話し合いによる生活づくりを進め，遊び・文化活動・スポーツ等に関わる活動を通した連帯性を育み，個人的・集団的なふれあいにおける自主性・批判性・創造性を育成し，見通しをもち，家庭参加や社会参加を進め，関わりの中で人は変わっていくという人間観をもつ実践であった。

　1947年に成立した児童福祉法は，その第1条（理念部分）で，「すべて国民は，児童が心身ともに健やかに生まれ，且つ，育成されるよう努めなければならな

い。②すべて児童は，ひとしくその生活を保障され，愛護されなければならない」と謳い，1950年児童憲章では，「児童は，人として尊ばれる。児童は，社会の一員として重んぜられる。児童は，よい環境のなかで育てられる」と述べた。特に後者は，子どもの人権，社会権，環境権を認めたものとして，その後長い間位置づけられてきた。

　1970年代，家庭における子どもへの暴力による施設入所が，それまでの戦争由来の理由と異なるものとして，社会的に注目された。1980年代には子どもが保護された後に生活する場のいくつかで起きた子どもの暴力事件が注目された。その背景に職員による体罰等があり，それが子どもの行動にも連鎖している（ケースがある）ことが明らかになった。これらの人権侵害事件は，社会的養護の場における人権保障の必要性を強く求めた。その流れの中で，全国児童養護問題研究会は，子どもの権利保障を真ん中においた「施設養護基準（第一試案）」を提案し検討に付した（1987年）。

　1980年代国連で取り組まれていた児童の権利に関する条約（以下，子どもの権利条約）案審議と1989年条約採択，1997年児童福祉法改正を受けて改訂された「児童養護の実践指針 第4版」（1997年）は，①無差別平等の原則，子どもの最善の利益の保障，養護請求権，②人権の尊重，人としての尊厳にふさわしい生活条件と援助，プライバシーの尊重，ノーマライゼーション，③情緒の安定と自己意識・帰属意識の尊重，④個別性と個性への援助，自己実現・社会的人格完成への援助，⑤個人と集団への統一的な援助，そだちあう関係の形成への援助，⑥主体的選択の尊重，⑦意見表明の権利の尊重，⑧教育を受ける権利の尊重，⑨親・家族と育ちあうことの保障および親の恣意的なふるまいからの保護，⑩社会生活の準備の保障と社会生活への参加の援助，を施設養護の原則として提唱した。

　社会的養護の現場で子どもの権利保障への動きが，活発化しはじめる。

2）子どもの権利条約の構造

　条約審議構想の段階から注目し，日本に紹介し続けてきたのは喜多明人である。喜多の作成した図表「（子どもの権利—筆者）条約にみる子どもの権利の構成」は，条約審議過程からその動向を支持してきたユニセフと共通する子どもの権利の整理となっている（図2-1）。「生命への固有の権利」「名前・国籍取

図2-1　子どもの権利条約に見る子どもの権利の構成

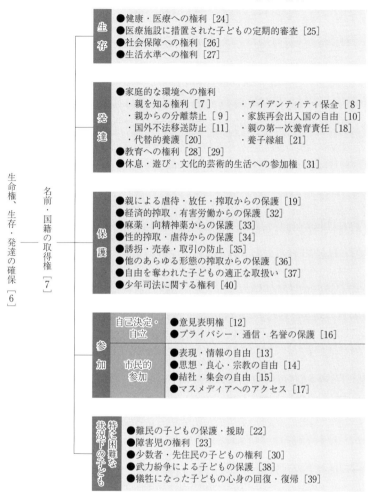

生命権、生存・発達の確保［6］

名前・国籍の取得権［7］

生存
- ●健康・医療への権利［24］
- ●医療施設に措置された子どもの定期的審査［25］
- ●社会保障への権利［26］
- ●生活水準への権利［27］

発達
- ●家庭的な環境への権利
  - ・親を知る権利［7］　　　　・アイデンティティ保全［8］
  - ・親からの分離禁止［9］　　・家族再会出入国の自由［10］
  - ・国外不法移送防止［11］　・親の第一次養育責任［18］
  - ・代替的養護［20］　　　　・養子縁組［21］
- ●教育への権利［28］［29］
- ●休息・遊び・文化的芸術的生活への参加権［31］

保護
- ●親による虐待・放任・搾取からの保護［19］
- ●経済的搾取・有害労働からの保護［32］
- ●麻薬・向精神薬からの保護［33］
- ●性的搾取・虐待からの保護［34］
- ●誘拐・売春・取引の防止［35］
- ●他のあらゆる形態の搾取からの保護［36］
- ●自由を奪われた子どもの適正な取扱い［37］
- ●少年司法に関する権利［40］

参加

自己決定・自立
- ●意見表明権［12］
- ●プライバシー・通信・名誉の保護［16］

市民的参加
- ●表現・情報の自由［13］
- ●思想・良心・宗教の自由［14］
- ●結社・集会の自由［15］
- ●マスメディアへのアクセス［17］

特に困難な状況下の子ども
- ●難民の子どもの保護・援助［22］
- ●障害児の権利［23］
- ●少数者・先住民の子どもの権利［30］
- ●武力紛争による子どもの保護［38］
- ●犠牲になった子どもの心身の回復・復帰［39］

＊［　］の中の数字は条文番号を指す。（喜多明人作成）
資料：永井憲一ほか編『子どもの人権大事典』エムティ出版より。
出所：喜多明人『子どもの権利　次世代につなぐ』エイデル研究所，2015年，307頁。

得権」という権利を土台として承認される権利が「生存・発達の権利」群，
「保護（すべての子ども対象，特に困難な条件下の子ども対象）される権利」群，
「参加（生活参加，社会参加）の権利」群である。

日本は1994年4月22日に子どもの権利条約を批准し，日本国憲法と同等もしくはそれに次ぐ位置づけの法的地位と影響力をもつものとなった。

　2012年には，厚生労働省が作成した「里親およびファミリーホーム養育指針」や「児童養護施設運営指針」など各施設運営指針に，子どもの権利条約の理念が明示されている。児童福祉法第1条や子どもの権利条約第3条より「子どもの最善の利益のために」取り組むことが，さらに児童福祉法と子どもの権利条約第20条から「すべての子どもを社会全体で育む」ことが「社会的養護の基本理念」として位置づけられている。この基本理念の下，「①家庭的養護と個別化」「②発達の保障と自立支援」「③回復をめざした支援」「④家族との連携・協働」「⑤継続的支援と連携アプローチ」「⑥ライフサイクルを見通した支援」の実践が示された。

　2016年に児童福祉法改正が行われた。「子どもの権利条約」を尊重するべきことが条文上に明示されたこと，また子どもが「権利を有する」ことについて明確に謳われたことの意義は，大きい。

　①　「生命への固有の権利」

　「生命への固有の権利」（第6条）は，AALAの国々の提案がなければ位置づかなかったかもしれない。しかし，子どもの権利の核となる権利である。日本の場合，子どもの自殺の問題と同時に虐待による死亡事例が注目される。厚生労働省の虐待死事例の検証結果によれば，2008年度の107例128人を頂点に調査開始の2005年以降年間50人を下回ることなく推移している。心中を除くいわゆる「虐待死」は死亡例の過半数を超えている。2018年第14次報告によると，死亡年齢は0歳が過半数（月齢0カ月児が0歳のうち半数）を占めており，「身体的虐待」「ネグレクト」の割合が高く，「加害者」とされるのは「実母」「実父」の順に多い。検証結果を踏まえ，妊娠から出産・子育てまでの支援策が取り組まれてきている。一方で，施設入所後，一時帰宅時の虐待発生による虐待死事例も報告されており，子どもの生命を守るためには施設内での養護・養育中のみならず，家庭復帰や家族再統合に向けての取り組み中にもきめ細やかで適切な判断が，児童相談所や施設に求められる。

　子ども，特にことばをまだもたない乳児のように自己の感じていることを十分に表現できない子どもについては，そのかけがえのない生命を守るために，

特別養子縁組や里親委託・施設入所等「社会的養護」が引き受けることの意義
は大きい。

②　「名前・国籍の取得権」

　国籍は，「権利をもつための権利」ともいわれ，子どもが生まれながらにし
てもつべき重要な権利である。権利条約は，第7条第1項に「名前・国籍の取
得権」を認めている。ひとは登録することによって，法的身分を手に入れる仕
組みになっている。住民登録によって，予防接種や健診のお知らせが住居に届
き，就学前健診・面談のお知らせが届く。登録手続きが行われないままでは，
さまざまな権利から疎外される。子どもの権利条約が認めている子どものさま
ざまな権利を行使しようとする時に不利益を被る。日本全国の児童養護施設の
うち4分の1に「外国につながる国籍があやふやな子ども」（無国籍）の措置経
験がある。[3] 親が強制送還される時，一時的に児童養護施設を「通り過ぎる」子
どもと外国から来た親の下に日本で生まれ，国籍取得前に親が死亡，あるいは
連絡がとれなくなった「取り残された」子どもがいるという。国籍取得の方法
をおとなが知り，できるだけ早期に国籍取得を進めることと，子どもが施設で
暮らす間にも「帰国後」「国籍取得後」を考えて母国の文化を学ぶことが課題
である。「無戸籍」の子どもたちの問題とともに子どもたちが権利を行使でき
るような対応が求められる。

③　「家庭環境を奪われた子どもの権利」

　子どもの権利条約では，家族に関する子どもの権利として，親を知る権利，
親により養育される権利（第7条）に加え，家族関係を含むアイデンティティ
を保全する権利（第8条），原則的に親の意思に反して分離されない権利（第9
条），家族再会のための出入国に関する権利（第10条）をもつと認めている。さ
らに，家庭環境を奪われた子どもには，代替的養護が確保される権利（第20条）
や，養子縁組する権利（第21条）が明示されている。

　子どもの権利委員会が，日本に対して繰り返し尊重するように指摘している
国連「児童の代替的養護に関する指針」では，子どもが「家族の養護を受け続
けられるようにするための活動」，または子どもを「家族のもとに戻すための
活動」を重視している。

事　例

　たいちには，2人の姉がいる。たいちが小学生の頃，母親への暴力とギャンブルに金を費やす父親に苦労した母親が姿を消す。父親からたいちへの暴力が始まったため，たいちは保護され施設措置された。やがて母親が家に戻り状況が改善したとして，たいちは小学校低学年のうちに家庭引き取りになる。しかし，高校に入る頃，母親への父親による暴力が再発し，母親は精神的に病み入院する。たいちは父親に反抗し，父親からの暴力を受けるようになり，別の施設に入所。しかし，姉2人が父親の暴力のターゲットになることを心配したたいちは，自ら退所を希望し自宅に戻る。姉たちは父から逃れて別の土地へ移る。残されたたいちが再び暴力を受け，高校3年時に最初の施設に入所。

　親子関係がうまくいかず，精神的に荒れていたたいちは，暴れまわり施設の壁を壊したりもする。しかし，施設生活に慣れ，信頼できる職員にも出会い落ち着いていく中で，大学進学を果たす。進学後，父親に癌が見つかり，闘病生活が始まる。たいちは定期的に父親のもとに戻り，大学の学びと看病の生活に追われる。父親は，たいちが大学3年の時に亡くなるが，それを機に再び連絡がとれるようになった姉とその家庭とも行き来しながら生きている。

　この事例には，一度施設に入所してもそれで家族との関係が途切れるのではなく，家族の問題状況によって，社会的養護の利用状況が変わること，そして，自分のことだけでなく姉の被害も考えて動こうとした子どもの姿勢が現れている。さらに暴力を振るわれていた相手であるにもかかわらず，家族として看病し最期を看取る姿は，家族との関係が人生を通して継続することを示している。

　④　「子どもの意見表明権」

　条約によって子どもの最善の利益が最優先考慮事項とされ，それを考える際には，「子どもの意見表明権」（第12条）が尊重されなければならない構造になっている。子どもの意見について，年齢と成熟度に応じて尊重されることとされ，児童福祉法はその第2条で「おとなが尊重しなければならない」ことを位置づけた。意見表明権の尊重は，例えば父母が離婚することになった時，どちらの親と一緒に暮らしたいかについて選ぶ機会が与えられるということではなく，父母が離婚することになったことについて，また今後の生活について子どもがどう思っているかを丁寧に聴くことである。子どもの気持ちを踏まえて，おとなが「最善の利益」を判断することになる。

　幼い頃の日常生活の場面から，子どもの思いを表現できる環境を整え，受け止めることが大切である。

┌─　事例1
│
│　　3歳のみよちゃんと買い物に行った同行者は，店でお絵描き帳とお楽しみとして何か一つ安価なファンシーグッズを買う予定だった。みよちゃんが「これ！」と選んだものは，想定外の値段であった。同行者は，さすがにそれは高いと思い，予算内でみよちゃんが好きそうなものを指差し，「あれもいいんじゃない？」と言った。みよちゃんが「いいね」と言ったので，気に入ったと思い買った。しかし，みよちゃんはその同行者の対応を見て泣き出した。

　この事例で，なぜみよちゃんは泣き出したのか。みよちゃんは「いいね」と言ったが，それは，同行者が自分が買いたいものとして選んだと思ったから，「いいね」と言ったのかもしれない。私は「これ」を選んだが，あなたは「あれ」を選んだ，2人とも選べて「いいね」ということかもしれない。子どもの思いを，おとなが正しく理解することは意外に難しい。

┌─　事例2
│
│　　小学校に通うななせさん（女子）が職員に相談に来た。「学校で，同じ班のこうきち（男子）が，やたらにちょっかいをかけてくるから，とてもがまんできない。何かあるとすぐ近づいてくる。やめてほしい」という訴えである。職員が担任に状況を確かめると，こうきちさんは距離感をつかむのが苦手で，近づきすぎる，相手が好ましく思っていないのに気づかず，その行為を続けることが見られる。ななせさんはとても困っているので，担任に班替えを提案しようかと職員は伝えた。すると，ななせさんは断った。

　ななせさんは，なぜ断ったのか。ななせさんは，これまで誰にも話せず困っていたことを職員に相談することができて，ずいぶん気持ちが楽になったという。また，自分の気持ちをわかってくれる人がいると思えることによって，もう少しこうきちさんとの関わりを自分なりに工夫してみる気持ちになったとも付け加え，「また苦しくなった時に話を聴いてほしい」と話した。おとなの考える解決策と子どものそれが必ずしも一致しない事例である。子どもの意見表明権の尊重を行う時，重要なことは，おとなが子どもの気持ちを丁寧に理解しようとすることである。おとなが考える最善策は，子どもの気持ちと一致しな

い場合があることを知るべきである。子どもの気持ちを丁寧に聴き取り受け止めることは，子どもの意見を尊重するための第1段階として重要である。

このような子どもの声は，子どもの生の現実から生まれている感情だからこそ大きな力となり，時に制度を変えていく力にもなる。1990年代半ばに取り組まれた県知事や大臣宛の子どもの手紙が注目されたことにより，児童福祉施設最低基準が改訂されたことは歴史的事実である。

⑤　生存と発達の確保——教育と福祉の権利の統一的保障

子どもの権利条約第6条「生命への固有の権利」は，第2項に「生存と発達の確保」を欠かすことのできない要素としている。「教育と福祉の権利の統一的保障」である。生存と発達，教育と福祉，どちらか一方が先に保障されればよい，というものではない。

文字の読み書き・計算ができるようになることによって，街でモノを売って家計を支えている子どもたちがつり銭をまちがいなく手に入れることができるようになるだけでなく，病院や役所等公的な場で手続きに必要な書類を書くことができるなど，基礎的な学力は生活を支える力になる。だからこそ，生存と発達の確保はひとが生きていく時に欠かすことのない両輪である。1985年にユネスコで採択された「学習権宣言」が，学習権を「読み書きする権利であり，問い続け，深く考える権利であり，想像し創造する権利であり，自分自身の世界を読み取り，歴史をつづる権利であり，あらゆる教育の手だてを得る権利であり，個人的・集団的力量を発達させる権利である」と規定した上で，「学習権は未来のためにとっておかれる文化的ぜいたく品ではない。それは生存の欲求が満たされたあとに行使されるようなものではない。学習権は，人間の生存にとって不可欠な手段である。…（中略）…“学習”こそはキーワードである。学習権なくしては，人間的発達はありえない。…（中略）…それは，基本的人権のひとつであり，その正当性は普遍的である」と述べていることからも理解できる。

子どもたちがもっている潜在的な力は，児童養護施設だけでなく一時保護所や児童自立支援施設などでも同様に，学ぶ喜びの獲得につながっている。

一時保護所で生活する子どもは，家族状況を改善し家庭復帰するまで，あるいは委託先の里親や入所先の施設が決まるまでの期間をそこで過ごす。一時保

護所では多くの場合，地域の学校に通学しない。保護所内の学習室で学習指導者とともに，決められた時間学習する。子どもがつまずいたところまで戻って学習を始めると，子どもは「わかる」喜びを得て主体的に学習に向かうようになる。「先生，今日は勉強やらんの？」とやってくる。子どもたちは，学習意欲がないのではない。「わかる」喜びを与えられていなかっただけである。

　また，「児童自立支援施設（旧教護院）の子どもたちの学力分布」図を見ると，入所当時は所属学年に相当する学力よりずっと下の学年に分布している。早寝早起きの生活リズムの下，毎日一定時間の学習を子どもの到達段階から出発して積み重ねていくことにより，比較的短期間でかなりの伸びを見せる。A 学園での学習進度図によると，どの子どもも学力を伸ばしており，めざましい子どもでは，10カ月ほどの間に 3 学年分をクリアしていた。

　安定した環境で適切な働きかけ，学習の機会があれば，ほとんどの子どもたちが学力を伸ばすことができるだけでなく，「わかる」喜びや自分にもできるという自信につながり，それはさらに生活のさまざまな課題に対する挑戦への意欲を生み出す。生活知識・技術を活かす基盤になる生活意欲である。

⑥　生活の中で学び育つ力──子ども自身の力を信頼する

　最も愛されたい親や家族から虐待・放任を受けることは，子どものこころとからだに深い傷を与える。自分や他者を大切にする経験が十分でない子どもたちは，「ありがとう」「うれしい」「楽しい」という言葉を上手に使えないことが多いが，「死ねっ！」「どっか行け！」など相手を否定し拒絶する言葉は，絶妙のタイミングで効果的に使える。実にタイミングよく相手に対して効果的な言葉の使い方ができるという点では，高い能力だといえる。子どもの可塑性は大きく，大きな可能性をもっている。子ども自身の力を信頼して，生活と共につくる中で，繰り返し粘り強く，人とのつながりを作り出す言葉，場面に適切な言葉や行動を伝えることによって，子どもはひととのつながりを断ち切らない言動を学び，やがて他者との関係を安定させ，自らのチャンスを広げる。

　「社会的養護」の下での暮らしとその中での多様な学びが，子どもたちの発達にめざましい影響を及ぼすことは確かである。子どもの力になる働きかけによって子どもの可塑性の大きさを信頼し，可能性を広げることがおとなの役割である。

⑦ 「生活づくり」「生活の主人公」としての子ども

高機能化・専門化する施設だからこそ，子どもが安心できる親和的な環境が，求められる。

子どもたちの日常生活において，職員には子どもの「生活の場」を整え，「生活をつくる」手助けをする役割が求められる。子どもたちが試行錯誤を繰り返しながら「生活の主人公」として育っていくために，さまざまな体験の提供をすることが施設の役割である。食べる，遊ぶ，眠る・休む，学ぶ等生活内容に即した子どもの生命への固有の権利が，その子のペース・望む形で保障されることが求められる。「生活づくりは養護の生命線」である。⁽⁴⁾

子どもたちの権利は，生活の具体的な関わりの中で保障されるものである。子どもの権利条約の精神的父といわれるコルチャックがつくった子どもの権利大憲章には，「子どもには愛される権利がある」から始まり，「過ちを犯す権利」「失敗する権利」「要求し，主張し，問う権利」「教育を受ける権利」「不正に抗議する権利」などが謳われる。失敗することが認められ，要求し，主張し，問うことができる，おかしいなと思ったことには抗議することもできる。そのような経験をしながら，子どもたちは自分で考え，判断し，自分の行動を選び取っていく。

子ども同士の関係とおとなである職員や里親と子どもの関係が，生活主体の関係として育まれる中で生活がつくられ，「生活の主人公」として子どもが育つ。「誰かからじぶんがたいせつにされたからこそ，ひとはじぶんでじぶんを大切にできるようになるのだし，じぶんを大切にできるひとこそが，他のひとも大切にできるひと」であり，「人が『ほんとうに』生き生きとする姿」は，「かかわりのなかに生きるいくつものじぶんがあって，それらがぶつかりあったり支えあったりしながら変わりつづけていくプロセス」にある。⁽⁵⁾そのような環境であることが，「社会的養護」における人権保障の基本である。

（2）社会的養護で育つ子どもの世界を想像し理解する
――当事者の「声」・子どもの権利と貧困の研究から

社会的養護を必要とする状況とは，一体どのようなことであろうか。施設や

里親という社会的養護の営みにたどり着くまでに，子どもはどのような経験を
して生き延びてきたのであろうか。そして，社会的養護において何を提供する
ことが子どもへの支援となるのだろうか。そのために，筆者は，子どもが生き
てきた世界を想像し理解する必要があると考えている。

　社会学者の塩原良和は，「他者の立場に立って考える」ためには，他者に対
する想像力が必要であるという。塩原によれば，想像力とは「自らの共感の限
界や制限を押し広げて，他者を理解しようとする努力」である。想像力の維持
には，学びと知識が不可欠なのだ。私たちは，他者に対する知識をもつことで，
他者に対する感受性の限界を補いそれを押し広げることができる。

　本項では，社会的養護の専門職の想像力に必要な学びと知識のために，社会
的養護で育った当事者の語りを引用する。当事者の言葉と視点は，当事者の生
きる世界を映し出し，子どもが生きてきた現実を想像することを助ける。その
上で，当事者に課せられた特有の困難を支えるために必要な視点を，貧困，虐
待及びトラウマ，そして子どもの権利の知見から述べる。

1）社会的養護を必要とするということ──貧困と暴力，そして失っているもの

　社会的養護にたどり着くまでの当事者の経験には，「虐待死」の一歩手前を
生き延びるという過酷な経験が少なくない。入所時の家庭状況における虐待の
経験は，里親で全体の39.3％（前回2013年37.4％），児童養護施設で45.2％（前
回37.9％）となる。全体の半数に近い子どもたちが虐待を受けていることがわ
かる。

　　「しょっちゅう殴られていましたね。週5〜6回，ほぼ毎日です。父母がスロッ
　　トで負けた時など，お金が苦しい時が多かったような気がします。」

　虐待は，保護者，子ども，養育環境のリスクが絡み合って生じる。上記の銀
次郎さんの言葉は，虐待がひどくなる時と経済的な困窮度合いが関連している
ことを伝える。養育環境のリスク要因には，家庭の経済的困窮と社会的な孤立
に影響を受ける。図1-1（4頁）は，子どもの養育環境が社会構造からどの
ように影響を受けているのかを考えさせる。

　貧困という問題が，人の精神的な側面にどのような影響をもたらすのかにつ
いて，私たちの理解を助ける論考にルース・リスターの研究がある。リスター
は，貧困を「不利で不安定な経済状態としてだけでなく，屈辱的で人々を蝕む

63

ような社会関係」として理解する必要性を指摘した。「容認できない困窮」は，貧困状況にある人々の社会関係において，軽視，屈辱，恥辱やスティグマ，尊厳および自己評価への攻撃，〈他者化〉，人権の否定，シチズンシップの縮小，声を欠くこと，無力をもたらすという[12]。

　子どもの権利と貧困に関わって，国連総会は，子どもたちが経験する貧困の特殊さに鑑み，子どもの貧困とは「単にお金がないというだけでなく，権利条約に明記されているすべての権利の否定と考えられる」との認識を示している[13]。つまり，子どもの権利条約の4つの柱である，生きる権利・育つ権利・まもられる権利・参加する権利のすべてが奪われていたといえよう。

2）子どもの育ちと回復を支援するために──子どもの権利という視点

　子どもの権利条約第20条では，保護者とともに生活できない子どもの養育について「一時的若しくは恒久的にその家庭環境を奪われた児童又は児童自身の最善の利益にかんがみその家庭環境にとどまることが認められない児童は，国が与える特別の保護及び援助を受ける権利を有する」（下線筆者）と記している。子どもの権利条約の4つの柱となる権利が損なわれ，奪われてきた状況にあった子どもだからこそ，「特別な保護と援助」が必要とされるという視点は欠かせない。

　では，そうした保護と援助を実現するために，私たちは何に価値を置き歩んでいくべきであろうか。前述したリスターは，次のような一文で著書を結ぶ。「社会正義のための闘いは，再分配および，承認と尊重・敬意（リスペクト）の両方をふくむものでなければならない」[14]というものだ。つまり，貧困問題の解決のための闘いには，再分配という社会における財や富をどう分配し，格差をなくすのかという社会のあり方を問うとともに，貧困の当事者が最も奪われる承認と尊重・敬意（リスペクト）を回復するような働きかけが不可欠なのだ。リスターの指摘を踏まえると，社会的養護の専門職は，承認と尊重・敬意（リスペクト）を軸とした実践を行うとともに，子どもたちが社会的養護で育つことになる背景を生み出す社会のありようを注視する必要があるのではないだろうか。

　では，まず子どもに承認と尊重・敬意（リスペクト）をもつことについて考えてみたい。次の当事者の語りは，退所して年月を経た当事者が現在も支えら

れている経験を問われ，語られたものだ。⁽¹⁵⁾

　　「布団がふかふかで，その布団が最高に心地よくて忘れられない。そこで寝たく
　　て，施設に帰ってきていた。」⁽¹⁶⁾

　家事と養育は，日々行い，そして日々消え去っていく営みである。そして，誰でもできる簡単な仕事であるという社会的評価も根深く存在する。当事者の語りは，そうした社会的評価や援助者の実感を覆す。日々の養育における一見何気ない支援が，その子どもの生きる・育つ権利を保障する営みにつながっている。

　育美さんは，施設で出会った職員の存在について語っている。自分を承認し，尊重してくれた人との出会いは，当事者の人生の活力となり人生を変えていく力にもなる。

　　「唯一，ひとりだけ家族みたいな職員がいて。その人は私をすごく信用してくれ
　　た。……その人は『育美がやりたいと思って胸張ってする仕事だったら何でもかっ
　　こいいと思う。』『後悔ないようにね〜』って言うのが口癖で。こういう人が子ども
　　を助ける立場になるんだなあと思って。」⁽¹⁷⁾

　社会的養護の専門職は，こうした関係性の基盤をつくりながら，当事者の奪われてきた，損なわれてきた経験に着目し，必要な手立てを考えていく。そのためには，施設や里親家庭そのものが安心で安全の場であることは不可欠の条件であろう。⁽¹⁸⁾そうした環境を担保した上で，虐待が与える影響，社会的養護で育つことで当事者が失っているものを理解し，応答していく営みが求められる。

　特に被虐待の経験は，当事者のその後の人生に負の影響を与える。次に紹介する海里さんの語りは，施設で安心した生活を手に入れてから，トラウマ後の影響の過覚醒によって苦しみ，感情をコントロールすることが非常に難しかったことを伝える。

　　「僕はキレやすくて学校にもあまり行けませんでした。僕と同じことをしても，
　　過去の友達は親に殴られたりしないということにキレてたんです。友達がすごくう
　　らやましかったんです。すぐに喧嘩するので，友達もあまりできなかったし，普段
　　からやりきれないストレスで，イライラしていました。とにかく暴れたかった。そ
　　んな僕の話を，園の先生は聴いてくれました。」⁽¹⁹⁾

　海里さんは，自身が混乱した状態にあった際に，施設の職員が丁寧に応答し，話を聴いてくれたことを助けられた経験として語っている。トラウマの記憶は，

安心・安全の環境の中で語りなおし，時に感情も伴いながら，「過去の出来事」として再編集されることにより抱えられる記憶となっていく[20]。心理治療との連携をはかりながら，トラウマの特徴を理解しながら関わるアプローチ（トラウマインフォームドケア）が求められている[21]。

　もう一つは，当事者が失っているもの，もてないでいるものに対する理解である。以下の語りは，社会的養護の当事者の喪失を伝えるものだ。保護者にさまざまな事情があったとしても「親に捨てられた」という受け止めによる傷つき，日本社会における「ふつう」から離れた育ちをしていること，それらが当事者の生きる根幹そのものを揺さぶってしまう。

　　「根底は，『親に捨てられた』っていう思いは大きい。『親に子どもは育てられる』っていう日本の社会的な家族像があるなかで，親と生活できないのは異質なわけやから。そこでのアイデンティティーのマイナスの部分ってすごいやろうなって思う。根深いものがあって。自分の生きている意味が揺らぐよね。だって，生まれたときから揺らいでいるというかね。生まれるヒストリー自体が[22]。」

　当事者が失っているもの，もてないでいるものは，他の子どもたちとの違いをもたらす。同質であることが重視される日本社会において，その違いは日々感じさせられるものだろう。にもかかわらず，なぜ自分がそのような違いの中を生きることになっているのか，本人はわからないままであることも少なくない。非常に難しいことだが，本人がその違いを抱えられるように支援することが求められている。社会的養護で育つからこそ生じる当事者の疑問，言葉にならない思いも含めて応答していくような取り組みである[23]。それは，子ども自身が自分の生活と人生に参加していくことを助けるものでもある。子どもの権利条約の第12条子どもの意見表明・参加の権利は「聴かれる権利（rights to be heard)」と解釈され，「子どもと大人相互の尊重にもとづく情報共有と対話を含む，子どもと大人の意見（views）がどのように考慮されて結果を形作るのかを学ぶ，進行中のプロセス（ongoing process)」と定義されている[24]。情報共有は，子どもの権利を保障する上で大きな鍵であることがわかる。

　同時に，現在の社会のあり方を批判的にまなざし，そのあり方を問うていく必要もある。

　家族観もその一つである。「血縁関係のある親に子どもは育てられる」「親は

必ず子どもを愛するものだ」という通念が強ければ強いほど，当事者は社会一般から排除される。海外の絵本には，家族がいかに多様性に富んだものであるかを伝えるものがある。社会的養護の専門職には，現在の家族のあり方を自明とするのではなく，その思い込みをも手放していく必要があるだろう。

　子どもたちの困難は，社会のあり方に影響を受け，家族の中で最も弱い立場にあるからこそもたらされている。社会の状況が悪化すればするほど，社会的養護を必要とする子どもは増加する。子どもの権利を保障することは，それを実現するための資源・制度を必要とする。社会的養護の専門職が現場で直面する課題には，自身の意識を変えるだけでは改善しないことも少なくない。専門職の努力を超える課題については社会に働きかけていく必要があるだろう。

　子どもの立場に立つ，子どもに寄りそう……。子どもの福祉現場ではよく耳にするフレーズである。尊重と敬意（リスペクト）のある働きかけをするには，想像力が不可欠である。それは，簡単なことではない。子どもの「声」にもヒントはある。子どもの「声」を引き出す取り組みとともに，子どもにとってより良い制度構築のために，社会的養護を生き延びた当事者の「声」をいかにして取り入れていくのかということも模索していく必要があるだろう。

2　子どもの情緒安定のための環境の構築
──安心できる環境の中で認められて育つために

（1）安心できる環境
1）「家庭的」とはどういうことだろう

　私たち児童養護施設の職員が大事にしなければならないのは，安心できる環境を子どもたちに用意することである。ただ，「家庭」もしくは「家庭的」イコール「安心できる環境」といわれていることがずっと気になっている。「家庭的養護の推進」で使われている「家庭的な」とは何を指すのかということだ。

　私たち職員は，子どもたちにとって「保護者」として仕事をしているが，決して父親や母親ではない。どんなに一生懸命子どもに寄り添ったとしても，子どもは実の親を求める。ある子どもに「俺を生んでくれたという事に関しては，おかん（実母）に感謝している。でも，俺を育ててくれたのはつばさ園や。俺を育ててくれたおかんは石塚や」と言われたことがある。この言葉はとてもう

れしいが，一方でこれでよいのかという疑問が筆者の中には残る。その子は「おかん（実母），俺に生命保険かけてくれへんかなあ……」と冷たい言葉を吐きながらも，実母の誕生日にはメールやプレゼントを送っている。筆者はそれを知り良かったと思いながらも，ほんの少し焼きもちのような気持ちを感じる。

しかし，筆者とその子ども（すでに大人）との関係は何十年たった今でも続いていて，会った時には筆者の愚痴や悩みの聞き役になってくれている。筆者としては，とても安心できる理解者なのだ。よく，施設の職員と子どもは親子みたいな関係ですか，それとも友だちみたいな感じですか，とか聞かれることがある。筆者は，「どこにもない，しかしとても安心できる信頼できる関係だ」と答える。この人間関係を示す概念はまだない，しかし親子や親友と並ぶくらい安心できる関係なのではないかと思っている。

現在，施設に措置されてくる子どもたちの多くにはそれぞれに親がいる。家族がいる。シングルマザーやステップファミリーも多い。何が家庭のモデルなのか。離婚調停で両親が親権を争っている時に，家庭裁判所の方が子どもに対して引き取られるのは両親どちらがいいかと子どもに聞きに来られることがある。子どもは困る。多分，両親と仲良く過ごした幸せだったあの一瞬に戻ることが一番の希望なのだ。今は離ればなれで家族として暮らしてないが，しかし，子どもたちの心の中には確実に一瞬でもあった幸せな家庭（もしかすると，その子どもが想像する幸せな家庭）がある。その「家庭」に今は暮らせないが，その「家庭」をいつも求めている子どもたちのために施設がある。

家庭としての機能は追求しながらも，しかし，子どもたちが心の中にずっと忘れられない「幸せだった家庭」があることを，私たち職員はしっかりと尊重した上で，その家庭に帰る，もしくは子どもたちが大人になって新しく家庭を築くために，子どもたちが求めているものを準備することが仕事なのではないかと思う。そのための安心な環境は何なのか。そんな視点に立って，本項を書いてみたい。

2）暴力を否定する

安心な環境の基本は，暴力の否定である。暴力の否定は他項を参考にされたいが，暴力への対応はどの施設も有効な対応策が見出せないで，試行錯誤しているのが現状だ。子どもの暴力に関して，暴力を起こさせないためにとか，暴

力を起こした後の対応策はいくつかある。しかし，目の前で今起きている子どもの暴力を，どう効果的に子どもに優しく，そして次につながるような止め方ができるか，筆者は『タイムアウトとセラピューティックホールドの実際──施設養護における子どもへの適切なかかわりのために』（全社協）しか知らない。

　しかし，セラピューティックホールドも熟練を必要とするし，異性や年齢の高い子どもには使えない。ということは，目の前の子どもの暴力に対して打つ手は中々なく，暴力が起こらない環境を作ることが，暴力対応の最善の方法なのだと考えるに至った。しかし，それもなかなか難しいことである。何らかの不全感をもった子どもの入所は突然で頻繁にある。納得していない入所は，子どもにとって大きなストレスになる。そんな子どもたちの中には，暴力という行為でしか自分の不全感を表現できない子どもも多い。特に，身体的虐待を受けてきた子どもはなおさらである。そうなると，子どもを含めた施設自体に，特定の職員だけではなく職員チームとして，また子どもたちも含めて，暴力を否定する風土や環境を培っておくしかない。この風土・環境づくりが，安心な環境へのまず第一歩となる。

　職員の暴力の禁止は当然のことであるが，しかし被措置児等虐待の報告は残念ながら今もなくならない。それはその職員個人の問題という場合もあるが，それだけではないように思う。大人から見てよくないことをした子どもを，どうにかせねばならないという職員側の勝手な使命感，子どもをコントロールできる指導者であらねばならないという間違った価値観，いわゆる「良い子」を育てたいという大人の自己満足等々が働いて，子どもに寄り添おうという気持ちが欠如してしまう。私たちは，私たちの思う「良い子」に育てることが求められているのではなく，子どものなりたい大人になれるように援助するのが仕事であるということを，決して忘れてはならない。

3）家庭としての機能

　今，小規模化かつ地域化ということが求められている。「家庭的」ということを追求するために重要なことなのだろうが，本当に大切なことは，施設が家庭としての機能を果たしているかどうかだ。

　例えば，施設を出た子どもが「結婚するまで急須でお茶を淹れることを知らなかった」と話したことがあった。施設の事務所では来客対応する時に急須を

使っているが，子どもたちの生活場面では大きなやかんでお茶を沸かしている。小規模化すれば，少しはこのような家庭的な機能を子どもの身近なところに置くことはできるが，それでもやはり子どもが6人いると大きなやかんでお茶を沸かすことが多く，来客の際も職員が意識的にならないと子どもが対応を見る機会は作れない。

また，例えばごみ出しがある。当施設は，私営の業者にお願いをしている関係でごみの分別をしなくてよいのだが，筆者は分別をするように職員にお願いしている。家庭生活の中でごみは重大な問題で，できるだけ減らすこと，分別すること，ごみを出せる曜日が決まっていること，出し方がまずいとカラスに荒らされること等々，子どもたちに学んでもらわないといけない。

要するに，小規模化，地域化さえすればよいということではなく，施設の養育の方向性や一人ひとりの職員の中に，家庭の機能を子どもたちに伝えようという意識が根づいているかどうかが肝心だと思う。

4）子どもにとって気持ちのよい生活を用意する

安全な環境の一つとして，施設でまずやらねばならないことは，子どもにとって快適な生活を用意することである。子どもたちの暮らす空間を美しく保ち，子どもの喜ぶ食事を用意し，気持ちの良い清潔な寝具や衣類を用意し，学校へ通えるように準備する。ここに来てよかった，ここは自分を受け入れてくれている安心な場所だと思ってもらうことが一番大切なことだ。掃除・洗濯・炊事は，施設の中の仕事としては軽視されがちであるが，筆者の勤務する施設では，これらを「環境整備」といって大切にしている。筆者はこれが施設の仕事として一番重要で，且つ環境整備を楽しめる職員が，子どもにとって何よりも必要な職員だと思っている[29]。

太志は小学校2年生の時に入所して以来，万引きと家出と車上狙いを頻繁に繰り返していた。事が起こる度に話し合いがされていたが，太志の心にはまったく響いておらず，大人をまったく信用していなかった。この太志との関係を築くのは，大変な作業だった。小学校6年生の時，音信不通だった太志の母親が突然現れて，小学校卒業の時に引き取るという話になった。だが，その後母親はまた行方不明になり，小学校の卒業式には現れなかった。

母親は，それまでにも突然行方不明になることがあった。父親の違う姉と太

志を連れて母親は再々婚をし，さらに3人の弟妹をもうけた。太志は物心つく前からこの養父から身体的心理的虐待を受けていた。太志は「おかんに抱っこしてもらったとか，家族で公園に遊びに行ったとか，まったくないなあ」と言う。母親は太志に愛情がなかったわけではないが，養父の実子以外を可愛がると養父から暴力を受けたようだ。その中で太志はゲームセンターに出入りするようになり，ゲーム代を調達するために車上狙いを始める。しばらくして母親は，養父のDVからのがれるために子どもを置いてまたいなくなる。太志と姉は祖母宅に返されるが，太志の車上狙いとゲームセンター通いが止まらず，当園入所となったのである。

　太志が中学生になった頃，筆者には何でも話してくれるようになっていたが，太志の問題行動は止まらなかった。喫煙，シンナー，暴走族，恐喝，無断外泊，覚せい剤……，筆者は何度も学校や警察に呼び出され謝罪をする。筆者は，泣いて話をしたり，一緒のグループの子どもたちも何度も話し合いに付き合ってくれた。施設の中で暴れることは一度もなかったし，筆者に対しても危険な態度を示したことはなかった。しかし，これが18歳まで続いた。何度もあきらめかけた。当時の園長や職員たちとも何度も話し合った。警察に相談に行ったこともあった。筆者にできたことは，太志のいない部屋を片づけ，脱ぎ捨てた衣類を洗濯し，新しい下着や靴下を用意し，布団を干しシーツを洗い，帰って来るのを待つことぐらいだった。

　しかし，このことが太志にとって大きな意味があったということに後で気づかされる。太志が20歳を超え，仕事も落ちつき，自分のことを最後まで見捨てなかった当園への感謝を口にしてくれるようになった。いやいや，筆者は何度もあきらめかけた。でも，太志は何度家出しても当園に帰ってきた。だから，あきらめるわけにいかなかった。「なんでいつも帰ってきたん？」と聞いた。すると，太志は「あのふかふかの布団が今でも忘れられへん」と言ったのだ。それまで一言もそんなことは言わなかった。でも，毎回，筆者が布団を干していたことに気づいていたのだ。

　考えてみれば，家出をしている間，公園や人の家で雑魚寝をしていたのだろう。それを何日も続けていると，自分の布団が恋しくなるのだろう。しかし，その時の筆者はそんな考えには及ばなかった。何もできなかったからやってい

ただけだったのだが，大人にとって困った行動をしている時でも，むしろそんな時ほど，子どもが気持ちいいと感じる生活を準備することが大切なのだと教えられた。今でも，子どもたちと生活を共にするチャンスがあると，できるだけ一緒に部屋の掃除をしたり，お風呂に入ったり，犬の散歩に行ったりしている。これが筆者にとって，何よりも楽しい時間となっている。

5）子どものニーズに応える

　環境を整えたら，子どものニーズが出るのを待つ。そしてそのニーズに応える。しかし，その子どもたちのニーズに応えるのは，職員としては常に葛藤が伴う。

　両親共におらず，里親不調で施設に再入所した高校生と，週に1〜2回半年間ほどマクドナルドに通ったことがある。地域の不良グループと深夜徘徊し高校も中退し，職員にも悪態をつくようになっていた。関係機関の協力を得て職員の協議を重ね，一からやり直そうと本人と話し合い，関係を作り始める。

　「マクドナルド食べたい」。これが彼の最初の要求だった。最初は何気ない話をしながらのマクドナルドであったが，少しずつ色々な話をしてくれるようになり，徐々に2人の大切な時間となっていった。半年が経ち，就職先が決まり施設を出ることになった彼に，「よかったね，よく落ち着いたね，なんで落ち着いたん？」と聞いてみた。すると彼は「石塚が俺をかまってくれたのがよかった。俺は母親を知らんけど，母親ってこんな感じかなと思えた。俺はいつも居場所を探していた。石塚がかまってくれたことで，俺はここにいていいんやと思えた」と話してくれた。彼はマクドナルドを食べさせてくれたことと言わず，「かまってくれたこと」と言った。彼は筆者がマクドナルドに行く行為を通して関係を築こうとしているのをちゃんとわかっていたのだ。

　施設の食事をとらさなくてよいのか，一人だけ特別なことをしてよいのか，他の子どもは文句を言わないか等々聞かれることもある。事実，この時も他の子どもから「なんで，あの子だけ」と言われた。しかし，一人ひとりの子どもたちのニーズときちんと向き合えば，子どもは理解してくれる。職員間での協議も必要で，時間もかかるし手間もかかる。しかし，丁寧に子どものニーズに向き合う姿勢が子どもとの関係を築くために必要であり，子どもにとっての安心な環境へとつながる。

6）規則正しい生活

　子どもに安心な環境を用意する時に，職員の思いと子どもの真のニーズがずれることがしばしばある。特に，「規則正しい生活」というのは難しい。生活リズムというのは，人それぞれである。ましてや，虐待を受けて施設に入所してくる子どもは，毎日が生き抜くのに精一杯の環境で暮らしてきている。「頼む，施設にいる間は休憩させてくれ」と言って，ひきこもっていた子どもがいた。相当過酷な状況の中で生きてきたのだろう。しかし，いずれ自立をしていく子どもたちに，どうにか生活リズムだけはつけさせたいと職員は思う。でも，そこは焦らずじっくり子どもと向き合わねばならない。

　あずさは，両親の養育拒否で5歳の時に入所してきた。あずさは時々，覚えていた母の携帯電話に電話をするのだが，両親が電話に出られることはなかった。小学校になった頃，朝起きられないことが目立つようになった。夜もなかなか寝ようとしないし，寝ても夜中に起きて他の子どもを起こして騒ぐこともあった。下校後，テレビを見て寝てしまうことも多く，夕方にあずさを寝かさないように，また夜寝られるように，できるだけ外で遊ばせる等色々やってみたのだが，効果はなかった。

　そんな時，あずさと一緒にお風呂に入っていた時のことだった。「あのな，ママとパパ，夜になると喧嘩しださはるねん。ほんで，ママがあずさに『包丁持ってこい！』って言わはるねん。包丁持っていかなママ怒らはるし，持っていったらパパをブスブス刺さはるし……」と話した。詳しく聞くとこうだった。両親は毎朝パチンコに行き，帰って来ると今度は家でゲームをする。そのゲームの勝ち負けで両親は喧嘩になっていたようだ。実父がケガをした等の情報はなかったので，彼女の思いこみか両親の冗談だったのか。しかし，とにかく，あずさが毎晩そのゲームをする両親に付き合い，いつ喧嘩が起きるか心配しながら夜を過ごしていたのは事実だろう。

　あずさは5歳になるまで，そんな生活環境の中にいたのだ。「夜に寝る」という生活をまったく経験していなかったということだ。彼女が夜寝られなかった，朝起きられなかった原因がやっと理解できた。「大変だったんやね」とあずさにやっと声をかけてあげることができた。あずさには，この言葉がずっと必要だったのだ。その後，受診し入眠剤をもらい，半年経った頃には薬は必要

なくなった。規則正しい生活の支援は，子どもが安心して生活できるようになってからだ。

7）個室は必要か──大人の見方と子どもの実情

　数年前，施設を建てかえた。子どもの部屋を個室にすることに決めていたが，不安はあった。子どもは一人になりたい時もあるだろうし，それが安心につながるが，大人の目の届かない空間に不安があった。そんな不安を抱きつつも，子どもの個室8つがすべてリビングに面した間取りの小規模グループケアがスタートした。

　子どもたちは，1人の空間を喜んだし落ち着いて生活している。1年が経った頃，旧園舎の4人部屋も今の新しい建物の個室も経験し，最近施設を巣立った子どもから興味深い話を聞いた。「新しい建物を見て『彼氏を部屋に連れ込めへんな』とまず思ったわ。前の施設は何人か一緒の部屋やったやろ。誰かが見張りさせられるねん。私は小学校の時，由美ちゃん（当時の高校生）の見張りさせられててん。職員が来たら，戸を小さく叩くねん。そしたら彼氏がベランダから出ていかはるねん。リビングから戸1枚開けたらっていうのは，何も悪いことでけへんで」。

　子ども間で見張り役がいたということは，まったく知らなかった。そういう意味でも，個室は子ども一人ひとりの人権が守れているということだ。また，子どもの部屋の戸以外に階段や扉があると，その間に子どもは逃げたり隠れたりできてしまう。子どもの個の空間を保障しながらも，職員の存在を身近に感じられる建物のつくりは，安心安全の観点からも重要である。

8）子どもの失敗する権利

　拓海は，両親が離婚，父親の就労のため5歳の時に入所してきたが，入所してから父親がしつけのために激しい暴力で子どもをコントロールしていたことがわかった。何年かかけてやっと父親との関係が取れてきたかと思った頃，父親は病死する。拓海が小学校5年生の時だった。その後，中学生になって拓海は荒れはじめる。施設で夜中騒ぎ，それを注意する職員に悪態をつき暴力をふるいだした。暴れる度に，夜中でも駆けつけ話を聞き，落ち着くと「腹が減った」というのでコンビニに連れて行った。

　とにかく気持ちを聞くこととニーズに応えることに終始した。半年ほどで施

設では落ち着いたが，今度は学校で暴れだした。学校に呼び出され謝罪もしたが，本人はいたって楽しそうだった。卒業式の当日まで施設と中学校で細心の注意を払って見守っていたが，本人は至極真面目に卒業式を終えた。その後，紆余曲折あったが，人より少し遅れて高校を卒業し立派に就職をした。

そんな拓海に，何が良くて落ち着けたのか聞いてみたかった。「当事者の語り」として『子どもと福祉[30]』という福祉専門職向けの雑誌に書いてもらった。しかし，彼は施設にはとても感謝してくれているが，筆者たちの対応の何が良かったのかは書いていなかった。そしてその手記を基に，全国児童養護問題研究会の全国大会の分科会でも発表してもらった。その中でも，あの時のあの対応が良かったとかあの話が良かったとか，一切なかった。

しかし，あれだけ暴れていた拓海が今自信をもてる仕事と家庭をもち，こうして堂々と人前で自分の生い立ちを話すたくましい姿を見ていると，あの時暴れたから今の拓海があるのではないか，どんな支援が良かったかなどと考えているのは筆者たち支援者側で，この逆境を乗り越えてきたのは本人の力だったのだろうと思うに至った。筆者たちは，そうやって乗り切るであろう子どもたちをあきらめず気長に見守れたことが「良かった」ことだったのではないか。今も時々拓海と話しながら，暴れることも子どもたちには大事な権利なのかもしれないと思っている。

9）職員の存在・姿勢

さらに大切なのは，職員の存在そのものである。暴力を振るわない姿勢，圧力的な言葉をかけないのはもちろんのこと，話し方，声のトーン，抑揚，表情，子どもに対する態度，接し方，振る舞い等が子どもに大きな影響を与える。そして，子どもに対して常に関心をもち続けられているか，職員の自己満足ではなく子どものその時々の様子に常に関心をもてているか，理解しようとしているか，子どものニーズに応えようとしているか，そんな姿勢が子どもたちに安心感を与えるのだと思う。

筆者には，どうしても忘れられない言葉がある。2012年第15回社会保障審議会社会的養護専門委員会の中で，施設経験者である渡井氏の「子どもたちの語り場では決して小規模化がどうのや里親優先がどうのという声は一切出てきませんでした。それはどうしてかというと，子どもたちが選択肢を与えて来られ

ていないというところから来ていると思います。…（中略）…子どもたちが一番求めているものは，規模などの改善ではなく，養育者の方のかかわりの質を大切に感じておられるというのは…（中略）一番の大切なことは，スタッフの質，存在なのだという事です」という言葉だ。

　子どもにとっては，職員の存在そのものが大事なのである。では，職員は，どのような存在を目指したらよいのか。

　ここのところ，職員間のもめごとが多い。周りから見たら些細なことでも，当人たちには重大な問題となっていることが多い。そのような相談に乗る時に筆者自身が気を付けているのは，筆者自身がもめごとに巻き込まれないためにも，私たちがソーシャルワーカーだということを忘れないということである。[31] ソーシャルワーカーは，IFSW によるソーシャルワークの定義によると「人間関係における問題解決を図り，人びとのエンパワーメントと解放を促していく」[32] とある。人間関係における問題解決を図る私たちソーシャルワーカーが，自分たちの職員チームの人間関係でもめるということは非常に滑稽な話である。どんな人をも受け入れ，決して誰をも排除しない，お互いのもてる力を十分に発揮し，補い合い，連携協力し合って子どもの支援にあたる，そんな姿勢が目標なのではないか。

　ついつい，できないことを責任転嫁したり，また自分のことは棚に上げて人には求めてみたりするのが人間であるが，私たちはソーシャルワーカーという仕事を選んだのだ。ソーシャルワーカーの倫理綱領にある「すべての人が人間としての尊厳を有し，価値ある存在であり，平等であることを深く認識する。われわれは平和を擁護し，社会正義，人権，集団的責任，多様性尊重および全人的存在の原理に則り」[33] という文章を初めて読んだ時は，鳥肌が立つ思いだった。迷った時は今もこの言葉を思い出して自分を奮い立たせている。

10) 虐待で受けた傷

　私たちは，その時の最善を尽くして子どもの対応をしているつもりだが，それが最善だったのか確認する術はない。ただ，施設を出て何十年も関わり続けている子ども（今は大人）たちとつながり続けていることで，気づくことがある。

　先日も，もうすでに40歳を越え仕事も責任ある立場になり，すっかり立派に

自立したと思っている元・子どもから，考えさせられることを聞いた。「俺，今でも2日に1回くらい夢で喧嘩してるらしい。（笑）ほんで，壁とかどついてて，起きたらこぶしが血だらけやったりするねん」。彼は，小さい時に養父から身体的虐待を受けている。筆者は，もうすっかりその虐待を乗り越えて立派に自立していると思っていたからびっくりした。彼はその夢を，若い頃よくケンカをしたその続きくらいに思っているようだったが，筆者はやはり虐待の影響だと思う。

　何十年も経つのに，そして社会的には完全に自立していると思われるような彼でさえ，今なお続く虐待の影響がある。彼は自立できているが，施設を出た子どもの中には，自立しきれていない子どもたちもたくさんいる。子どもの受けた虐待の影響を少しでも解消するために，まだまだやることはある。

（2）ほめられること・認められることの大切さ
1）社会的養護の子どもに共通する課題

　社会的養護の子どもたちの多くに共通する課題の一つに，自己肯定感の低さが挙げられる。社会的養護における被虐待体験の割合は2018年の調査によると，全体では59.8%，児童養護施設においては65.6%となっている。その後も児童相談所における児童虐待に関する相談件数が増え続けることに鑑みると，さらにその割合が高まっていることは想像に難くない。子どもたちは保護される前の生活環境の中で，家族との愛着関係を適切に築けていなかったり，家族からその存在を否定されるような言動をされてきた場合も多くある。また，家族から自分が切り離されるという経験は，それ自体が家族から「必要とされていない」と感じてしまう傷つき体験になっている。家族にも必要とされない自分を好きになる，大切な存在であると受け入れることはなかなか難しい。

　また，施設に入ってからも学力の遅れがなかなか取り戻せなかったり，家族と暮らしていないことの負い目を感じたり，ますます自己肯定感が下がってしまうこともある。自己肯定感が低いと「自分はダメだ」という思い込みから抜けられず，新しいことにチャレンジしたり，努力をしようという気持ちを持つことができずに，負のスパイラルに嵌ってしまったりもする。子どもが一歩ずつ前に進んでいくためには，周りの大人がその成長を見守り，ほめて認めてい

くことで，その背中を押してあげる必要がある。

２）事例施設の特徴

　ほめて認めることの大切さを検討する上で，本項で取り上げる児童養護施設
は，同じ敷地の中に２つの児童養護施設があるという少し特殊な施設である。
１つの大きな施設であったが，約10年前に２施設化し現在に至っている。しか
しながら，敷地内に仕切りもなく，事務所も食堂も共有，子どもたちが通う幼
稚園や小中学校も同じ，２園を跨いだ子どもや職員の移動も少なからずあるよ
うな状況から，子どもたちも職員も別の施設だと捉えることが難しく，ほぼ１
つの施設として運営してきた。

　国の方針として小規模化が進められている中ではあるが，現在行っている改
築工事によりユニットの規模を小さくすることはできても，要保護児童のニー
ズは増え続けている中で定員削減は認められておらず，むしろ改築の条件とし
てさらなる定員増も求められている。子どもも職員もすべての顔と名前を覚え
るだけで一苦労というような状況でありつつも，１つのコミュニティが形成さ
れている。子どもたちの生活している寮が一軒の家であり，施設全体が小さな
町のような雰囲気がある。それぞれの家だけでなく，町全体で子どもを見守ろ
うという雰囲気があることが，何よりの強みであると考えている。

３）大人に見守られることの大切さ

　施設では，「安心・安全・平和」「全職員が直接の養育職員」「永く働き続け
られる職場をめざして」をスローガンに掲げている。安心・安全・平和な生活
は，子どもたちを養育していく上での前提条件であり絶対条件である。さまざ
まな傷つき体験や障害のある子どもたちが一緒に生活する中で，日々の安全を
確保することはかなり困難であり，残念ながら暴力のまったくない生活を維持
することは難しい。しかしながら，暴力は許さないという一貫した姿勢をもち，
トラブルが起きた時には必ず職員が解決してくれる，守ってくれるという安心
感がもてる場でありたいと努力を続けている。

　また全職員が直接の養育職員という意味は，子どもたちの寮の担当者だけで
なく，事務や調理の職員なども含めて，子どもたちと直接関わる機会をもち，
施設全体で子どもたち一人ひとりを見ていくということである。もちろん，子
どもと担当職員の関係性を大切にするとともに，その支援の主体性は保障され

なければいけないが，担当職員だけで抱え込む必要はない。さまざまな職員の力を借りて，子どもたちの支援に活かせていることが良さである。担当職員だけでなく色々な大人から見守られ，ほめられ認められる場が子どもたちの成長につながっていると感じている。

①　どんぐり文庫

　施設独自のミニ児童館のようなものであり，子どもの余暇活動を充実させるための遊び・文化の提供，横割り活動，地域との交流，居場所づくりという4つの柱を基礎に活動を行っている。四季折々の季節の行事を大切にし，よもぎを摘みに行くところからよもぎ団子づくりをしたり，灯籠をつくって七夕会をしたり，凧を作って凧揚げをしたり，寮の中だけではなかなか取り組めない遊びを展開している。また地域の行事に出店して工作教室の先生役をすることにより，教える立場に立つ経験をしたり，地域の人たちと交流することによって社会性を育む機会にもなっている。対象は幼児から小学校低学年ではあるが，時には高齢児が漫画を読みにくることもある。なかなか友人ができず，時間と気持ちをもて余す子どもがふらりと来たりもする。寮を離れて落ち着ける場所，レスパイト機能的な場所にもなっている。

　どんぐり文庫の役割は，遊びの中で子どもたちの課題だけではなく，できるところ，良いところをたくさん見つけることである。そしてそれを担当職員へフィードバックすることによって，より多角的に子どもにアプローチすることができている。

②　児　童　会

　小学生児童会・中高生児童会がそれぞれあり，各寮から寮委員を選出し運営している。児童会の行事や園全体の行事の中心的な役割を担っており，行事への取り組みを通して子どもたちが主体的に行動し，達成感を得られるようにしている。また，生活上の問題が起きた時にはそのことについて各寮で話し合い，寮委員会を中心に児童会としてどうしたら問題を解決できるのか，そのための目標をどう設定するのかなど，生活改善に向けた取り組みも行っている。学校ではなかなか生徒会に立候補したり，行事を中心的に進めたりできないような子どもも多いが，児童会の活動の中では普段見られない一面が見えたりすることもある。

③　夏季行事

　幼児から中学2年生までは夏休みに横割りで夏季行事を行っている。幼児は2つのグループに分かれて海へ。小学1年生は興津臨海に参加，小学2年生は西澤渓谷で山登り，小学3年生はおまつりに参加するため天理へ。小学4年生は伊東で海水浴。小学5年生は野辺山で電気もガスもない本格的なキャンプをし，小学6年生は丹沢で沢登り。中学1年生になると船で大島へ行き，中学2年生は水上でラフティングやキャニオニングをする。海水浴，山登り，川遊び……。子どもたちは毎年違う場所へ行き，初めての体験を行う。沢登りなどは怖がって行きたがらない子どももいるが，行ってしまえば「楽しかった！」と一番の思い出になっている。行事には事務や調理の職員も行く。いつもとは違う体験を共有することで，普段関わることの少なかった職員とも距離がぐっと縮まり，何年経っても「あの行事に一緒に行ったよね」という話題になる。

　行事では，ほとんど叱ることはない。初めての経験を全力で楽しみ頑張っている姿が見られ，のんびりした時間を過ごす中で，子どもたちの良さがいつも以上によく見える機会でもある。

④　園内クラブ

　職員が得意なこと・やりたいことを活かして，園内クラブを立ち上げている。アウトドアクラブ，ダンスクラブ，おやまクラブ，クッキングクラブ，映画クラブ，お笑いものまねクラブなどがあり，子どもたちは毎年入りたいクラブを選んで1年間活動する。地域の子どもを呼んで一緒に活動する機会があったり，ダンスクラブやお笑いものまねクラブは練習した成果を，さまざまな場面で発表したりもしている。ステージに立てば大きな拍手がもらえ，アウトドアクラブでは薪を割るのが得意になったりテントが張れるようになって夏季行事の時に得意顔をする子がいたり，クッキングクラブでは作ったご飯やおやつを他の子どもたちにほめられて嬉しそうにする場面もある。

　職員も子どもも好きで参加している場なのが，園内クラブの良いところだ。子どもは好きなことを一緒にやってくれる職員のことも好きになり，技術がある職員を尊敬したりもする。日常生活の中でトラブルがあった時も，園内クラブの職員の話なら聞けるという子どももいる。

⑤　フェスティバル

　行事の中に，ステージの上で出し物をする機会がある。園内クラブのダンスクラブやお笑いものまねクラブが成果発表をしたり，何人かで集まって歌って踊る子ども，1人でカラオケを熱唱する子ども，暗唱した文章を朗読する子ども，習っているバイオリンを披露する子ども，また職員が特技を披露することもあり，毎年かなりの数の出演者がいる。本番の前には一応オーディションもあり，そこをクリアした子どもと職員がステージに上がることができる。当日いざとなると恥ずかしがってしまう子どももいるが，ステージの上で自分を表現できる貴重な機会であり，上手い下手にかかわらずたくさんの拍手がもらえる。終わった後もたくさんの職員が話しかけほめてくれるため，大きな自信につながっている。

　こういったさまざまな機会を通して，子どもたちが自己肯定感を育めるように支援している。担当職員との関係性を基盤にしながら，周りの職員も一緒に見守っていること，支えてくれる人がたくさんいるということを感じてもらいたいと考えている。家庭においても，両親だけでなく祖父母や近所のおじさんおばさんに見守れほめられて育つことは重要である。まずは身近な人に肯定的に認められてこそ，安心して徐々に行動範囲を広げ外に飛び出していくことができる。社会的養護の子どもたちは自己肯定感が低い分，外に出ていくまでのハードルがより高いといえる。まずは施設の中でたくさんほめられ認められ，地域とつながる活動に職員と一緒に取り組み，地域の中でも認められる場を作っていく必要がある。

　また，職員が永く働き続けるということも，子どもの自己肯定感を高める上でとても重要である。入所した時からの変化や成長を職員が認め伝えられることは，子どもにとってとても嬉しいことであり大切なことである。そして，子どもたちに見捨てられ体験を重ねさせなくて済むように，子どもたちを入所から退所まで，もちろん退所後もアフターケアとして見守れるようにしていきたい。

4）自分の生い立ちを肯定的に受け止められるように

　施設の中で，いくらほめる取り組みを繰り返しても，自己肯定感は一朝一夕

に高まるものではない。施設にいる間に受け止められない子どももいる。先日，ある退園生が「施設にいる時は，褒められてもお世辞にしか聞こえなかった。家にいた時は否定されることしかなかったから，逆に嫌味かと思うこともあった。今になって，職員が言ってくれたことを思い出して，そこが自分の良いところなのかもと思えるようになってきた」と話してくれた。自己肯定感が低い子どもは相手の意見を受け入れられなかったり，ほめられたことを素直に喜べないことも多い。しかし，声がまったく届いていないわけではない。働きかけを続けることで，それが施設を退所した後に響くこともある。

　施設を出ると，ほめられる機会はぐっと少なくなるだろう。自信を無くすような場面も多くあるかもしれない。その時に「でも，ここが自分の良いところだって言われたな」と思い出せるような支援をしていきたい。施設を巣立っていく子どもたちにいつも願うことは，「自分の人生，悪くないな」と思って生きてほしいということである。施設にいる間に今の自分を肯定的には思えなくても，いずれ「施設にいたから今の自分があるんだな」と思えるような人生を歩んでいってほしいと願っている。

（3）養育担当制がもたらす安心と承認
１）誕生から現在までの子どもの体験に思いを馳せる
　乳児院に入所してくる子どもの月齢は，新生児から２歳前までである。そのため子どもの意思によって入所に至ることはない。そして子どもにとっては，「ある日突然」「たった１人で」知らない場所にやって来て，知らない子どもや職員との生活が始まる。そのため職員は，「今まで馴れ親しんだ人や環境から離れ，施設での生活に戸惑っている」ということを念頭において，子どもに関わることを大切にしている。

　また，できるだけ今までの情報が得られるように，他機関に働きかけるとともに，子ども自身の言動から予測し，今までの体験や気持ちに寄り添っている。

２）養育担当制とは？
　ほとんどの乳児院では，養育担当制を導入している。養育担当制とは保育者全員が子どもの養育に関わるものの，特に関係を築いていく保育者が１人いる状態である。入所当初の子どもにとって，慣れない生活の中で馴染みのない保

育者が次々やってきては去っていくということは，より不安になる環境である。そんな中でも，すぐに特定の保育者（多くは入所時に受け入れた保育者）に戸惑いを訴えるかのように，抱っこなどの関わりを求められたらよいが，皆がそのように振る舞えるわけではない。

　このように，多くの保育者の中から自分で特定の甘えられる大人を選べない子どもにとって，養育担当者側から何かと声や目を掛けられ，周囲の保育者や子どもも自分にとって特別な存在であるような雰囲気が出されることで，「この保育者に甘えていいのだな」とわかりやすいようである。そして特定の保育者に対して抱いた安心感を基に，生活を安定させ，その他の職員たちとの関係づくりが始まる。

　また生活していく中で，自分は大切にされる存在なのだと感じることは，とても重要なことである。自分が大切にされる価値ある存在だと感じることで，自己肯定感が育まれ，他者の存在も受け入れることができるようになる。それが他者に対する基本的信頼感や他者への依存と自立のバランス，感情の調節の基礎になるといわれている。

　子どもたちの発達に最も重要なことは，アタッチメントである。アタッチメントとは，子どもが不安や危険を感じた時に特定の人に「くっつく」ことで自分の不安を軽減し，安心感・安全感を得るものである。不安や不快な時に「あの人の所へ行けば大丈夫」と思える経験を繰り返すことで，特定の人を安全基地として，探索行動ができるようになるといわれている。

　つまり，子どもたちは「自分は見守られている」という安心感を得て，好奇心をもって外の世界に飛び出していける。それは人間関係づくり・社会性を育むだけでなく，あらゆる成長・発達のエネルギーになる。見守られている安心感があるから「ちょっと怖いけれどチャレンジしてみる」「失敗してもまた心を整えて再チャレンジする」ことができる。

　また施設では，いつでも養育担当者が子どもの側にいるわけではない。一方で色々な年齢のさまざまな職種の職員がいる。それぞれが連携し，時に役割分担をしながら，職員がチームとして支える手も子どもにとっては大きい存在である。

3）乳児期の関わり──基本的信頼感を育む①

　月齢が小さい子どもにとって，お腹が空いたと訴えたら温かなまなざしを注

がれながら授乳してもらえること，オムツが汚れて不快と訴えたら「きれいき
れいしようね」などの語りかけとともに清潔な状態にしてもらえること，泣け
ば抱っこしてもらえ，そのうち心地良くなって眠りに入る……を繰り返すこと
で万能感が育まれていく。

　そのようなスキンシップや不快なことを取り除く関わりは，ホーム保育者の
中で養育担当者が行う機会が多いため，いつのまにかお互いにとって特別な存
在になっている。

── 事　例 ──

　重度のアトピー性皮膚炎がある新生児の恵ちゃんが入所してきた。体の痒みから
眠りは浅く，お腹が空いてミルクを飲めば体温が上がり，ますます痒くなって……
を繰り返していた。ホーム保育者全体で，恵ちゃんの痒みが軽減できるように努め
たが，養育担当者の関わり頻度は自ずと多くなる。恵ちゃんが目覚める度，泣き出
す度に全身保湿を行ったり，アイシングを行ったりする。そんな日々を重ね，生後
３カ月の時，大人の姿を追って視線を合わせては，柔らかな微笑みを浮かべるよう
になった。特に養育担当者を見つめるまなざしは恋をしているように熱いものだっ
た。どんなに小さな赤ちゃんであっても，不快を取り除いてもらう経験の積み重ね
が，人を信頼する心を育むこと，早期に他者を見分けられるようになるのだと教え
てもらった表情だった。

４）幼児期の関わり──基本的信頼感を育む②

　もう少し月齢が高い子どもに対しても，基本的な日常生活を丁寧に過ごすこ
とが大切である。それに加えて，感情に寄り添う関わりからも基本的信頼関係
が育まれる。喜怒哀楽を共有できるように，子どもの様子を見守りながら関わ
っていく。そんな機会の積み重ねで辛い時には養育担当者のところへ駆け寄り，
抱きしめられることで気持ちを落ち着かせていく。また嬉しいことがあると，
担当職員の姿を探し「見ていた？」というように訴えてくるようになる。

　そして，いつもはできることでも「できな〜い」と養育担当者にやってもら
ったり，「抱っこして」「おんぶ！」と言って歩けなくなったり，いつも以上に
駄々こねしたりするようになる。そんな姿が見られるようになると，「頑張っ
ていても，頑張れなくても」「泣いていても，笑っていても」どんなあなたで
も大好きだよという想いを込めて向き合う。このような関係が築けると，おも

しろいことに保育者の苦手なことや失敗に対して，子ども側が寛容に受け入れてくれるようにもなる。

―― 事　例 ――

　身体的虐待を主訴にして 1 歳半で入所してきた隆くん。上手に「ぼくを見て」「抱っこして」が言えず，おもちゃを投げてアピールする。投げたおもちゃが隆くん自身や他の子どもに当たることがあり，保育者はヒヤヒヤさせられ，叱りたい気持ちが生じる。しかし保育者の気持ちの揺らぎは隠し，「おもちゃ投げたら危ないよ。『ねぇねぇ』って言ってね」と伝え，隆くんに寄り添う。また楽しく遊んでいたおもちゃを取られても，転んでも，さっとその場から走り去り，何事もなかったかのように涼しい顔をしている隆くん。悲しい気持ちや痛みを自分だけで処理しようとする。そんな時には，「おもちゃ取られて嫌だったね」「痛かったね」と大げさなほど辛い表情を浮かべながら，隆くんに生じたであろう感情に名前を付け，マイナス感情が生じてもよいことを伝えるとともに，一緒に気持ちを落ち着かせていく。

　そんなやり取りを日に何度も行い，入所から 3 週間経ったある日，隆くんが読んでいたお気に入りの絵本を他の子どもに取られた。すると側にいた保育者の膝に遠慮がちに手を乗せ，シクシク泣き出した。そこですかさず「絵本取られて嫌だったね」と隆くんを抱きあげると，保育者にしがみつきながら大きな声で泣き出した。おもちゃを投げてのアピールがまったく無くなるわけではないが，困った時には少しずつ保育者を頼るようになり，大きな声で泣けるようになった。

　入所から 1 年が経った今では，意に添わないことがあれば地団駄を踏んで，自分の意見が通るまで駄々をこね続ける。一方で，「散歩行こう！」と保育者を誘っても「お昼寝してからね」と言われると，保育者の腕時計を見ながら「長い針がここになったら行こうね」と約束をして，昼寝の態勢に入ることもできるようになった。

　そんな姿から自分の想いを強く主張してもよいこと，その主張は思い通りに叶えられることもあれば叶わないこともあるけれども，いつでも想いには共感してもらえること，共感してもらえるだけで一定満足感が得られることが心身で理解できてきている。基本的信頼感やアタッチメントを基本に自己肯定感を育み，感情の調節をしはじめる段階になっている。

5）保護者支援場面での養育担当者が担う役割

　保護者との関わりが希薄な子どもには，養育担当者が特別信頼でき，安心できる存在となるように関わりを深め，関係を築いている。一方保護者との関わりが継続している子どもには，保護者と子どもの関係を大切にしながら，乳児

院での生活が辛いものにならないように，安心できる存在として養育担当者が
関わっていく。

　定期的に交流がある保護者とは，子どもの成長を喜び合うとともに，関わり
が難しい場面も共有する。保育者側から保護者へアドバイスするだけでなく，
保護者からも「ミルクはあたたかめが好きなんです」などと保育者が教えても
らうこともある。また何よりも保護者と養育担当者が良好な関係であることが，
子どもに安心感を与え，養育担当者と子どもの良好な関係が保護者の安心感に
つながる。

　一方で，2〜3カ月あるいは半年に1度会いに来るのが精一杯という保護者
もいる。そのため面会場面が子どもにとっても，保護者にとっても緊張が伴う
こともある。職員が面会室にいると職員の側から離れないからと，子どもが泣
いていようが，退室する職員にすがりついて来ようが，親子だけにすることも
あった。そうすることで子どもはあきらめて泣き止み，保護者と遊びはじめる
が，面会が「頑張らなければならない」時間となっていたように感じる。

　今では，親側や子ども側に親子だけで過ごすことに対して不安な様子が見ら
れる時には，できるだけ保育者が同席するようにしている。保育者にしがみつ
いているわが子の姿を目の当たりにして，ショックを受ける保護者もいるし，
自分の気持ちを切り換えるきっかけをつかめない子どももいる。けれども保育
者の存在を心の拠り所にしながら，「面会場面でどう振る舞うか？」など子ど
もに主導権がある方が，後々の保護者との交流は落ち着くように感じられる。

　　　事　　例

　「海くん，泣いたなぁ。また今度も泣くねん。でもまた来てほしい」と面会後自
分自身で振り返り，気持ちを整理する海くん。「彩ちゃん，ママ来たら泣いちゃう。
泣いてもいい？」と問う彩ちゃんに「泣きたかったら泣いてもいいよ。一緒にいる
からね」と伝えると笑顔で頷く彩ちゃん。いざママに会うと恥ずかしそうにママに
抱っこされに行った。また緊張が高まると，保育者のところにやってきて気持ちを
立てなおし，再びママとお喋りを始めた。

　海くんも彩ちゃんも，その次の面会時には30分以上母子だけで過ごし，時折，母
子で笑い合う声が面会室からこぼれてきていた。

6）次の養育者へ子どもの育ちをつなぐ

　子どもたちは何らかの形で乳児院を退所し，新たな場所や人たちとの生活が始まる。日常が変わることは，大人同様子どもも大きな期待と不安を抱えることになる。子どもにとって生活場面の移行が，見捨てられ体験にならないように，細やかな配慮が必要である。

　家庭引き取りの場合には，徐々に家庭で過ごす時間を増やし，環境も親子それぞれの気持ちも準備していく。一方で児童養護施設等の生活施設への異動は，ならし保育などが行われるものの移行期間は短くなる。環境や関わる人がいかにグラデーションになってつないでいけるかが課題となっている。

　「大きくなったから，おにいちゃんおねえちゃんのお家へ引っ越しするよ」「（養育担当者は）一緒に行かないけれど，これからもず〜っとあなたのことが大好きだよ」などと告知し，ならし保育を経て，居室ホームでお別れパーティーを行う。退所になる子ども自身はもちろん，周りの子どもたちもお別れに向けて心の準備をする。

---- 事　　例 ----

　3歳のお誕生日を迎えた愛ちゃん。居室ホームで一番のお姉ちゃんになった。そんな愛ちゃんに「今日はお客さんが遊びに来るよ」と伝えられた。今まで他児の退所場面を見てきた愛ちゃんは，それだけで自分も乳児院を退所する時期が来たと感じ，お客さん（新しい養育担当者）のことを意識してしまう。徐々に慣れて，笑顔も見られ，一緒に人形遊びをすることができた。見送りのため養育担当者が，お客さんと退室すると，その姿を見つめながら「ごとうさん（養育担当者）ぱっくん！ぱっくん！」とつぶやいていた。まだ告知はされていないけれども，自分自身の身に大きな変化が起ころうとしていることを察知して，心がざわつく。その心を落ち着かせるために，養育担当者を自分自身に取り込みたかったようである。

　このような子どもの心が揺らぐ場面においても，養育担当者が安心基地になりながら，新たな場所や人に対して探究心が生まれる。また養育担当者と築いた「他者に対する信頼感」「自己肯定感」を礎として，新たな人との関係を構築していける。

3　個と集団がそだちあう場の設定
　　——一人ひとりが大切にされ関わりの中でそだちあうために

（1）個と集団がそだちあう生活環境

1）個人と集団への援助

　全国児童養護問題研究会（以下，養問研）は，社会的養護における人権保障の指針として，「児童養護の実践指針　第4版」（1997年）（以下，「実践指針」）は，「A．施設養護の原則」として①〜⑩にわたり10の原則を述べている。その一つとして，「⑤個人と集団への統一的な援助，そだちあう関係の形成への援助」が挙げられている。施設養護において，一般的に「個別化」が主張されるが，施設では（里親・ファミリーホームでも）子どもが複数いる場合，子ども同士の関係性に着目した養護が求められる。それらについて前面に取り上げているものが他に例を見ない中で，この「実践指針」は注目に値する。

　「実践指針」の「B．施設養護の具体的指針」には，〈個人と集団への援助〉（「子どもの施設養護において共通に尊重すべき具体的指針」）として，次のような13から19の7つの項目にまとめられている。

　　「13．子どもには，その子どもの年齢の一般的な基準を考慮しながらも，その子ども自身の発達や個性や情緒の状態に応じた援助が行われます。

　　　14．すべての子どもには，その子どもの物質的・情緒的・個別的な要求や事情に応じた個別的援助が必要です。その個別的援助には子どもと職員の個別的人間関係を保障すること，個々の子どもが大切にされ，施設への帰属意識を獲得できるように援助されること，持ち物などを極力自主的に選択したり個別に管理することなどが含まれています。

　　　15．すべての子どもは集団のなかで適切な位置を占め，孤立や排斥から守られます。

　　　施設職員は子どもたちが集団のなかで育ちあう関係をつくるための集団づくりに十分配慮する必要があります。

　　　16．子どもたちの生活はできるかぎり子どもたちの集団自身の自治によって進められることが望まれます。施設職員は子どもたちの自治能力を高めることを生活指導の重要な目的の一つとする必要があります。

子どもたちは，その発達上の能力に応じて，また他者の権利を侵害しない限り，自治会などの組織を結成したり，自治会などの集会を開催する自由が認められます。

施設職員は，子どもたちがこれらの権利を行使する場合に，その子どもたちの発達を十分配慮しつつ，これらの権利が適正に行使されるように援助することが求められます。

17. 子どもたちは，生活全般において，仲間を大切にし，共に育ち合う努力をするように助言・援助されます。

仲間の感情や立場を理解し相互に援助し合うことが大切であること，また対人関係を豊かにするためには，公正で場面に応じたルールを身につけることが大切であることを助言されます。

18. 子どもたちは，お互いに人格の尊厳と人権において平等であり，ある子どもが他の子どもを差別したり，他の子どもに暴力を振るったり，他の子どもを強制的に従属させたりすることが許されないことを教えられます。そしてこのような行為がある場合，職員はそれを明確に制止し，教育的配慮のある助言と援助を行います。

19. 子どもたちは，年少の子どもや力の弱い子どもをいたわり必要に応じて援助することが大切であることを助言されます。」

２）個の確立が基本

はじめに「個と集団への統一的な援助」は，あくまでも子ども一人ひとりの個の確立が目的となっていることを確認したい。このことは，〈個人と集団への援助〉の最初に，項目13および14において「子ども自身の発達や個性や情緒の状態に応じた援助」が必要であること，さらにその援助は，「子どもと職員の個別的人間関係」を通して行われると規定されていることから伺うことができる。「個か集団か」，あるいは「集団づくりが目的」ではなく，「実践指針」はあくまでも一人ひとりの個（性）の確立を目的としており，子どもの自立支援を基本としている。

個人の成長は，集団のあり方に影響を与える。また集団の成長は子ども一人ひとりの成長・発達にも影響を与える。このように個と集団は相互に影響し合っていることから，施設職員が「子どもたちが集団のなかで育ちあう関係をつ

くるための集団づくりに十分配慮する」ことは，個別の子ども支援にとっても重要である。

3）「実践指針」の養育理念

「実践指針」の「A．施設養護の原則」の「⑩社会生活の準備の保障と社会生活への参加の援助」は，施設養護の「基本的な目標」として，「子どもたちは，自由で主体的な主権者としてあるいは社会人としてふさわしい人格の発展の機会を保障され」「社会へ積極的に参加できるように援助され」ると述べている。社会的養護における養育目標は，「自由で主体的な主権者」「社会人としてふさわしい人格」の形成であるとしている。では，その内容はどうなっているのだろうか。

例えば，項目19は，子どもが，子ども集団における学び合い・育ち合いの中から，「年少の子どもや力の弱い子どもをいたわり必要に応じて援助することが大切であることを助言される」としている。このような人間性を子どもが獲得することを1つの目的としている。そして，その人間性は，子ども相互が「お互いに人格の尊厳と人権において平等」（項目18）な集団づくりに参加していく過程で培われていくのである。

「実践指針」は，一人ひとりの個性が尊重され（項目13・14），社会的弱者を助け（項目19）るような共同体づくりとそれを担う人格の育成を養育の理念としている。

4）「仲間の感情や立場を理解する」ことの重要性

遠藤由美（第2章1（1））は，「一つ目は，じぶんを大切にすること。二つ目は他のひとを大切にすること。三つ目は，お互いを大切にする仕組みをつくること」の3要素が「人権が尊重される社会づくりと人間形成」のための土台であると述べている。これは前述した，①個性を大事にすること，②人間性を育むこと，③個が尊重され人権が実現される集団づくりを目指していくことと重なる。「実践指針」が提唱してきた「個と集団のそだちあいの原理」は，社会的養護における人権擁護の提案なのである。

「実践指針」は「仲間の感情や立場を理解し」「合うことが大切である」（項目17）とし，その豊かな仲間への理解をベースにして「相互に援助し合うこと」（項目19）を提案している。

　2019年2月に国連子どもの権利委員会が，条約の実施状況について日本の定期報告書を審査し最終所見（勧告）を出した。子どもの権利委員会：最終所見：日本（第4〜5回）は，「生命，生存および発達に対する権利」に関する項目において「(a)子どもが，社会の競争的性質によって子ども時代および発達を害されることなく子ども時代を享受できることを確保するための措置をとること」を勧告している。また，同「最終所見（勧告）」の「教育（職業訓練および職業指導を含む）」に関する項目では，「とくにいじめを経験する生徒の割合に関する指標」に留意しつつ，「(b)ストレスの多い学校環境（過度に競争的なシステムを含む）から子どもを解放するための措置を強化すること」を勧告している。「社会の競争的性質」や「過度に競争的なシステム」が，子どもの成長・発達を害し「いじめ」問題等の背景になっていることを指摘し，子どもの人間性が剥奪されている現状に警鐘を鳴らしている。

　「子どもの権利条約市民・NGOの会」は，日本政府の定期報告書に対するカウンターレポートとして「日本における子ども期の貧困化──新自由主義と新国家主義のもとで」を提出した。このレポートは経済的な貧困と格差は解決されなければならない重要な課題だとしつつも，同時に子ども相互の「関係性の貧困」問題の解決を提案している。同「報告書」は，日本の「社会全体が抑圧的になり，過度な競争的環境のもとで，子どもの人間的な成長・発達がゆがめ」られ，「幼児期から親の目を気にし，学校では仲間外れにならないよう気をつかい，学力テスト体制ともいえる競争の中で，順位を気にしなければならない。そこからくる抑圧的心性が，いじめ，暴力，不登校，自殺の背景になっている」と分析している。学校では，授業についていける子どもとついていけない子どもとの格差が広がっている。学力テスト体制における「学力」が「個性」と見なされ，「過度な競争的環境」の中で子どもたちはバラバラにされている。このような教育環境の中で，子どもたちの人間関係にもゆがみが生じ，「いじめ，暴力，不登校，自殺」が広がっていった。ここでは，子どもたちが「仲間の感情や立場を理解し合うこと」「相互に援助し合うこと」は求められていない。

　これとは対照的な教育の営みが，愛知県犬山市教育委員会が中心となって取り組んできた「学び合い」の授業実践に見られる。①じぶんを大切にすること

は，②他のひとを大切にすること。「仲間の感情や立場を理解」しようとすること，仲間相互に助け合うことを通して，③「学び合い」が成立する。③のお互いを大切にする仕組みをつくることは，愛知県犬山市の教育実践では「学び合いの授業」と呼ばれ，養問研では，「話し合いによる生活づくり」「個人的・集団的なふれあいにおける自主性・批判性・創造性の育成」「子ども集団づくり」と呼ばれて実践されてきている。また，広く養護実践でも「共同体づくり」「仲間づくり」「人権擁護」など多様な呼び名で実践されている。それらに共通していることは，「仲間の感情や立場を理解し合うこと」を原理にしている点にあるのではないだろうか。

　また相互理解が放置されれば，項目18にあるように，「ある子どもが他の子どもを差別したり，他の子どもに暴力を振るったり，他の子どもを強制的に従属させたりすること」が起こりやすくなるのではないだろうか。いわゆる「児童間暴力」という問題は，「関係性の貧困」によって，子どもが人間性を発現する機会を奪われたことに対する子どもの叫びといったもののあらわれではないだろうか。

5）子どもの自主性を活かした生活をつくる実践論

　施設で暮らす子どもの中には，「なぜ施設で暮らさなければならないのだろうか」「母がいなくなってから父と2人で暮らしていたけど，食べる物に困って学校の先生が助けてくれたけど，『もうダメだ』と何度も思った。私は，母にも父にも大事にされるだけの価値のない存在かもしれない」など，自分が家族と暮らせなくなった理由や虐待を受けた原因が自分自身にあるのではないかと受け止め，そのことで悩んでいる場合が少なからずあるのではないだろうか。大人が子どもに，「あなたは価値のない存在ではないよ」と，何度言ったところで子どもにはそのことは理解できない。子どもにとっては，家族再統合がかなうことが，自身が愛情を受けるだけの価値ある存在として確かめられる指標になっていることが多い。

　施設で暮らす仲間が自分と同じように色々な苦労をしてここで暮らしていることは，子どもには理解できない。そのような共通性は，なかなかわからないものである。違いはよくわかる。ゲーム機が買ってもらえた，週末帰省があるかないか，ゴールデンウィーク，夏休み，お正月の自宅への帰省が何日あるか

など，目に見えやすいし，小さな時から「競争的な環境で育った」子どもたちは違いを見つける方法にはたけているからだ。しかし同じように「養護問題」を抱え，大変な思いをして社会的養護の場で生活しているという同質性には，施設職員の集団的援助がない限り気づきにくい。こういった状況を打開するためにも，子どもたちの相互理解が深まるような集団的援助が必要ではないだろうか。

「実践指針」項目16は，「子どもたちの生活はできるかぎり子どもたちの集団自身の自治によって進められることが望まれます」と述べている。子どもの権利条約は，子どもを「権利の享受」という立場から「権利行使」の主体として捉えている。前述した愛知県犬山市の「学び合い」の授業実践は，教師が「教える授業」から，子どもが「学ぶ授業」への転換を目指してきた。

「子どもたちの集団自身の自治による」という原則は，子どもが人間性を育むためには，「あの子も大変な思いをして施設にやってきたんだな」といった仲間の背景を「教え」られるのではなく子どもが「学ぶ」主体に転換して初めて可能であることを述べているのであり，人権擁護の土台になる①～③の3要素（本書90頁参照）を，子どもが自主的・主体的に追及していくことを原理としている。それは同時に，施設職員が，子どもが学び合い，自らの人間性を育むことができるような集団づくりを実践することの重要性を提起している。

6）食生活への支援を通じた個と集団とのそだちあいの事例（集団的援助）

小学校2年生の裕子さんはネグレクトを理由に小学校1年生の2学期に児童養護施設に入所した。母親は裕子さんが3歳の時離婚，現在小学校3年生と小学5年生の姉（裕子さんとは異父姉）の3人を育てながらトラックの運転手をしている。母の仕事は忙しく，裕子さんの面倒は姉2人が見ていた。食事はほとんどがコンビニエンスストアで買って済ませるような状態になっていた。施設に入所して半年が経ったが裕子さんは今でも食事が苦手である。おいしく食べられるものが少ないからだ。

裕子さんへの支援上の課題は，色々なものが食べられるようになること，立ち歩くことなく食事がとれること，適切な時間内で食事を終えることができるようになることなどが挙げられた。保育士は，裕子さんが施設に入るまでの食事場面を思い浮かべ，それもうなずけることだと思い，裕子さんへの食事支援

について仲間にも助けてもらうために施設の自治会である「子ども会議」を開くことにした。

　ある高校生は、「私、施設に来るまでうどんばかり食べていた。毎日うどんだったし、それが普通だと思っていた。施設に来たら色々なものが出るでしょ。もうヤダって感じだった。特にニオイとか慣れなくて、しいたけのニオイがどうしても気になって食べられなかった。でも今では色々なものが食べられるようになったよ」と。

　小学校6年生の太郎君は「オレさあ、施設で初めてメロンを食べたけど、舌がピリピリするんだ。みんなうまいって言うけど、いまでも食べられない。メロンパンは大好きなんだけどなあ」と。他の子どもが「メロンパンにはメロンは入ってないんじゃないの」と発言して、みんなで大笑いになる。

　中学校3年生の女の子は、「施設に来るまでに3回ぐらい死にそうになった。お父さんと2人で暮らしていて、小学校の時は給食があったからよかったけど、中学の時食べるものがなくてフラフラになった」と言う。「ご飯はいつでも食べられるし、もうフラフラにならないって頭ではわかっているけど、ついつい食べ過ぎてしまう。ここに来て3年にもなるのにね」とつぶやく。

　小学校5年生の男の子は、「オレも給食で生きていた。だから夏休みや土日は最悪だった」という。また同い年の男の子は、「小学校の給食でパンが出た時はランドセルに入れて持ち帰っていた。家には小さな弟と母さんがいたからね。2人目の父さんだったけど、仕事がなくなって毎日母さんとけんかしていた。それで父さんが出ていってしまったんだ。運動会や遠足の時なんかお弁当が持っていけなくて最悪だった。担任の先生がこっそりお弁当を渡してくれたけど、おにぎりだけ残して家に持ち帰った」と言う。

　「みんな同じような思いをして施設に来ているね。だから裕子さんもきっと楽しく色々なものが食べられるようになるよね」と高校生が話し合いをまとめた。

　子どもの多くは色々な課題を抱えて生活をスタートさせる。食事の場面でトラブルを重ね、そのたびに施設職員や子ども仲間からなだめられ励まされながら、裕子さんも楽しく食べられるようになっていく。

7）子どもの思い・保護者の願い

　裕子さんは「自分が悪い子だから家族と暮らすことができなくなった」と思っているかもしれない。しかし，高校生の仲間，小学校6年生の太郎君，中学校3年生の女の子や小学校5年生の男の子たちも裕子さんに原因があるから施設で生活することになったなどとは理解していない。そのような仲間への理解は，自分自身に関する理解にもつながっていく。「自分に問題があったから家族と生活できないのではない」し，「お母さんが悪いわけでもない」。子どもたちは，そのような理解を「自分自身の客観視」と言っている。

　裕子さんが自宅に週末帰省する際に，お母さんが迎えに来る様子を施設の仲間はそっと見ていたりする。「裕子さんのお母さん，一生懸命働いているんだな」「働きながら子育てしてえらいな」「お母さんは裕子さんに会えるのを楽しみにお仕事がんばっているんだな」「（裕子さんと一緒に生活したいけど）お母さんはそうせざるを得なかったんだな」などと，子どもたちはその様子を見て口々に言う。

　子どもたちの裕子さんのお母さんへのまなざしは，自分たちの親の理解にもつながっていく。高校生のお兄さん・お姉さんは，そのことを「親の客観視」と言う。「自分自身の客観視」と「親の客観視」は，自分たちの悩みを乗り越えていく上での合言葉だそうだ。

8）「自分自身の客観視」と「親の客観視」に関する事例

　高校2年生の裕美さんは，小学校3年生の時に施設に入所した。裕美さんの父親と母親は共に2回目の結婚であり，父方には異母姉妹が2人いて他県の児童養護施設で暮らしていた。母方にも異父姉妹が2人いて，そのうちの1人の姉が高校に通いながらアルバイトをして，裕美さんとその妹・弟の面倒を見ていた。母親が家を空けることが頻繁になり，裕美さんと妹・弟の3人は施設で暮らすことになった。次は，裕美さんの体験発表である。

　　「私は，これまでどんなことを思いながら生活してきたかを発表したいと思います。私が施設に入る前の小学3年生の時いじめにあっていました。その時はお母さんが家に帰ってこなくてご飯が食べられない日が何日もあったりして，とてもつらい思いをしたことがありました。そして，お風呂に入れなかったから，学校の友だちからクサイと言われていじめにあって，

『悲しいな』って，『私なんかが生きていていいのかな』とか，『死にたいな』とかすごく思いました。そんな生活を続けているうちに施設にやってきました。

　みんなもお母さん，お父さんと一緒に暮らせなくて『つらいな』っていう思いをしたことが何度もあると思います。みんなは，『一緒に暮らしたいけど，暮らせなくて，自分はかわいそうな子』って思っていませんか。わたしは中学３年生になるまでずっと施設にいるから，親と一緒に住めないから，自分のことをかわいそうな子だって思って生活していました。そして，そのストレスを無意識のうちに大人を困らせるという形でぶつけていました。親と一緒に暮らせないその寂しさだとかを全部職員にぶつけて，親には引き取ってほしいとかずっと言えずにいました。きっと私は親には嫌われたくないとか思っていたと思います。でも今は，こんな私が少しだけど変わることができたことに感謝しています。それは，一生懸命私と向き合ってくれたこと，さらには親のことにも一緒に考え悩み相談にのってくれたからです。みんなにはまだ難しいかもしれないけど，私はお母さんのことを，お母さんとしてではなく一人の人間として見ることができるようになりました。そして，お母さんもそのようにしかできなかったということもわかってきました。」

9)「養護問題」

　高校生にもなれば，自分たちが家族と暮らすことができなくなった原因や，「お母さんがそうせざるを得なくなった」背景など養護問題も理解できるようになるものである。虐待に関する社会的関心は高まっているが，虐待に陥った保護者に対しては，「ひどい親がいたものだ」「かわいい我が子を虐待するなど許せない」といった表面的・感情的に理解される風潮が残っていると思われる。このような状況は，子どもたちが自身や保護者に起きた諸問題を正しく捉え，「親の客観視」を得る上でのハードルになっているのではないだろうか。当事者である子どもたちが，「養護問題」を冷静に科学的に捉えることは必要不可欠なことだと思う（堀場純矢『階層性からみた現代日本の児童養護問題』）。

　子どもは，①「じぶんを大切にすること」，②「他のひとを大切にすること」，③「お互いを大切にする仕組みをつくる」という人間性を，自分たちの生活を

「自治によって進め」たり，「仲間を大切にし，共に育ち合」うことや，「年少の子どもや力の弱い子どもをいたわり必要に応じて援助する」ことを通じて形成していく。帰省期間に帰省することができなくて残念に思っている年少の仲間の姿を見て，「私にもあのような時があったなぁ」と思い，一緒に遊んでくれる中学生・高校生のお兄さんお姉さんの姿の中にも人間性の現れを見出すことができる。学習における学び合い，食事の場面での助け合いなど，施設生活において子ども相互が人間性を育てていく場面には限りがない。子どもの集団づくりを重視する見地は，集団づくりが「人権を尊重する人間と社会」づくりの土台になると位置づけているからである。

（2）「暴力的関係の排除に向けて」

1）社会的養護の環境下で生活する子どもたちの現状

　2020年度の児童相談所における児童虐待相談対応件数（速報値）[38]は，20万5,029件であり，統計を取りはじめてから増加の一途を辿っている。そのうち，親子分離せざるを得ない虐待ケースの子どもたちが主に児童養護施設へと入所している。厚生労働省調査[39]（2018年度）によると，被虐待児童の入所率は65.6％となっており，本調査の推移からその傾向が徐々に上昇していることがわかる。また感情コントロールが不得意，こだわりが強いなど特別な支援を必要とする発達障害や知的障害など障害を有する子どもの入所率も36.7％と増加傾向となっている。

①　生活の場で起こりやすい子ども間の関係性

　こうした中で被虐待経験などの背景を背負い，支配関係や暴力関係を経験した子どもが増加している影響は，施設で暮らす子ども同士の生活場面で顕著に表出されてしまう。些細なことで言い争ったり，手が挙がったりと子ども同士のトラブルが頻回に起きる。また虐待ケースであろうとも，子どもは家族と一緒に暮らしたい願望と葛藤をもち続けていることがあり，入所理由を十分に整理できない気持ちを抱えたまま生活している場合も少なくない。

　そのため，日々の生活では子ども間での争いごとや衝突が避けられず，結果的に共に暮らす子ども間において暴力行為として起こりやすい関係性が見られる。

② 支援者と子どもとの間で生じやすい関係性

　近年，社会的養護関係施設において，子どもの権利擁護の高まりを見せる一方で，被措置児童等虐待（施設内虐待）が発生している現状がある。安心や安全を提供し子どもの成長を支援するはずの場において，なぜ権利侵害事件が発生するのか，その事案発生に見られる特徴として，全国児童養護施設協議会の調査報告では「意識や基本資質，職員の専門性，組織次元の問題，権利擁護制度の機能不全[40]」が指摘されている。

　また被措置児童等虐待にまで至らなくても，支援者側が子どものために良かれと思い，子ども本人の意向よりも干渉や介入してしまうパターナリズムといえる関係性にもなりがちである。支援者側の「やってあげている感」とは裏腹に，子ども側には沸々と不満が蓄積され関係性に不調をきたし，時として攻撃的な言動になることが生じやすくもなる。

２）暴力的関係の排除に向けた支援の視点

　前述したように近年の児童養護施設では，さまざまな暴力的関係が生じやすい状況となっている。そのため施設内のさまざまな暴力的関係を排除するために，子どもの権利擁護を，養育・支援の基盤にしなければならない。その具体的な支援の視点は，以下の通りである。

① 支援者の人権感覚や権利意識の視点

　「福祉は人なり」といわれているように，施設においても「人（マンパワー）」により，子どもに対する支援が展開される。つまりその支援関係において，マンパワーの専門的な知識や技術や態度が重要となり，それは，潜在化しやすい暴力問題をはじめとするさまざまな子どもの権利侵害を排除する大きな要素となる。些細なトラブルや変化や動きをキャッチし，どのように捉えられるかを受け止めた支援者から発信され施設内で共有し，その対策や支援をいかに進めるかが求められる。

　例えば，「些細な喧嘩」を挙げてみる。「些細な喧嘩」と受け止めたのは，支援者の主観的な認識が入っている。最前線で子どもと関わっている支援者の受け止め方によって，その後の対応方法ががらりと変わってしまう。また対象となる子どもはどのように手を挙げていたのか，どのような言い争いが生じていたのかなど，客観的な事実を捉える必要がある。さらには，そもそも子ども同

士はどのような関係性であったのかなど，さまざまな事実や状態を適切にキャッチすることによって，この「些細な喧嘩」の内容の受け止めが変わるものである。また対象となる子どもの普段の様子などから，継続的に起きているものなのか単発的に起きた喧嘩なのかによっても，その事案の認識が変わることにもなる。

　日々の養育支援に懸命に勤めている支援者は，良くも悪くもその状態に慣れてしまう感覚があり，支援者側の「これくらいはよくあることだ」「バタバタしていた時だからしょうがない」と思い込み，起きた事案を適正に評価しにくくなることがある。とはいえ，支援者自身で自分の当たり前の感覚を見つめ直すことは簡単ではない。

　このようなことから，日々の子どもとの関わりの中で感じ，受け止めたこと，見聞きしたことを，自分の中で留めることなくしっかりと発信し，記録化するなどして職員集団で共有化する必要がある。引き継ぎの時間や会議以外の日常的な職員間のコミュニケーションレベルによる情報交換でも，意外と気づかされることがある。

　②　支援する職員集団・施設風土の向上の視点
　児童養護施設の大半は交代勤務による体制であるため，いかに子どもたち一人ひとりの様子や特徴を丁寧につかんで，養育・支援するかにおいて，職員集団の質が問われてくる。子どもの立場に立って検討を重ねられているか，支援者同士で十分に議論して子どもの支援につなげているのかなど，職員個人の意識のみならず，人権感覚や権利意識を高め合う職員集団の質も求められる。上意下達の職場環境や個が大切にされない職員集団など機能不全といえる組織では，たとえ職員個人が的確にキャッチしたとしても，その暴力的事案が職員間で共有化されないまま，結果的に支援が後手にまわり，暴力的関係が潜在的にはびこってしまうことになる。この点で，加藤尚子は，「施設長など管理者が権威的であったり，世襲制などにより組織全体が硬直していたり，職員が自由に自分の意見を表明できない，あるいは言っても無駄だというような無力感を組織に対して抱いている場合，施設全体の風土が「強いものが弱いものを力で制する」という状況になりやすく，不適切な対応が放置される危険性が高くなる」と述べている。[41]子ども権利擁護を図るためには，子どもたちと向き合う職

員集団や組織風土が健全でなければならない。

　また施設の機能や体制面として，第三者委員の活用や形骸化しない苦情解決システムの構築と機能化，風通しの良い開かれた施設づくりなど体制整備は，負の問題をキャッチするためには必要不可欠である。日々の養育・支援状況を見つめなおすためにも，これらの体制面を，より機能化させていくことも欠かせない。

　このように健康な職員集団や健全な組織風土づくりのためには，支援者が自施設の外に出向き，各種研修会に積極的に参加することにより，常に人権感覚や権利意識が醸成される研修体制の構築が必要となる。支援者といっても入職したばかりの新任職員は，直ちにその感覚を備えているわけではないため，特に積極的な研修参加が必要であり，またその感覚が鈍化する中で日々の養育を見つめなおすためには，中堅・ベテラン職員にも継続的な研修参加を進め，自己研鑽・自己覚知を深めていくことが必要不可欠である。

　③　子どもを主体とした生活づくりの視点

　「施設の主人公は子どもである[42]」は，積惟勝が1970年代前半から唱えてきた言葉である。当時の施設養護のあり方は，制度もままならない状況下で管理運営的で，施設長の一存や大人の都合で運営されていた施設が多かった。その後，今日までさまざまな制度施策が展開され，児童養護施設の設備や運営の基準が底上げされてきてはいる。

　そもそも児童養護施設という生活の場は，支援者にとっては「私的空間」ではない。一方，入所している子どもたちにとっては，そこで生活をしている「私的空間」である。この格差から生ずる問題を，子ども側の立場に立って子どもの声や気持ちをじっくりと聴き，子どもが参画する自治会（子ども会議）を運営し，子どもとともに生活を創らなければならない。大人のみが作ったルールよりも，子どもたちで作ったルールの方が真剣に問題に向き合い，また異なる価値観を理解したり人間関係を豊かにする機会となり，一人ひとりの子どもたちの成長に大きく貢献することになる。

　そして，一人ひとりの子どもを取り巻く環境となる子どもの集団性が高まれば，個性や特徴が異なっていても，お互いが多様性を認め合う関係性にもなり，支援者から提供されるだけではない安心感や安全感が施設の中に醸成される。

3）当事者性の意識をもった実践を

　問題が起きていない，苦情がない場合でも，気を付けなければならないことがある。子どもは自身の権利が侵害されている状況であっても，その環境が当たり前であると考えている場合が少なくない。子どもは教えられたり知ることがなければ，どんな環境にも適応してしまうのである。この点で意味深いものとして，コルチャック孤児院卒園生の次の言葉がある。

　　　「もし，この家がなかったとしたら，僕はこの世に盗みをしないような『正直な人間』がいることも『本当のことが言える』ということも『正しい決まりがある』ことも知らなかった。[43]」

　それゆえに権利擁護の視点が重要且つ必要であり，支援者の人権感覚や権利意識を基盤として健康的な組織風土になれば，さまざまな暴力的関係性は，最小化されると考えられる。

　本項では，主に3つの視点を挙げたが，個々の子どもの声を聴くところが出発点で，施設の生活や運営に反映していくことが重要である。このプロセスを踏まえれば，子どもも支援者も例外なく暴力はゆるされないという施設の方針が組織風土となり，子ども同士や子どもと支援者との間で生じやすい，かつ施設の中で起こりやすい暴力的関係が排除へと向かうのだろう。

（3）話し合いで生活づくり
1）生活づくりで大切なこと

　子どもたちの生活を考える上で大切にしなければいけないことは，安全で安心ができ，生活しやすい場となっているかどうかである。日課やルールは，そのような生活になるために必要なものでなければならない。

　入所してくる子どもたちは，さまざまな環境の中で生活を送ってきている。近年はネグレクトをはじめ虐待が理由の入所が多くなっている。今まで体験してきた生活が子どもにとっての普通であり，一人ひとりの生活の常識が大きく違う場合がある。そのため，施設では，集団生活を維持することを優先したルールや職員にとって都合のよいみんな同じの日課やルールになってしまっていることが多く見られる。しかし，それでは子どもの状況やニーズに合わないことが多く，生活にしんどさや不満を感じてしまうことにつながる。そのように

ならないためにも，生活をしている子どもたちと「話し合う」ことを大切にして，それぞれのニーズに合った生活をつくっていく必要がある。そして，お互いの生活を理解し合い，そだちあえる生活集団づくりが大事である。

2）日常の生活づくり

> ── 事　例 ──────────────────
>
> 　学校から帰ってきた子どもたちに，「いつ宿題する？」と職員が尋ねると，「宿題終わったら友達と公園に行くから，すぐするわ」「今日すごく疲れてん。ちょっとボーってしたいし，ご飯の前にする」「今日の簡単だから，自分でできるからご飯の後にするわ」等，みんなが自分の予定・体調を考えた回答をしてくれるので，その回答を尊重する。
>
> 　また，「今日の難しいから教えてほしい」という子どもに「今なら見れるよ」と提案すると，「じゃあ，今する」と提案を踏まえた対応をしてくれる。
>
> 　「いま，だるい。寝る前する」という子どもには，日頃の言動を踏まえ「いつも後でって，できないこと多い。昨日も，途中までしかできなかったやろ。今みれるから先にしておかないか」と気づきを促す。すると「うーん，じゃあ10分経ったらやるわ」と応じてくれる。

　余暇時間や就寝時間，宿題をする時間，入浴等の時間は毎日変わるのは当然である。このような日常の細かなやり取りをすることで，子どもたちが毎日の自分の生活を主体的なものとして作り上げることにつながり，子どもが生活を自分のものとして大事にすることにつながる基になる。

3）子ども集団での生活づくり

　子どもたちは，子ども集団の中でお互いに影響を与えながら生活を送っている。一人ひとりの生活があり，それぞれ違うため，葛藤や不都合なことが当然起こる。その時には，一緒に生活している子どもたちや職員で納得いくまで話し合うことが大切である。話し合うということは，相手の考えていることや思っていることを「知り合う」ことでもある。「知り合える」と安心できるようになる。

> ── 事例1　ホーム会議 ──────────────
>
> 　筆者の施設では，何かが起こった時だけでなく，各生活のグループ（ホーム）で知り合うことを大事にしたホーム会議（家族会議）を定期的に毎月1回行っている。「困りごと」「やりたいこと」「わかちあいたいこと」の項目で発言したいことがあ

る人に発言権があり，これが議題になる。そして，ルールや行事等は，この会議で提案され検討がされる。

　「職員と，どこかにお出かけがしたい」「部活で疲れて帰ってきたら，みんなのテンションが高くって，落ち着きたいのにしんどい。夜は少し静かにしてほしい」「来週，最後の試合があります。優勝目指します」等，「みんなに聞いてもらい，知ってもらいたい」という内容から，生活上の「困りごと」に関する内容もある。この時は，発言者が伝えたいことをすべて言ってから，話し合いを行う。

　ある中学校1年生の女子から「この頃，みんな夕食の時にテレビに夢中で食べるのが遅いし，なんか楽しくもないから，夕食の間はテレビ消したい」と提案があった。すると，「え～，ちゃんと見ながら食べるから付けていたい」「食事中にテレビ（を見るのは）そもそもおかしいと思う」「見ながらちゃんと食べれるのならいいと思うけど，できないと思うで」というさまざまな意見が出た。すると，提議した女子は「なんか，自分が言いたいことはテレビを付ける付けないじゃないって思った。家にいた時に食事中なんも会話がなくってしゃべったらダメだった。このあいだテレビが付いてなくって，みんなで話しながら食べた時があって，すごく楽しいというかうれしかった。みんなで楽しく食べたい」と改めて意見を言った。そして，話題は自分の家はどうだったのかの話になる。「テレビどころか，しゃべるのもだめだった」「テレビが付いていて，その番組の内容で話しながら食べてたで」「食事は2人だったので，テレビ付いていないと逆にいやだった」と，ここでもさまざまな意見が出る。

　職員も子どもたちも家によってさまざまなことに気づく。その上で，「みんなで楽しく話しながら食事がしたい」という思いに，みんなは賛成した。この結果，①基本テレビは付けないで，どうしても見たいのは録画をする，②みんなで見たいという番組がある時はその都度相談をする，という2つのルールが取り決められた。

事例2　困りごとの話し合い（全体会）

　筆者の施設では，ホームの中で誰かが安心して生活ができないことが起こった時や，みんなに確認をしなければいけないことが起こった時に，緊急のホーム会議を行う。また，園全体にとって大変な問題が起こった時や暴力や睡眠妨害等安心・安全が守られないことが起きた時も，出席が可能な子ども・職員が集まり「全体会」を行っている。

　最近，洋子（中学校2年生）が落ち着かずに，些細なことで腹を立て，物を投げたりドアをけったり，止める職員に暴言を吐くことがあり，ホームのみんなで集まり話し合いがもたれた。

　まず事実が報告された。洋子は初め「何に対して腹を立てたのか覚えていない」

と言った。すると，子どもたちから「突然大きな音がして，大きい声で怒鳴っていて怖くて部屋から出られなかった。しばらく手がふるえていた。もうやめてほしい」「小学生にこんな怖い思いさせたらあかんやろ」「覚えてないくらいのことで，ここまでのことはだいぶん迷惑」と意見が出た。洋子から「迷惑かけたし，あかんことやし，もうしないようにしようと思うけど，なんかイライラして抑えられなくなって，だからもう絶対しないって言えない」と正直な思いが吐露された。他の子どもからは「不安だ」という声が上がる中，彰（高校2年生）が「やめる気はあるのか？」と聞くと，洋子は「それはある」と答えた。すると彰は「それやったらいいやん。俺も中学の時もっと無茶をしてて，しょっちゅう話し合いしていて，今でもイライラする時あるし，なんかわからんけど暴れてしまうってわかる。今，俺は誰かに話を聞いてもらって落ち着いている。支離滅裂でもいいし，とにかく話してみ。聞いてもらえる人がその時いなかったら，俺も聞いてあげるから言ってきたらいい」と解決案を提案した。

　解決したわけではないが，洋子も怖がっていた子どもたちも，少し表情が柔らかくなっている。思いを共有できたこと，解決を考えてくれる人がいることがわかったことで安心感が生じたのだと思う。何かが起こると，子どもたちから「話し合いがしたい」と声が上がる。みんなで共有して「知り合う」ことが子どもたちに安心を与えているのだと思われる。

4）集団の中での子どもの成長

　私たちは明日・明後日の子どもの成長を期待したり，目に見えた変化のないことに不安を感じてめげそうになってしまうことがある。しかし，子どもの成長は1日や1週間で変わることは少なく，1年や数年かかることの方が多い。あきらめずに根気よく話し合いを続け，小さな変化に気づき，子どもたちの力・子どもの成長を信じる関わりが大事である。

── 事　　例 ──

　小学校高学年になり問題行動が多くなった潤。同年代の子どもとは関わることが難しく，年下の子どもと一緒に自分の思い通りの遊びをするようになる。6年生になり不登校になり，その頃から，年下の子どもらがケガをすることが増えた。話を聞くと「潤に危険な遊びをさせられケガをしたが怖くて言えない」とのことだった。そんなことが何度も続く。

　その後，裏山での火遊びも発覚したが，「○男がやりよった。俺はやめとけ言うたけど」と認めることはない。全体会をそのたびに開き，「年下がケガをして関係ないと言うなら関わらん方がいい」「同級生と遊んだら？　それができない自分に

悩んだ方がいいで」と潤は意見される。終わった後，彼は「なんで俺がやったってみんな決めつけるねん。勝手にケガしよっただけやのに」と不満を口にした。潤は被害者意識が強い所があるので，みんなの発言が正しく彼に伝わるように，会が終わるとイライラしている彼と話す時間を作った。

　中学校2年生の時，児童相談所のセラピーへの道中で，「家にいた頃に兄から圧力を受けていた」「同じ年くらいの人に出会うのが怖く，どのように思われているのかが気になる」と話すようになってきた。ただ，その頃から，夜に騒ぐようになった。その度にホームで話し合いをするが，別に毎週1回ホーム会議を予定することになった。ところが，ある時，1週間困りごとがない時があった。みんなで喜んだ。なぜか潤が褒められている。それから，彼が原因の話し合いは減っていったように思う。通信制高校に入学しアルバイトを始める。アルバイト先で認められ頼りにされ，自分に自信がついてきたこともあり，話し合いの中で，自分を振り返り意見を話してくれるようにもなった。話し合いが嫌いだった潤が，今では何かある度に，「あれは話し合いした方がいいで」と積極的にアドバイスするようになった。潤は，話し合いに意味があること，みんなに支えられていることに気づいたようだ。

（4）自分のために次の一歩を踏み出すために
――一時保護事業での生活づくり
1）一時保護をめぐる現状

　現在の社会状況の中で，虐待相談件数が増える中，各都道府県にある一時保護所が悲鳴を上げている。毎日のように一時保護が必要なケースが持ち込まれ，一時保護所だけでは対応できない状況にある。その場合，児童養護施設に対応できる空き状況があれば，一時保護委託として施設での対応が求められる。一時保護事業は，さまざまな事情により家庭で生活できない2～18歳の子どもたちが生活する児童養護施設の中に配置される一時保護専門のユニットのことである。大舎の施設では，より家庭的な雰囲気の中で子どもたちを支援するために，施設内のユニット化や地域小規模施設の設置等で定員を減らし，地域小規模・一時保護専用ユニット化を進めていき，より多機能化・高機能化を進めている。また，国が定めるより家庭的な環境を実現するために里親家庭への支援が求められている。ただし，里親委託率は75％を目指すとされているが，今の状況ではなかなか難しく，施設養育の現状に変わりはない。ただし，施設養育

でもより小規模化を進めるにあたり，地域小規模施設の開設が進められている。そして一時保護児童に対しても，一時保護児の専用ユニットの開設も進められている。

２）一時保護所とは

　一時保護所は，児童相談所が虐待を受けたり家出したりして，生命や身体に危険が及ぶおそれがある子どもを家庭などから引き離し，原則２カ月まで保護する施設である。児童福祉法12条の４では「児童相談所には，必要に応じ，児童を一時保護する施設を設けなければならない」，また第33条では「児童相談所長は，必要があると認めるときは…（中略）…児童の安全を迅速に確保し適切な保護を図るため，又は児童の心身状況，その置かれている環境その他の状況を把握するため，児童の一時保護を行い，又は適当な者に委託して，当該一時保護を行わせることができる」と掲げられている。「一時保護を行う必要性がある場合」としては，以下の３つが挙げられる。

　① 緊急保護

　棄児や迷子・家出等，子どもを保護する大人がいない場合や養育できなくなり子どもの保護が必要とされる場合，虐待・放任等の理由により子どもを家庭から一時的に引き離す必要がある場合，子どもの行動が子ども自身又は他人に危害を及ぼすおそれがある場合に行う。

　② 行動観察

　適切かつ具体的な処遇方針を定めるために，一時保護所での日常の観察を通して子どもの行動の特徴を把握し，子どもとの関わり方を探る必要がある場合に行う。

　③ 短期入所指導

　非行児の立ち直り支援を行うことや，不登校で昼夜が逆転した生活リズムを改善するため等，短期間の心理療法，カウンセリング，生活指導が有効と判断される場合に行う。加えて最近では，虐待の発生予防の観点から，保護者の休息と親子関係の調整を図ることを目的に，子どもを短期間一時保護することも増えてきている。

　一時保護所には，「子どもの生命の安全を確保し，子どものウェルビーイン

グ（権利の尊重や自己実現など）を保障するために，一時保護により安全な生活環境下におくことで本質的な情報収集を行い，また保護者への指導や調査を行いながら，援助の動機づけにつなげる」といった目的がある。一時保護所に入所することは，緊急避難場所として安心して生活できる場を確保するとともに，親子関係を見つめ直し，その後の生活の方向を（家庭引き取りや施設入所など）決めるため，とても重要な役割を担っている。

　一時保護所では，緩やかで規則正しい生活の中での保育や学習，スポーツやレクリエーション等を通して，行動面の観察や生活指導を行う。また一時保護期間に，担当ケースワーカー（以下，CW）の面接や心理職員による心理検査，精神科医の診察なども並行して実施され，子どもへの援助方針を探っていく。

　一時保護の専用ユニットを開始すれば，一時保護児がより落ち着いた環境で生活することが可能になり，専任職員の配置により細やかな対応と観察が可能になると考えられる。配置職員は常勤2名，非常勤1名の計3名となっているが，それでは対応が取れず，施設の責任としても，心理士や看護師が介入することで安定を図ることも必要である。

3）一時保護事業での取り組み

　子どもたちの生活が単調になりすぎないように，子どもたちがストレス発散でき楽しめる取り組みをさまざまに工夫している。毎週土曜日はプロジェクターを使用し，シアター（映画鑑賞）を実施しており，楽しみの一つになっている。職員が子どもたちに勧めたい映画を選び，映画館の雰囲気に近づけるようポップコーンやジュースも用意し上映している。

　その他にも，行事として食事作り，おやつ作り，クリスマス会，初詣，BBQ，公園への外出行事，夏休み中の映画行事等を実施している。一時保護所では一般的に外出は行わないが，児童相談所に承諾を得て，子どもの居住地域を避け外出行事を実施している。これは児童養護施設内の一時保護事業だからこそできる取り組みだと考えている。長期化する一時保護期間の中で，特に夏休みや冬休みなどの長期休みに少しでも楽しみを感じてもらえるようにしている。食事作りも子どもたちが楽しみにしている行事の一つで，家庭では経験したことのないことに挑戦してみる子，家庭で経験してきたことを他の子にアドバイスしてくれる子もいる。

4）子どもたちの抱えている問題

　一時保護事業に入所してくる子どもは，さまざまな理由で入所してくる。事前に説明を受けて納得して来る子どももいれば，「家に帰りたい」と泣きながら入所に至るケースもある。受け入れは6歳（小学校1年生）から18歳（高校3年生）までの女子6名までで，入所理由も虐待（身体的虐待，心理的虐待，性的虐待，ネグレクト）や非行などさまざまである。最近では性的虐待を受けた子どもの入所が増えている。中には援助交際がやめられず深夜徘徊中に保護された子どももいる。また最大6名までの集団生活なので，発達障害等コミュニケーションを取るのが難しい子ども，虐待のトラウマにより大きな集団が難しい子ども等，刺激が少なく落ち着いた生活環境が望ましい子どもが多く入所してくる印象もある。それでも，うまくコミュニケーションを取ることができずにトラブルになることも多々あり，時には息苦しさを感じて飛び出してしまう子ども，フラッシュバックを起こして過呼吸になる子どももいた。一時保護ユニットでの生活に慣れ，職員との関係にも安心を感じられるようになってくると，不眠や悪夢，頭痛等心身の不調を訴える子どもも多くいる。その都度，職員は子どもたちの不安な気持ちに寄り添い，「～がしんどいね」「どうしていくか一緒に考えよう」と話を聞いてきた。

　一時保護ユニットに入所する子どもの平均入所期間は，1カ月～1カ月半程である。最短では3日，最長では5カ月20日と長期にわたることもあった。子どもにとってはストレスフルな生活になるが，子どもの状態が観察しやすくなったことで，イライラや不安といった感情や過覚醒（不眠，過度な怯えなど）やフラッシュバックといったトラウマ症状に気づきやすくなった。施設内の心理士も介入するので，家族との面会交流の前後で不安になっている子どもやトラウマ症状が強い子に対し，個別で面談する等心理的なケアもできている。その他にも，レクリエーションの時間を使って，リラクゼーションや呼吸法などのセルフケア，ネガティブ思考からポジティブ思考に変換させるワーク，気持ちの良い自己主張の方法を学ぶアサーショントレーニング等さまざまな「心理レク」があり，子どもたちも楽しみながら取り組んでくれている。また，外部のヨガインストラクターに来ていただき，取り組む中で情緒の安定を図っている。

5）子どもが一歩を踏み出す時

①　子どもたちが次に進む道

一時保護ユニットで安心を取り戻した子どもたちが次に進む道は，大きく分けて3つである。

1つ目は家庭復帰である。児童相談所のCWによる子どもへの面接が繰り返されていく中で，家族の問題，子ども自身の問題を考えたり約束事を決めて，家庭復帰が可能と判断されれば，退所に向けての準備をする。親子の手紙のやり取りから始め，何度も親子面会を重ねるなどして，ステップを踏んでから家庭復帰をする。また，親元に帰ることが難しい場合には，祖父母宅などに帰ることもある。

2つ目は里親委託である。これまでの実績からは里親委託になったのは1ケースのみとなっており，高年齢児になると里親委託が難しい現状がある。委託できる里親家庭が少ないことも要因の一つとなっている。

3つ目は施設入所である。家庭復帰や里親委託が困難な場合は施設入所となる。子どもの課題に合わせ，児童養護施設，児童心理治療施設，児童自立支援施設などさまざまな種別の施設に入所していく。施設入所に至るまでの間には，子どもとCWが面接を繰り返す中で施設入所をする必要性を伝えたり，施設入所する上での目標を考えたりする。数カ月で自分の人生，生活する場を決定していくことはとても難しく，たくさん悩むことである。しかし，子どもたちは葛藤しながらも，前向きな気持ちで先に進もうとしている。

②　一時保護事業の実践から見えてきたこと

私たちが感じている一時保護事業の意義は大きく3つある。

1つ目は，大人に対する否定的イメージが変容，修正されることである。一時保護される子の多くは，大人に対して「こわい」「暴力的」「信用できない」等の否定的なイメージを持っている。一時保護ユニットで生活する中で，理想の父親像や母親像を職員に求めたり，大人に頼ってもいいんだと感じたりすることができ，「こんなに大人と話したの初めて」「ここで働きたい」「こんな穏やかな大人がいるんだ」等，肯定的なイメージをもてるようになった。そのような生活の中で，エネルギーを充電し前向きな気持ちになった子どもたちは，生活を共にした人との別れを惜しみ，涙を流し一時保護ユニットを退所してい

った。

　2つ目は，一時保護委託と比べて子どもたちの不安が少なく，職員への要求が出しやすいことである。人間関係ができ上がっている措置児の中に入るわけではなく，同じ条件で一時保護される子どもたちなので，集団に入る時の不安は少ないように感じる。措置児へ遠慮することもないため職員への要求も出しやすく，本来家庭で子どもが出せなかった甘えなどの感情を出すことができる。入れ替わりがあるとメンバーも変わってくるので，その都度関係づくりはスタートするが，コミュニケーションの練習の場にもなっている。

　3つ目に，子どもたちの行動観察がしやすいことである。虐待を受けてきた子どもたちの多くは，大人へSOSや要求を出すことが難しく，自分の中で抱え込んでしまう。筆者の勤務する施設は小集団で落ち着いた生活なので，職員も子どもとゆっくり関わることができ，子どもたちは心配事があればいつでも話をしていいと思うことができる。その中で，子どもたちは自分のしんどさを出しやすくなり，職員も些細な変化に気づくことができるようになった。

6）リスク管理と権利擁護

　一時保護事業を取り組む中で，課題も見えてきた。一時保護事業は全国的にも取り組みが少なく，モデルになるものがない。家庭的な雰囲気を感じてもらいながら，それでも課題の多い子どもが入所するため，リスク管理の問題がある。例えば，子どもの飛び出しや保護者からの接触を断つため外出は行わない，退所後にさまざまな問題に巻き込まれるリスクを防ぐため個人情報（苗字，居住地，入所理由，SNS等）を明かさない，自殺防止のためにカーテンを取り付けない等のルールがある。一見厳しすぎるように見えるが，それらは子どもたちの安心，安全な生活を保障し，落ち着いて自らの問題に向き合うことを可能にするために必要なことである。リスク管理と権利擁護のバランスを考えることは難しいが，私たちはその問題に向き合うためにも，子どもたちの声を聞く場としてミーティングを月1回設け，意見を取り入れるようにしている。ミーティングを実施する中で，当初は行っていなかった外出やカーテンの取り付けが可能になった。ルールがない家や，反対に理不尽なルールを押しつけられるだけの家で生活してきた子どもにとっては，大人がきちんと自分の話を聞いてくれ，話し合いの中で生活のルールを決めていくというプロセスは，とても意味

があることだと感じる。

7）子どもたちへ職員の願い

　一時保護ユニットを退所する子どもたちの今後の方向性は，それぞれ大きく異なるが，自分自身・家族のこと，今後について，これからの自分の人生について考える。一時保護所は再スタートする場所ではあるが，まだ幼い子どもたちがこれからの人生を考えることは，とても困難で不安が伴う。しかし子どもの力には驚かされるもので，問題や困難を乗り越えられることができたり，大人の見方が良い方向に変わったり，マナーが身に付いたり，今まで経験してこなかった蝶々結びや布団のシーツ入れのような些細なことが少しでもできるようになったりする。子どもたちが成長しているその瞬間を見られることを，私たち職員はとても喜ばしく思い，同時にやりがいを感じる。

　一時保護ユニットでの生活経験をこれからの人生に活かしてもらえると嬉しく思う。また，子どもたちが自分のために次の一歩を踏み出せるように，私たちができることが何なのかをしっかりと見極め，制度の中で声をあげていくことが必要だと考える。

注
⑴　岩川直樹「じぶんをたいせつに」岩辺泰吏編『学びの手引き』（人権の絵本⑥）大月書店，2000年，5頁。
⑵　遠藤由美「集団主義養護論と養問研の理念・思想」全国児童養護問題研究会・日本の児童養護と養問研半世紀の歩み編纂委員会編『日本の児童養護と養問研半世紀の歩み――未来の夢語れば』福村出版，2017年，28頁。
⑶　石井香世子・小豆澤史絵『外国につながる子どもと無国籍』明石書店，2019年，5頁。
⑷　黒田邦夫「愛児園たより」2012年8月16日号。
⑸　岩川，前掲書，6頁。
⑹　塩原良和『分断と対話の社会学――グローバル社会を生きるための想像力』慶應義塾大学出版会，2017年，11-12頁。
⑺　「社会的養護の当事者の語り　My Voice My Life」での60名の方のインタビュー記事を参照した。上記連載は，2015年3月より『月刊福祉』（全国社会福祉協議会）で連載され，現在も継続中である。
⑻　一般的に「虐待」とされる「放任・怠だ」「虐待・酷使」「棄児」「養育拒否」の

割合を合計している（厚生労働省「児童養護施設入所児童調査の概要（2018年2月時点）」2020年1月）。

⑼　銀次郎さんの言葉。山縣文治「My Voice, My Life: 社会的養護当事者の語り（vol. 37）」『月刊福祉』101（5），2018年，74-77頁。

⑽　母子愛育会・日本子ども家庭総合研究所『子ども虐待対応の手引き――平成25年8月厚生労働省の改正通知』有斐閣，2014年，29-32頁。

⑾　ルース・リスターは，イギリスの子どもの貧困問題に対する活動家であり研究者である。

⑿　ルース・リスター／松本伊智朗監訳，立木勝訳『貧困とはなにか――概念・言説・ポリティックス』明石書店，2011年，21頁。

⒀　ユニセフ「国連総会，"子どもの貧困"の強力な定義を採択」2007年（2021年11月28日閲覧）。

⒁　ルース・リスター，前掲書，270頁。

⒂　伊部恭子「社会的養護経験者が語る『支えられた経験』とその意味――15人への生活史聴き取りを通して」（『福祉教育開発センター紀要』15，2018年，35-36頁）では，幾年も経た当事者の支えられた経験が複数紹介されている。

⒃　Fさんの言葉。伊部恭子，同前論文，46頁。

⒄　育美さんの言葉。長瀬正子「My Voice, My Life: 社会的養護当事者の語り（vol. 7）」『月刊福祉』98（12），2015年，80-83頁。

⒅　社会的養護における里親・施設職員による不適切養育，子どもの加害・被害問題は引き続き大きな課題である。2016年度の届出・通告受理件数は254件，うち都道府県等が虐待と認めた件数は87件であった（厚生労働省「社会的養育の推進に向けて」2019年4月）。性加害問題については，みずほ情報総研「平成30年度厚生労働省委託事業児童養護施設等において子ども間で発生する性的な問題等に関する調査研究報告書」2019年，が詳しい。

⒆　海里さんの言葉。谷口純世「My Voice, My Life: 社会的養護当事者の語り（vol. 30）」『月刊福祉』100（10），2017年，72-75頁。

⒇　白川美也子『赤ずきんとオオカミのトラウマ・ケア――自分を愛する力を取り戻す（心理教育）の本』アスク・ヒューマン・ケア，2016年，25-27頁。

㉑　参考資料には，白川美也子，同前書のほかに，白川美也子監修『トラウマのことがわかる本――生きづらさを軽くするためにできること』講談社，2019年，野坂祐子『トラウマインフォームドケア――"問題行動"を捉えなおす援助の視点』日本評論社，2019年がある。

㉒　CVV・長瀬正子『社会的養護の当事者支援ガイドブック』Children's Views and Voices，2015年，40頁。

⑵　それには，当事者の問いから子どもの生い立ちや歴史を丁寧に共有するライフストーリーワーク等の取り組みも含まれる（楢原真也「子どもたちと事実を分かちあうために——児童養護施設における生い立ちの整理とライフストーリーワーク（特集　生い立ちの整理とライフストーリーワーク）」『児童養護』42(4)，2012年，26-29頁）。

⑵　国連子どもの権利委員会の一般的意見12号（General Comments No. 12，以下GC12）。

⑵　メアリ・ホフマン（著）／ロス・アスクィス（絵）『いろいろいろんなかぞくのほん』少年写真新聞社，2018年，フェリシティ・ブルックス（文）・石津ちひろ（訳）『All about families かぞくってなあに？』文化出版局，2019年などがある。

⑵　大江洋『関係的権利論——子どもの権利から権利の再構成へ』勁草書房，2004年，16・136-141頁。

⑵　田中聡子「子どもの貧困に抗うための実践」埋橋孝文・矢野裕俊ほか編著『子どもの貧困／不利／困難を考えるⅠ——理論的アプローチと各国の取組み』ミネルヴァ書房，2015年，大江ひろみ・山辺朗子・石塚かおる編著『子どものニーズをみつめる児童養護施設のあゆみ——つばさ園のジェネラリスト・ソーシャルワークに基づく支援』ミネルヴァ書房，2013年，鴻巣麻里香「『子ども食堂』の可能性と課題——そろそろ『おとなの貧困』を語りませんか」『季刊保育問題研究』292，2018年，23-37頁などが参考になる。

⑵　長瀬正子「ここから先へすすむために——社会的養護の当事者の『声』と視点を活かす（特集　子どもの権利をいかに守るか：社会的養護のこれから）」『月刊福祉』103(3)，2020年，42-45頁。

⑵　大江ひろみ・山辺朗子・石塚かおる編著『子どものニーズをみつめる児童養護施設のあゆみ——つばさ園のジェネラリスト・ソーシャルワークに基づく支援』ミネルヴァ書房，2013年。

⑵　『子どもと福祉』編集委員会編『子どもと福祉』8，明石書店，2015年，39-41頁。

⑶　山辺朗子『ジェネラリスト・ソーシャルワークの基盤と展開——総合的包括的な支援の確立に向けて』ミネルヴァ書房，2011年。

⑶　IFSW日本語調整団体訳 IFSW（国際ソーシャルワーカー連盟）による「ソーシャルワークの定義」2001年，3頁。

⑶　日本ソーシャルワーカー協会「ソーシャルワーカーの倫理綱領前文」2020年。

⑶　ステフォン・W・ポージェス／花丘ちぐさ訳『ポリヴェーガル理論入門——心身に変革をおこす「安全」と「絆」』春秋社，2018年。

⑶　ベッセル・ヴァン・デア・コーク／柴田裕之訳『身体はトラウマを記憶する——脳・心・体のつながりと回復のための手法』紀伊國屋書店，2016年。

㊱　藤岡淳子編著『治療共同体実践ガイド──トラウマティックな共同体から回復の共同体へ』金剛出版，2019年。

㊲　厚生労働省「児童養護施設入所児童等調査結果」2020年2月1日。

㊳　厚生労働省「全国児童虐待対応相談件数」2020年。

㊴　厚生労働省「児童養護施設入所施設等調査」2018年。

㊵　全国社会福祉協議会「子どもの育みの本質と実践──社会的養護を必要とする児童の発達・養護過程におけるケアと自立支援の拡充のための調査研究事業：調査研究報告書子どもの育みの本質と実践」2009年。

㊶　相澤仁編集代表・松原康雄編『子どもの権利擁護と里親家庭・施設づくり』（シリーズ・やさしくわかる社会的養護シリーズ②）明石書店，2013年。

㊷　積惟勝『集団主義と子どもたち──福祉と教育の統一のために』ミネルヴァ書房，1971年。

㊸　近藤二郎『決定版 コルチャック先生』平凡社，2005年。

参考文献

・第1節

石井香世子・小豆澤史絵『外国につながる子どもと無国籍──児童養護施設への調査結果と具体的対応例』明石書店，2019年。

遠藤由美「子ども福祉・家族福祉の現状と課題」鈴木勉編『SEEDブック　社会福祉　第2版　暮らし・平和・人権』建帛社，2013年。

大江ひろみ・山辺朗子・石塚かおる編著『子どものニーズをみつめる児童養護施設のあゆみ──つばさ園のジェネラリスト・ソーシャルワークに基づく支援』ミネルヴァ書房，2013年。

喜多明人『子どもの権利──次世代につなぐ』エイデル研究所，2015年。

全国児童養護問題研究会日本の児童養護と養問研半世紀の歩み編纂委員会編『日本の児童養護と養問研半世紀の歩み──未来の夢語れば』福村出版，2017年。

<table>
<tr><td>第 3 章</td><td>主体的な社会参加の促進と家庭・地域
との関係調整</td></tr>
</table>

1 主体的な社会参加の促進
――積極的な活動のために

（1）社会的養護の子どもの自立支援
1）社会的養護における自立支援とは

2012年に示された「社会的養護の指針」[(1)]（厚生労働省，以下，指針）では，「子どもの最善の利益のために」「すべての子どもを社会全体で育む」という基本理念が掲げられており，その理念の下示された 6 つの社会的養護の原理の中に，「発達の保障と自立支援」がある。そして「発達の保障と自立支援」では，次の 3 点が示されている。

① 子ども期のすべては，その年齢に応じた発達の課題を持ち，その後の成人期の人生に向けた準備の期間でもある。社会的養護は，未来の人生を作り出す基礎となるよう，子ども期の健全な心身の発達の保障を目指して行われる。

② 特に，人生の基礎となる乳幼児期では，愛着関係や基本的な信頼関係の形成が重要である。子どもは，愛着関係や基本的な信頼関係を基盤にして，自分や他者の存在を受け入れていくことができるようになる。自立に向けた生きる力の獲得も，健やかな身体的，精神的及び社会的発達も，こうした基盤があって可能となる。

③ 子どもの自立や自己実現を目指して，子どもの主体的な活動を大切にするとともに，様々な生活体験などを通して，自立した社会生活に必要な基礎的な力を形成していくことが必要である。

よく使われる「自立」という言葉ではあるが，自立という言葉がもつ意味は広く，その言葉を使う人それぞれが抱いている自立に対するイメージも千差万別である。指針の中に書かれている「自立に向けた生きる力」がどういったこ

とを指しているのか，一言で「子どもの自立や自己実現を目指して」といっても，どの状態が目指すべき自立の姿なのかを具体的に読み取ることは難しい。しかしながら，目指すべきものが何なのかがそれぞれ違えば，そのための支援の内容にもズレが生じてしまう。社会的養護の子どもたちの自立を支援していくためには，支援者の中で目指す自立像や指標を一致させておくことが求められる。社会的養護の理念は「すべての子どもを社会全体ではぐくむ」ことであり，誰かの押し付けによる自立ではなく，多くの支援者が関わり子どもの自立支援は進められていく。定義には絶対的な解答があるわけではない。それぞれの支援者の意見や想いを共有し明文化することで，よりよい支援が行えると考える。

　自立とは，すべてを自分でできなければいけないということではない。人は１人では生きられないということを前提に，必要な支援を受け入れ活用しながらも，主体的な自己決定を行っていくことが重要だと考える。また指標についてももちろん，すべてをクリアできていなければ自立できていないということではない。あくまで，どの程度できているのかを図るための指標であり，この指標の下にアセスメントを行い，自立支援を進めていくことになる。

　子どもそれぞれに対し，目指す自立の姿を支援者で共有しながら，そこに向けて日々の支援を行っていく必要がある。

２）社会的養護の子どもたちが抱える困難さ

　社会的養護の子どもたちは，自立に向き合う前の土台ができていない子どもが多い。マズローの欲求階層論⁽²⁾においても示されているように，人間の根本には生理的欲求があり，安全への欲求がある。生命に関わる食事や睡眠の保障が第一であり，自分の身の安全を守りたいと願う。そして，その次の段階に成長と愛の欲求があり，他者と関わりたい，集団に属したいという気持ちが生まれる。その中で，他者から認められたいという承認欲求も出てくる。そして，それらの欠乏欲求が満たされて，初めて自分の力を発揮して創造的な活動をしたいという自己実現欲求が生まれるというのである。

　しかしながら社会的養護の子どもたちは，第一段階の生理的欲求が満足に満たされておらず，第二段階の安全も保障されてこなかった子どもが多い。特に虐待を受けてきた子どもの中には，食事が満足に与えられず，親から守られる

どころか暴力を受けてきた子どもがたくさんいる。この本能的な欲求すら満たされていない子どもたちにとっては，数年先の自分の未来を思い描くことも難しいだろう。

　また程度の差はあるが，親と離れて暮らさなければいけなくなったことについて，親に見捨てられたと感じている子どもも多い。そんな自分が誰かに必要とされたり，その集団の中にいてもいいという気持ちを抱くことができなかったり，自分は将来の夢をもつ価値がないと思っている子どももいる。そういった子どもたちが「どんな大人になりたいか」を具体的にイメージして，自立を目指していくことはとても困難なことである。

　社会的養護の子どもたちは，保護されることで衣食住が保障され，安全な環境が与えられる。しかしながら，保護される前の満たされなかった期間が長ければ長いほど，その飢餓が深刻であればあるほど，欲求は際限がなくなり，現在保障されていても，いつまた保障されなくなるかわからないという不安が付きまとう。欲求が十分に満たされるまでには多くの時間と手厚い支援が必要なのである。

3）社会参加の必要性

　生理的欲求と安全欲求を保障しつつ，次の段階では成長と愛の欲求，つまり誰かに求められたい，集団の中に所属したいという社会的欲求やその集団の中で価値のある存在と認められ尊重されたいという尊厳欲求を満たしていく必要がある。

　社会的養護の子どもたちの多くは，傷つき体験から他者への不信感が大きかったり，自己肯定感がとても低い。そのため初めての場面に強い不安を示したり，新しいことに挑戦することを好まない子どもも多い。まずは一番身近な支援者と安全な関係を築き，そこから少しずつ安心して行動できる範囲を広げていくことになる。

　それまでの育成歴の中で，社会経験が著しく乏しい子どもも多い。そういった子どもたちの社会性を育むためには，社会的養護の支援者だけではなく，より多くの他者と関わることが求められる。地域の行事に一緒に参加する，習い事をする，ボランティアや職場体験をするなど，社会とのつながりをもち，社会の中で認められる経験を繰り返すことが重要である。そうした経験を経て欠

乏欲求がある程度満たされる中で，初めて「こんな自分になりたい」という自己実現欲求が生まれるのである。この自己実現欲求がもてるように支援していくことこそが，社会的養護の子どもの自立支援において大切である。

4）施設で育った子どもの自立支援

では，実際に児童養護施設の中で，どのような自立支援を行っているのか。社会的養護の自立支援は「児童の自立のために日常からなされるすべての支援」であり，進学支援や就労支援だけを指すものではない。前述の通り，そこに至る前の段階での衣食住の提供や安心安全を守るための支援も重要である。しかしながら，本項では「主体的な社会参加の促進」という点に焦点を当てて具体的な取り組み例を紹介する。

① 地域の中の施設という位置づけ

施設というものは外からは見えづらく，ある種隔絶された空間になりがちである。社会的養護の子どもたちにとっては，この守られた空間の中で安心して過ごすことも大切であるが，最終的には地域の中で生活することを踏まえると，緩やかにその準備をしていく必要がある。まずは地域に出ていく前に，地域に開かれた施設である必要がある。施設主催の行事，例えば映画会や夏祭りに地域の方を呼ぶことで施設への理解を深めてもらったり，地域の少年団やサークルの活動場所として施設のスペースを提供する中で，その活動に施設の子どもたちが一緒に参加することができたりする。いきなり外で習い事を始めることが難しい場合でも，施設の敷地内であれば安心して参加できる子どももいる。また，施設内の子どもたちの余暇活動支援に地域の子どもたちを招待して一緒に遊びを展開するなど，まずは地域との交流を施設内で行うことが，知っている顔のいる地域へと子どもたちが踏み出していく第一歩となる。

地域の行事にも，施設として積極的に参加することが求められる。地域の盆踊りに出店したり，市で行っている親子交流行事では工作教室を出店し小学生が先生役を担ったり，子どもたちがステージ発表をさせてもらうこともある。またそういったつながりが継続し，卒園生が地域のボランティアスタッフとして関わってくれたりもしている。

② 地域の中での機関連携

地域の中の子ども・若者支援の団体との連携も大切にしている。その団体の

方々が定期的に施設に来園し，小学校 6 年生の横割り学習会を行ったり，中学生の自習の場に来ていただき勉強を教えてもらうこともある。その流れから，その方たちが地域でやっている学習会に，子どもたちが参加しに行くこともある。不登校の子どもへの対応，高校生の転学相談など，個別の相談にも乗ってもらっている。小学生のうちから知っている顔だからこそ，中高生になっても関わりやすさがある。卒園した後も継続的に個別に支援している人もいる。

　また，高校生を連れて地域の子ども食堂のボランティアに参加することもある。普段は支援される側の子どもたちが，支援する側として感謝されることはとても良い経験になっている。子どもたちが施設だけでなく地域の中にも支援者がいるということを感じたり，できることから自分が支援する側にも立てるように，地域のネットワークを活用している。

　③　職業観を広げる取り組み

　施設の子どもたちの特徴の一つとして，職業観の狭さが挙げられる。将来の夢を語る以前に，どんな職業があるかということをなかなか実感することができていない。そもそも生活保護の家庭で育っていて「働く」という感覚がもちづらい子どももいるし，一番身近な大人は施設の職員なので，仕事といえば「児童養護施設の職員」「保育士」「調理員」が定番であり，夢を聞かれた時にそれ以外の選択肢をもてない子どもも多い。したがって，まずはさまざまな職業を知る取り組みが必要であり，それは小学生の段階から取り組むべきである。今は小学生向けの職業体験プログラムも充実しており，そういったものに招待いただいたり，半日程度の企業見学などにも参加させてもらっている。小学生のうちにそういった体験をしておくことで，中学生になってからの職場体験へのハードルが低くなると感じている。高校に進学する際には，普通科に進むのか，それとも専科を選択するのかということも考える必要がある。その選択のためにも，中学時期にはさまざまな職場体験を経験してみることが望ましい。

　そうした取り組みを積み重ねる中で，子どもたちが社会性を育むとともに，自分の将来を考える際の選択肢を増やしたいと考えている。

　④　進路保障

　児童養護施設における高等教育機関への進学率は年々上がっており，2019年においては全国の児童養護施設では33.7%，[3] 東京都の児童養護施設においては

42.3%となっている。しかしながら全国一般の83.8%[5]と比べると全国的には依然として40%の格差がある。2020年からは高等教育の無償化が始まり，今後ますます大学等への進学率は上昇することが予想されるが，この格差がどこまで埋まるかには疑問がある。無償化といいつつも実際は上限のある減免であり完全な無償ではないことや，対象を拡大したことにより給付奨学金を含めた受給条件が厳しくなっていることで，社会的養護の子どもたちが無条件に受けられるものではなくなっている。

　金銭的な面以外にも，施設の子どもが進学を考えるにあたっては学力の問題がある。入所前の生活の中で不登校状態だった子どもが多く，学校には通えていても落ち着いて勉強できる環境になかった子どもも多い。さらには一時保護の期間の学習がすっかり抜け落ちてしまい，施設に来た段階で年齢相応の学力が身に付いておらず，そこから平均的な学力を身に付けるまでにはかなりの困難さがある。中学生の通塾費用は保障されるようになったとはいえ，本来は中学生になる前の小学生の時点での補強が必要であり，また大学受験をしようにも現在の高校生の補修費では，受験のための通塾代を賄うことはできない。学習ボランティアの協力などを得てはいるが，十分とは言い難い状況が続いている。

　加えて施設には知的障害児や発達障害児も多い。特に療育手帳を取ることができないボーダーラインの子どもや，取ることを拒否する子どもに対し，どういった進路選択を保障できるのかも大きな課題となっている。

　誰もが，必ず進学した方が良いと考えているわけではない。どの子どもにも同じだけの選択肢を提供し，将来の職業選択を見通した進路選択ができるようにする必要があるということである。高校1年生のうちから高校卒業後の進路についてのセミナーを行い，高校生活をどう過ごすかを一緒に考えていく。「こうするしかなかったから仕方ない」ではなく，「自分が選んだ」進路を主体的に歩めるように支援していくことが大切である。

　⑤　措置延長の積極的活用

　進学をあきらめたからではなく，積極的な意味で高校卒業後に就職したいと希望する子どもも一定数いるが，親族等の支援もなく18歳で社会に出るのは大きなハンデである。精神的にも未成熟な部分が多い中で，高校卒業後に就職し

た退所者の離職率はかなり高い。また進学をしたとしても，ひとり暮らしと高校までとは異なる自主性が求められる学校生活との両立も非常に困難さはあり，大学等の中退率が高いことも事実である。仕事または学校と生活の場の2つが同時に変わることのリスクは非常に高い。一昔前の児童養護施設には「こんな施設にいたくない，すぐに出ていきたい」という子どももいたが，今は施設を出ることに対する不安の方が強い子どもも増えてきている。高校を卒業しても一定の期間は施設生活を継続することが望ましいし，可能であれば20歳もしくは大学等の卒業まで施設生活が継続できると良い。

　現在も措置延長は20歳まで認められているが，東京においては入所率との関係でなかなか児童相談所に認めてもらうことが困難な現状もある。また社会的養護自立支援事業において，22歳までの施設生活の継続が認められていても，その前提条件である20歳までの措置延長が認められなければ，利用することはできない。当たり前に措置延長ができる体制が必要である。

　育成歴の中で十分な発達の機会が保障されてこなかった施設の子どもたちは，緩やかに成長を見守られるべきであり，単に年齢だけで区切った早急な自立が強いられるべきではない。その子どもたちそれぞれの状況に応じて，徐々に社会に巣立っていけるよう支援される必要がある。18歳になったから施設や社会に見放されたと思わなくて済むように，社会の中で支え合いながら生きていける基盤を施設にいるうちにつくり，退所後も継続した関わりをもち続けたいと考えている。

5）つながり支え合うこと

　本来，本節は若草寮の大森信也氏が書かれるはずであった。大森氏は2019年2月の痛ましい事件で亡くなられた。自分も含め，未だそのことを受け止めきれていない施設関係者は多いだろう。「子どもたちのための最善の利益のために」ということを誰より大切にし，実践されてきた方であった。「子どもたちのために何ができるのか？　変えるとするならば，何を変えていかなければならないのか？(6)」ということを常に考え，施設退所者が抱える問題を「子どもたちの自己責任の論では終わらせないという信念に繋がります。子どもたちが社会に出た後に直面する様々な問題を，他人事ではなく社会全体の問題として捉え，分かち合っていく必要があります(7)」と訴えてきた。

社会的養護の子どもたちの自立支援は，社会全体で取り組むべき課題である。子どもたちが施設を追い出されたと思わなくて済むように，緩やかに社会へと巣立ち，失敗しても社会の中で支えられるような体制を築いていかなければいけない。そして，退所者がさまざまな形で主体的に社会に参画する一員になってほしいと願っている。

　社会的養護の退所者支援を行うには，施設関係者や里親関係者だけにとどまらず，さまざまな機関と連携し，また地域の方々をその支援の輪の中に巻き込んでいく必要がある。日々施設退所者への支援に関わりながら，いつになったらこの退所者は安定した生活が送れるようになるんだろう……と考えてしまうこともある。終わりの見えない支援に途方に暮れることもある。しかし，「一人で悩むのではなく，できる限り皆で一緒に考える。自分たちだけでできなければ，さらに外部の力を借りる[(8)]」ことで，なんとか関わり続けてこられている。自立支援はアフターケアにおいても続いていく。大森氏の「やればできる，つながり合えばもっとできる[(9)]」という精神を引き継ぎながら，これからも社会的養護の子どもたちに関わり続けていきたい。

（2）自立支援の取り組み

1）自立支援とは

　自立は，ある一定の年齢になって「なんでも一人でできるようになること」ではない。自立とは，「困った時に，きちんと人を頼ることができる力を持っていること」であり，「過去─現在─未来の流れの中で，つながりのある緩やかな移行」であることが大切である。したがって，自立支援の基本は，「人を頼ることができるようになるための」支援である。そして，ある日突然の退所ではなく，そこにつなぐために「緩やかに移行をして精神的負担を減らしていく」支援である。

　そんな風な考え方は，ここ10年くらいで施設の中に根づいてきた。筆者自身も，退所をさせてきた複数の子どもたちを見てきて，大切なことは，①人を頼る力，②前を向くための「回復」，③緩やかな移行だと実感している。

　筆者が就職した約15年前は，「自立のため」に「家事能力を身に付けさせる支援」が，何よりもまず先に行われていた。日々の生活を成り立たせるための

ルーティンには子どもの役割・当番があった。職員は，その役割を全うさせるための指導を行っていた。生活場面の中で，子どもは大人を頼らずに，「自分で与えられた役割を頑張ること」で褒められていた。

　しかし，だんだんと，このやり方では，子どもたちが自立した後に安定した生活を送ることができていないことがわかってきた。施設を退所していく子どもたちは，どんな気持ちで，新しい生活に臨んでいたのか，「追い出されたような」感覚をもっていたのではないか，と今は感じている。何十年も前から同じ支援を続けていたということ自体が，入所してくる子どもたちの抱える課題が深刻化していること・ニーズが変わってきていることに気づけていなかった，ともいえる。

　そして，現在では，大切な3つのことを自立支援の柱と考えるようになった。以下，それぞれについての実践である。

2）自立支援の3つの柱

①　人を頼る力

　まずは，なによりも，「人を頼る力」を身に付けさせることに重点をおく支援を行うことにした。人を頼るということは，「困った時に，助けを求める」ということだ。それは，もちろん，信頼する相手にしかできない。まずは，「大人が子どもに信頼される」ことである。それを実現するための「信頼してもらう支援」は，自分は大切にされているということが実感できる「温かい生活支援」であった。そんな当たり前のことを外部の研修から学び，それこそが自分の生い立ちを振り返っても，「子どもたちにしてあげたいこと」だと感じ，施設の支援を見直した。子どもの役割・当番はなくし，生活支援を徹底した。「温かくて丁寧なお世話」を繰り返し，生活の中で「満たされる」経験をさせることに重点を置いた。そして，それは，「個別支援」の原則にも重なった。今までは，集団を一括管理するような指導が行われていたが，ルールは「子どもを守るための最低限のもの（暴力をしない）」に絞ることとした。生活の中で，子どもが何かをしなければならないことはほとんどなくなった。施設全体を綺麗に保つことは大人の役割であるということを徹底し，子どもの自室も共有部分も，以前よりもかなり「綺麗」を維持している。また，衣類も年長児の物を着まわすのではなく，その子どもに合ったものを一緒に買いに行くようにし，

食事もできるだけ各々の好みに合わせながら，まずは楽しく食事することを目指した。「温かくて丁寧なお世話」を徹底しようとすると，それぞれの子どもたちに必要な生活支援を行うことにつながっていった。そして，子どもたちは一人ひとり抱えている傷つきも，そこからの回復度合いも何もかも違うという当たり前のことも見直すきっかけにもなった。これは，集団を一括管理していては抜けてしまう点であった。

　こんな風に，一見，自立とは真逆の支援のように感じる「大人が丁寧にお世話をする」ことで，子どもたちは生活の中で傷つきをケアされていると感じる。そして段階を踏んで，職員が困っている時には，自分から手伝ってくれるようになる。そのことが職員も嬉しくさせ，職員から褒められた子どもも嬉しくなり，良い相乗効果となっている。「してもらってきたこと」は，自立後にきちんと「自分でできること」につながるのだ，と実感している。

　②　前を向くための「回復」

　次に大切なことが，「前を向くための『回復』」への支援である。筆者が見てきた子どもたちの中に，自立前後に大きく崩れる子どもたちが多くいた。これは，まだ自立できるだけの基盤のようなものが備わっていなかったのだと感じている。その基盤のようなものは，自分が何者であるのか・自分がなぜ施設に入所したのか・自分と家族の間に何が起きているのか・自分がどんな風に誰に大切にされて育ってきたのか，という「自分」そのものについての整理ができているかどうか，ということであると感じている。そして，その整理は，自分が信頼する誰かが側にいることが大切な要件である。

　そのような整理をしていくために，入所前〜入所時の支援，に力を入れている。その子どもがどんな人生を歩んできたのか，をまずは職員が知ることから始める。そして可能な限り，子どもにもなぜ施設に入所することになったのか・これからどうなるのか，を丁寧に説明することにしている。措置変更を繰り返してきた子どもについては，一緒に生い立ちを振り返ることもしていく。

　その後，入所してからも家族に関する疑問や不安にはその都度応えていくこと，事実はすべてきちんと説明することにしている。また，自己肯定感を育むことにもつながる大切な想い出を日々積み重ねる支援も行っている。

　「自立」の支援は，退所間際に行うことではなく，入所前からの丁寧な支援

の積み重ねだ。特に，社会的養護の子どもたちは，自分の人生に起きてきたことをきちんと知って，抱える気持ちの整理をしてこそ，自身の将来が描けるのだと思う。「自立」が近づいた時に，踏ん張るエネルギーの基盤となるようなものを作ることが，とても大切な支援だと実感している。

③　「緩やかな移行」

　自立が近づいてきた時には，緩やかな移行を目指す。具体的には，措置を継続する中で，次の生活の場所への丁寧なつなぎを行っていく。例えば，退所後にひとり暮らしをする場合は，措置している中で，ひとり暮らしの練習を行っている。アパートを借りる場合もあるし，施設内の設備を使う場合もある。ひとり暮らしをする中で，何に困るのか，職員と一緒に問題解決をしていく。また，ひとり暮らしではなく障害のある子どもの場合は，退所後の支援のネットワークづくりを行う。次の支援先の担当の方との関係づくりのために，まずは支援者同士がつながってケースの引継ぎを行う。アフターフォローとしてのつながり方を明確にして，支援者のネットワークを作り，子どもにもそれを伝え，グループホーム入所であれば体験を繰り返しながら移行をしていく。

　ある日突然，ひとり暮らしやグループホームでの生活が始まるのではなく，丁寧につないでいくリービングケアを行うことで，退所後の様子には大きな違いがあることを実感している。「自立支援」には，以上のような3つの柱が大切である。

（3）小学校の学級集団づくりと社会的養護

1）児童養護施設入所児童の学校生活での課題

　「平成30年度児童養護施設入所児童等調査結果」（厚生労働省）によれば，「学習に遅れがある」とされた子どもは36.5％で，実に入所児童の3人に1人の割合であった。その要因は知的障害や発達障害，虐待によるPTSD等が挙げられている。また「児童養護施設と学校の連携の現状と課題について」（QOL研究機構社会福祉学研究所研究・活動報告2018年度）によれば，子どもの登校時に職員が付き添っている施設は64.7％，下校時に付き添っている施設は50.6％，授業時に付き添っている施設は20％であった。その理由は「トラブルが頻繁に起きる」「登下校ができず，どこかへ行ってしまったりする」「授業中，教室をぬ

125

け出したり，床に寝そべったり，大声を発したりする」「集団に入れない」「様々な問題に対して学校側が対応できない」等々である[11]。これらのことから，養護施設入所児童の学校生活における課題は「学力不振」と「学校不適応」だといえる。

2）学校教育から排除される入所児童

　学校現場では，入所児童は「学力不振は当然のこと」「学校不適応は，その子どもが卒業するのを待つ」などという緩やかな排除の実態がある。かつて，児童養護施設入所児童のもつ課題の困難さから，施設への苦情や批判が学校側から多く寄せられ，時には，当該学校への転入まで拒否されるという事態が起きていた[12]。しかし，入所児童には，被虐待体験等の心的外傷を受けた子どもが過半数を占め[13]，安心・安全な居場所確保のためにも，「学校不適応」と子どもを評するその学校のありようを，今一度，問い返す必要がある。すなわち，不適応児童を作ってしまう学校のあり方に問題はないのかと。子どもは，その主体性が尊重される生活指導の中で，民主的なルールを作りながら，民主的人格を構築させていく。それは，自己肯定感につながり，同時に他者をも大切にしていこうとする，共生・共同の関係を築く力となる。その意味で，筆者は「集団づくり」とりわけ，子どもたちの身近な居場所ともなる「学級集団づくり」に着目する。

3）学級集団づくりとは何か

　学級集団づくりとは，「学級を自治の基礎的集団として，これを民主的な集団へと育てること」[14]であり，具体的には「学級集団を自治的・民主的な集団へと高めていく課題に取り組ませ，子どもを，集団を民主的に管理・運営し，集団の力を集団の内外に対して行使する能力を備えた民主的人格にまで育てること」[15]を目指すものである。概して子どもに「参加・共同・自治」の体験をさせる中で，ケアの必要な子どもに自分の存在そのものが承認され，安心感を育む相互応答的な他者との関係性を築いていくことを目指すものである。

4）学級集団づくりの実践事例──「れい子をサッカークラブのリーダーに」

　れい子はシングルマザーである母親の育児不能により，児童養護施設に入所してきた小学校2年生の子どもである。勝ち気かつ奔放な性格で，暴力・暴言が見られ，他人を蹴飛ばそうとして担任が身体を張って止めたことが度々あっ

た。学習面では理解力はあるが，飽きっぽく集中することが難しいので学力がなかなか定着しない。スポーツを好み，休憩時間は男子たちに混じって汗びっしょりになりながらサッカーをして遊ぶ少女である。そんなれい子は，「最強女子」と男子たちから呼ばれ，怖がられていた。他の女子たちともなかなか遊べず，浮いている。月曜日は気分不快な時が多く，自分の思うようにならないと，学校のトイレに泣きながら立てこもることが何回もあった。そんな時は，赤ん坊のように担任に甘える。れい子は文字通り，学級の中では異質な存在であった。

　担任は，れい子となるべく対話をするよう心がけつつ，れい子を理解しケアできる学級集団づくりを目指した。そして，学級内に自由にグループを組んで好きな遊びができるよう，学級内クラブを立ち上げさせた。クラブ内でのいざこざやトラブルを子どもたちが話し合いで解決していく中で，それを乗り越えて自分たちで遊びのルールを作り，お互いに他者認識を培っていく中で，民主的な人間関係の所作を学ばせていこうという意図からであった。

　担任は，れい子をサッカークラブのリーダーに育てていこうと考えた。サッカークラブは多くの男子とれい子が所属し，勝ち負けにこだわり，トラブルが頻発していたクラブである。その仲裁役として，れい子の力を借り，彼女に他者との交わりを通じて自己肯定感を育ませることと，彼女の活躍と変容を基に，このクラブ集団，ひいては学級集団が異質な者への差別や排除を乗り越えていくこともねらいとしている。

　学級内クラブのリーダーとは，クラブ員を募ったり，どのようにしたらクラブ員が気持ちよく楽しく遊ぶことができるのか点検・チェックをしたり，時として，クラブ内のトラブルを解決する重要な役割を担っていた。

　れい子は，時にはサッカークラブの練習内容が気に食わないと，ひどく怒って教室に戻って来ることがあったが，リーダーとして，弱いクラブ員を慰めたり，文句を言うクラブ員に対して反論したりして，どうしたら皆が楽しくサッカーをできるか考えるなど，彼女なりのリーダー性を発揮することができた。授業中は，テストでカンニングをすることがあっても，サッカークラブでは不正をすることはなかった。リーダーという，他者のために自分の力を発揮する経験は，徐々にだが彼女に落ち着きをもたらした。周りからも「れい子，やる

じゃん」と賞賛の声が聞かれはじめた。れい子は学級集団の中で，当たり前に
サッカークラブのリーダーとして認められるようになった。暴力，暴言も減っ
てきた頃，念願であった母親の受け入れ態勢が整い，彼女は笑顔で転校してい
った。

5）入所児童の学校生活での課題を解決するために

入所児童を学級で引き受ける際の担任の配慮すべき点は，次の通りである。

① 子どもの個人情報・プライバシーを守る。付随して「親」「家族愛」
「誕生から今までのアルバムつくり」「乳児，幼少期の写真持参」等を中
味とする授業は，家族はお互いに尊重し合い，仲がよいのが当たり前で，
今まで世話をしてくれた家族に感謝せよという内容に結びつきやすかっ
たり，子どもによっては過去のつらい経験を思い起こさせたりすること
があるゆえに，配慮するか，教材として扱わない。

② 差別，排除，偏見を許さず，個の能力が活かされる学級集団づくりを
目指す。

③ 読む，書く，計算する等の基礎学力，並びに考え，表現する等の学力
を保障する。

④ ケアの理念の下に，各個人のニーズが満たされ，困ったことを相談で
きたり，人権が保障されたりする生活指導を充実する。

⑤ 児童養護施設の職員，学校管理職，他の教職員との課題の共有，連携
を図る。

入所児童の多くは，生きづらさを抱えた子どもたちであるからこそ，学校教
育の中で固有のニーズが満たされ，最善の利益が保障されることを願ってやま
ない。

（4）ダンスを通して社会とつながる

1）ダンスを通した子ども集団づくりと実践内容

筆者の施設では，余暇の時間にダンスに取り組んでおり，それが子ども集団
づくりへとつながっている。ダンスが始まったきっかけは，数人の子どもたち
からの「ダンスをやってみたい！」という要望からであった。子どもたちを中
心にダンス経験のあった筆者と，ボランティアの協力を得ながら今年で10年に

なる。現在は，2つの発表会（施設のお祭りと施設合同の文化活動発表会）への参加を目標に，週に一回のペースで年間を通して行っている。最近は，筆者が教えるだけでなく，ボランティア講師を呼んでさまざまなジャンルの体験と子どもたちの自主性や意見を大切にしている。また，振り付けやフォーメーションを一緒に作り出すことに重きを置いた練習をしており，主に以下のことを行っている。

① 音楽に乗せてストレッチを行う。虐待を受けた経験のある子どもの多くは体が緊張状態にあり，意図的に声をかけて力を抜けるように促す。

② 音楽に乗せて，首肩胸腰を部分的に動かすボディコントロールを行う。感覚統合の視点から遊びを交えつつ丁寧に分離して動かせるように促す。

③ リズム遊び，なりきり遊びとして，邦洋新旧問わずさまざまな音楽を流しながらリズムの取り方，歌詞を聞いてどういった感情か出し合い，音楽に合わせて自由に表現をする。

④ ストリートダンス（HIPHOP，JAZZ，LOCK，POP，BREAK など）のさまざまなジャンルを取り入れ，形を作っていく。また，子どもたちの意見を反映させながら一緒に作り上げていく。

⑤ 練習した振り付けが形になったところでダンスを見せ合って良いところを出し合う。

　ダンスをするにあたって大切にしていることは，大きく分けて2つある。1つ目は，主体性を大切にすることである。施設行事などでありがちだった集団性＝半強制的ではなく，あくまでやりたい子どもたちの参加と意思を尊重することを前提としている。2つ目は，筆者からはもちろん，子どもたち同士でも褒め合い，認め合うことを大切にしている。上手いか下手かではなく，シンクロすることで他者とつながる感覚，非言語的な感情表現を褒め合う時間として枠付けている。

2）小規模グループケアとダンスの相互作用

　ダンスが始まったのは，大舎制から小規模グループケアに建て替えた直後の2010年からである。その頃は，家庭的な支援の方向性を模索しながら子どもたちの問題行動への対応や，施設としての生活づくりに子どもたちの権利擁護，職員間の連携など課題が山積していた。そうした中でダンスを通した子ども集

団づくりの実践を続け，子どもと職員に少しずつ変化があった。

　その変化を浮き彫りにすべくヒアリングを行ったところ，子どもからは「ストレス発散になる」「学校でも自信がもてるようになった」「ダンスなら仲良く遊べる」「他のスポーツより，ダンスだと技術やルールとかないから参加しやすい」という意見があがった。

　職員からは，「ダンスをきっかけに子どもも職員も会話が増えた」「生活場面では見えにくい集団の中での表情を見る機会になっている」「生活場面で褒めるという関わりの大きなきっかけになっている」「集団経験が部活やアルバイトの継続率アップにも関係していると思う」という意見があがった。また，ボランティア講師からは「教えられるだけでなく，自ら考え創造しようとする場面が多くなった」「ムラがあった集中力も，創造して楽しむことに比例して向上してきた」という意見があった。

　施設には，親の貧困などのさまざまな社会問題を起因として虐待につながるなど，不適切な養育環境にあった子どもたちが心に傷を抱えて入所してくる。小規模グループケアに移行したことで，心のケアをはじめとした個別的な支援の充実が図られている。そこにダンスという集団性を組み込むことで，子どもにとって地域社会に出る前に集団性や社会を学ぶ場になり，職員にとっては，個別と集団の視点をもつことで，子ども一人ひとりへの支援の視野を広げるきっかけになっていることがわかった。例えば，職員が子どもに対して生活場面で課題が多いと感じていても，集団の中でリーダーシップを発揮している場面を見ることで，その様子を認めることで課題の改善に活かした支援ができるということがある。

　また職員の集団づくりという側面では，職員が練習風景を見にくることで会話が増え，個別的な支援を行う上でのケース検討などで，課題解決のアプローチに終始するのではなく，ダンスを通した表情や姿勢の変化を伝えることで前向きな情報を扱うことができるようになった。こうした集団づくりを通した相互作用は，これまで施設の小規模化の課題として挙げられてきた，コミュニケーションや連携の難しさなどによる職員の抱え込みなどの課題を克服できる要素を含んでいると考える。

3）ダンスを経験した子どもたちの現在とその後

「自分はここにいるよ！」「これが自分だ！」と叫ぶように，ダンスに参加する子どもたちに共通した変化は，自己肯定感の成長と社会とつながる意欲の向上であると感じる。

授業参観の特技発表で堂々とダンスを披露し，文化祭などで友人とグループを作りステージに立つなど，それぞれの社会でダンスを通してつながりを広げている。また，先日，卒園生からは，施設でのダンスの経験とそこから興味をもった英語の歌と言葉についてのプレゼンで，長年の夢だったワーキングホリデーの助成審査を通り，「夢が叶ったよ」という嬉しい報告もあった。

施設における支援の要は，自立と家庭復帰を見据え，衣食住の充実と安心安全な生活を営むことである。ダンスをはじめとして余暇活動などの文化的な要素は副次的に捉えられがちだが，筆者は，さまざまな文化こそが子どもたちが大人になった時に，人生に彩りを添えて豊かにしていくと考える。筆者は，この約10年間で子どもたちから可能性，達成感，感動など，多くのことを教わった。里親をはじめとした家庭養育推進の中で，施設の利点は，たくさんの大人が子どもたちの側にいることである。個別的に大人が子どもをケアする視点をもちつつ，集団の中でのそだちあいの視点をもち，子ども同士だけでなく，子どもと大人の間で営める施設づくりを目指して，これからも子どもたちと一緒にダンスを続けていきたい。

（5）「機能障害」のある子どもと「社会参加」

1）社会的養護と「機能障害」

「児童養護施設入所児童等調査の結果」（2018年2月1日現在）によると，心身の状況別児童数として，「障害等あり」の割合は，里親委託児（24.9％），養護施設児（36.7％），情緒障害児（84.2％），自立施設児（61.8％），乳児院児（30.2％），母子施設児（54.1％），ファミリーホーム児（46.5％），援助ホーム児（46.3％）である。機能障害の内訳は，広汎性発達障害，知的障害をはじめ，肢体不自由，視角障害，聴覚障害など，多様である。社会的養護の施設には，旧名称の知的障害児施設などの障害児生活施設がある。このように，機能障害の視点を抜きに社会的養護は議論できない。虐待の要因の中には，保護者の精神疾患

もある。また，子ども自身に発達障害などの機能障害があると，育てにくさも
あって，虐待につながりやすい。

2）「機能障害」があってもなくても「社会参加」は当たり前のこと

　子どもたちの「機能障害」の種類は，大きく身体機能の障害（インペアメント）と精神機能の障害（ディスオーダー）に分けられるが，その状態像は，多種多様である。「見る」という身体機能の障害一つ取り上げても，見えないから見えにくいまで，一人ひとり異なる。この見えにくさも，メガネがあれば補正できるが，貧困状態におかれメガネも買えないと改善に至らない。またメガネそのものも科学技術の発展により性能が増している。「聞こえ」も同様である。四肢の機能も，事故による欠損から脳性マヒのように脳の運動野の機能不全まで原因もさまざまで，その状態像も多種多様である。心臓，腎臓，膀胱などの内部臓器の機能不全も同様である。脳の機能では，知的な遅れ，感覚の過敏さ鈍感さ，感情の表出や読み取りにくさ，算数など特定の学習機能の遅れなど，その状態像もこれも多種多様であり，こうしたさまざまな機能の不全が重なりあうこともある。

　このように，子どもたち一人ひとりの状態は多種多様であるが，こうした身体や精神の機能がうまく働かないからといって，学校に行ったり，地域の行事に参加したり，公園に行って遊んだり，日常生活の中で買い物に行ったり，映画を観たり，美術館に行ったりという，どの子どもたちも当たり前に「社会参加」できていることから排除されることはあってはならない。これらは，「障害者権利条約」においても，当たり前に保障されている権利である。

　加えて，「子どもの権利条約」における「社会参加」とは，ただ単に，こうした社会的な資源や情報にアクセスできること，利用できることではない。自分が参加している「社会（コミュニティ）」に関する事柄について，自分の意見（View）を述べるなど共同的な決定にも影響を行使することである。単なる保護の対象としての「お客さん」ではない。自分の生活に関わる集会に参加し，そのために必要な集団にも加わることができる。もちろんそこでは，発言も保障される。「機能障害」があると「保護」の対象として，「お客さん」扱いされやすい。「保護」もされなければならないが，さまざまな創意工夫の中で「意思決定」が支援され，保障されなければならない。

　こうした「社会参加」への排除は，「機能障害」だけではなく，「貧困」によっても起こることにも視野を広げる必要があろう。同時に，「機能障害」があると働けないことが多いので，こうした条件がより「貧困」に結びつきやすいことにも留意が必要であろう。

　加えて，さまざまな「機能障害」があるからこそ，こうした「機能障害」のある子どもたちの心身や人格の発達のためには，こうした発達に必要な多様な「社会参加」がより保障されなくてはならないだろう。このように多種多様な「機能障害」のある子どもたちがあらゆる場面において，他の子どもたちと「平等」に「社会参加」をしていくためには，あらゆる「社会的障壁」（ソーシャル・バリア）をなくしていかなくてはならない。その一つとして，さまざまな「機能障害」があれば，これらの「機能障害」がこうした「社会参加」の妨げにならないように一人ひとりに応じた「合理的配慮」がされることも，「障害者権利条約」には規定されている。こうした取り組みは，私たち大人が責任をもって実践すべき事柄でもある。

　2011年に改正された「障害者基本法」では，障害者を「身体障害，知的障害，精神障害（発達障害を含む。）その他の心身の機能の障害がある者であつて，障害〔心身の機能の障害のこと〕及び社会的障壁により継続的に日常生活又は社会生活に相当な制限を受ける状態にあるものをいう」と定義している。本項では，「心身の機能の障害」を「機能障害」（インペアメント，ディスオーダー）とした。そして，この「機能障害」と「社会的障壁」（バリア）により「継続的に日常生活又は社会生活に相当な制限を受ける状態」を「障害」（ディスアビリティ）と呼ぶ。

　日本においては，1979年まで，「機能障害」の重い子どもたちは，「義務教育」という最も保障されなければならない「学校教育」の場からも，「就学猶予免除」という法規定の下，教育をしても「ムダ」な存在であると，その「発達」と「人格」を否定され，社会的に排除されていた歴史を忘れてはならない。

3）「学校教育」の場における「インクルーシブ教育」の実践

　こうした「機能障害」のある子どもたちの「社会参加」を考える上で，最初に目を向けなければならないのは，「学校教育」における「参加」であろう。学齢期における子どもたちにとって，一番の「社会（コミュニティ）」は，何よ

りも「学校」であるからだ。

　2011年に改正された「障害者基本法」では，第16条において「障害者が，その年齢及び能力に応じ，かつ，その特性を踏まえた十分な教育が受けられるようにするため，可能な限り障害者である児童及び生徒が障害者でない児童及び生徒と共に教育を受けられるよう配慮しつつ，教育の内容及び方法の改善及び充実を図る等必要な施策を講じなければならない」と，「可能な限り障害者である児童及び生徒が障害者でない児童及び生徒と共に教育を受けられるよう配慮」を求めている。「障害者権利条約」でも，第24条の教育の条文で，(c)「障害者が自由な社会に効果的に参加することを可能とすること」とともに(b)「障害者が，その人格，才能及び創造力並びに精神的及び身体的な能力をその可能な最大限度まで発達させること」を求めている。ただ「同じ教室」という「場」が保障されるだけでは，発達は保障できない。「人格，才能及び創造力並びに精神的及び身体的な能力をその可能な最大限度まで発達させること」と「共に教育を受けられること」を統一的に両立させる教育を創造していくためには，予算も教員の専門性も地域の理解も必要になる。この世の中に同じ人間はいない。かけがえのない人格である。一人ひとりが個別のニーズをもっている。どの子どもも特別に扱うこと，特別な扱いに「例外」はあってはならない。

　例えば，知的に遅れはないが気管切開をしたために痰の吸引が必要な小学校4年生の男の子がいる。本人も両親も地域の学校で学びたいという希望をもっている。けれども，教育委員会は学校に常駐する看護師を雇用するための「予算」がないから無理だという。

　このように学校教育の現場では，「インクルーシブ教育」を進めていくことが求められているが，そこには大きな課題も横たわったままである。例えば，「学校」の現実は，「いじめ」や「不登校」という現象に見られるように，画一的で，抑圧的で，管理的な「空間」になっている。そのために例えば，「発達障害」の子どもたちが「学校文化」になじめず，心を病むような状況も起きている。こうした実態ではあるが，多様な「インクルーシブ教育」の取り組みも，良心的な教師たちにより実践もされている。

4）「合理的配慮」をしないことは「差別」である

　「障害者権利条約」第3条（一般原則）では，(a)固有の尊厳，選択の自由を含

む個人の自律及び個人の自立の尊重，(b)無差別に続き，(c)社会への完全かつ効果的な参加及びインクルージョン（排除しないこと）を規定している。そして，「社会への完全かつ効果的な参加」のために「合理的配慮」を行うことを求めている。「合理的配慮」とは，第2条で「障害者が他の者との平等を基礎として全ての人権及び基本的自由を享有し，又は行使することを確保するための必要かつ適当な変更及び調整であって，特定の場合において必要とされるものであり，かつ，均衡を失した又は過度の負担を課さないものをいう」と定義されている。

　簡単にいえば，「機能障害」の当事者から他の子どもたちと同様の「社会参加」の要求が出された時に，学校や児童館や博物館などの公的機関や鉄道やバスなどの公共機関は，過度な負担ではない限り，参加の実現に向けて，物理的な環境も含めた支援状況の改善を行うことを「合理的配慮」という。「リーゾナブル・アコモデーション（Reasonable Accommodation)」の訳語である。単なる「心配り」ではなく「必要で適切な対応」のことである。そして，条約は，「合理的配慮が提供されることを確保するための全ての適切な措置をとること」を締約国に課しており，とらないことは「差別」であるとしている。「権利条約」における「差別」とは，「機能障害」を理由に「他の者との平等」の保障を妨げる「権利侵害」の行為，状況である。

　「差別」は，重大な人権の侵害である。2011年に「障害者基本法」第4条が新設され，「何人も，障害者に対して，障害を理由として，差別することその他の権利利益を侵害する行為をしてはならない」と，差別の禁止が明確に規定された。そして，2013年に成立した「障害者差別解消推進法」の施行に向けて，2015年2月には，「障害を理由とする差別の解消の推進に関する基本方針」が閣議決定されている。今後は，各自治体においても，学校現場においても，この基本方針に基づく対応が求められている。

5）「社会参加」を拒むもの——「社会的排除」と「偏見」「差別」

　子どもの権利条約の中の「機能障害」のある子どもに関する条文では，「尊厳を確保し，自立を促進し及び社会への積極的な参加を容易にする条件の下で十分かつ相応な生活を享受すべきであること」(第23条)と規定されている。同時に，「障害者権利条約」でも，第3条の基本原則（h）においても「子ども

の発達しつつある能力の尊重」と「同一性を保持する権利の尊重」を規定し，「機能障害」のある自分を大切にしつつ，発達を保障されるべきであると規定している。けれども，日本社会の現実は，「機能障害」のある子どもたちの「社会への積極的な参加」が保障されているとはいえない。

そこには，私たち大人の側の「機能障害」に対する根強い「偏見」がありはしないか。2016年7月，「津久井やまゆり園」で，19人の障害者を殺害した「相模原障害者殺傷事件」の加害者が事件前に衆議院議長に宛てた手紙には，「目標は重複障害者の方が家庭内での生活，及び社会的活動が極めて困難な場合，保護者の同意を得て安楽死できる世界」であり，「障害者は不幸を作ることしかできない」と書いていた。こうした考え方は，加害者特有のものではなく，「機能障害のある人たちは子どもを産むべきではない」「生産性のない人間は生きていてもしかたがない」「精神障害者は危険だから隔離しよう」という「優生思想」「社会防衛思想」が私たちの社会に根深く巣くっている。

こうした「優生思想」「社会防衛思想」と対峙しない限り，「機能障害」のある子どもたち，人たちの「社会参加」は，実現することはないだろう。

6）「インクルーシブな社会」にするために

「障害者基本法」第3条2項には，「全て障害者は，可能な限り，どこで誰と生活するかについての選択の機会が確保され，地域社会において他の人々と共生することを妨げられないこと」とある。2011年の「改正障害者基本法」である。政府が提案した法律ではなく，国会議員の手でまとめられ，すべての政党，国会議員が賛成している。法律の上では，現在の日本では，「機能障害」のある人たちの「地域生活」（地域社会における共生）を否定することは，誰もができなくなった。どんなに「機能障害」が重くても同様である。これからは，「無理」「困難」「心配」と「できない条件や理由」をあれこれと並べて，「あきらめさせる」「あきらめてしまう」のではなく，「どう実現していくのか」「どうしたら実現できるのか」を当事者たちを真ん中にして，共に考えていく時代になった。

「インクルーシブな社会」とは「共生社会」のことである。こうした社会の実現のためには，何よりも当事者の声をよく聴くことから始めなければならない。「私たちの事を私たち抜きで決めないで（Nothing about us without us）」と

いうスローガンがある。このスローガンは，「障害者権利条約」の成立に向けて，当事者自身が主体的に紡ぎ出した。一方的に良かれと思って決めつけない。そして，自分が同じような状況になったら，どうしてほしいのか，どんな社会であれば安心か，想像力を働かせる。こんなことから始めたい。

（6）多様な関係の中で育つ――当事者として

1）原家族の崩壊

　小学校高学年の時に両親が離婚をしてから，筆者の人生は大きく変わることになる。母親が家を出ていき，父親・妹との生活が始まった。父方祖父母と同居はしていたが，父親が祖父母との交流を過度に嫌っていたため，同じ家の中にいても離れて生活をしているようだった。父親は私たち姉妹の日常生活のほとんどを，自身の思うように行動させた。起床，食事，入浴の時間を決められることは当たり前だった。父親の意に反するようなことをすれば，身体的暴力を振るわれたが，それよりも，威圧的に怒鳴られる，食事を作ってもらえない，習い事に通わせてもらえない，学校に行かせてもらえないなどの精神的なダメージの方が大きかった。特に，学校や習い事など，外部とのつながりが唯一の逃げ場であったため，それらを奪われることを恐れ，筆者はいつも父親の顔色をうかがいながら生活をしていた。

　しかし，そんな生活にも限界が来た。中学校3年生の夏休みに入り，父親が仕事へ行って不在の時は，同居している祖母に，毎日のように父親への不満を漏らしていた。ある日，会話の中で祖母が何気なく口にした一言で，筆者の中で何かがはじけた。祖母は良き理解者であると信じていた筆者にとって，その言葉はひどく傷つき，「結局，誰も私を助けてくれないのだ」と思った。「生きていても仕方がない」と思い，外に飛び出した。しばらくして中学校の先生たちに保護され，一時保護所へ向かうことになった。これからどうなるのかという不安はあったが，それよりも「ようやく父親から解放されて自由になれる」という思いの方が大きかった。

2）社会的養護との出会い――初めての集団生活

　1カ月ほど一時保護所で過ごし，児童養護施設への入所が決まった。しかし，児童養護施設がどのような場所なのかをよく理解していなかったため，突然始

まった集団生活に慣れるまでに時間を要した。入所後しばらくは自室で過ごすことが多かった。職員や同年代の他児が気を遣って声をかけてくれたり，共有スペースへ連れ出そうとしてくれていたが，なかなか心が開けずにいた。

そのような生活が半年ほど続く中で，新たに入職した職員の芳子さん（仮名）との出会いがきっかけで，施設での生活が楽しいと思えるようになった。芳子さんは，とても明るく面白い人で，自然とすぐに打ち解けることができた。それから他の職員や他児とも話をする機会が増え，自室で過ごす時間の方が少なくなった。

そして，子どもに対する筆者の気持ちも変わっていった。入所していた施設は，男女混合の縦割りだったため，幼児や小学校低学年の児童が多くいた。元来，子どもが苦手であった上に，毎日賑やかすぎるくらいの声や音が飛び交っていたため，さらに子どもが苦手になりつつあった。しかし，他児と関わるようになってから，幼児と接する機会も増えたため，「かわいい」と思う気持ちが芽生えるようになった。また子どもたちが職員に甘える姿や，職員が一緒にテレビを見るなど，子どもと一緒の時間を共有する姿を見ているうちに，「将来は児童養護施設の職員になりたい」と思うようになった。

3）進路選択──夢の実現に向けて

施設の職員になりたいと思い始め，どうしたら夢が実現できるのかは，漠然と理解していた。しかし，具体的な行動に移すことはなく，日々の生活を送っていた。高校生になりアルバイトを始めたが，携帯電話を持つためだけに頑張っていた。この時点で，「大学に進学したい」という思いはあったが，前述した通り，進学にどれだけの費用が必要なのか，アルバイトを増やして貯金をしていくなどの考えまでには及ばなかった。

高校3年生の春に志望校を決めたが，受験や奨学金制度のことなどは頭になかった。見かねた職員が大学の入試課に連絡をして，受験方法によって利用できる奨学金制度が異なることを知ったのは，高校3年生の夏休み後半だった。大学のオープンキャンパスに参加し，担当者と面談することが受験資格だったが，残り1回のオープンキャンパスに滑り込む形で参加し，無事に受験を終えた。合格がわかった時，筆者はもちろん嬉しかったが，職員も自分のことのように喜んでくれたことは今でも覚えている。その後は，さまざまな給付型奨学

金を申請することになるが，この時，情報提供をしてくれたのも職員だった。

4）社会へ出る——自立とは

　施設の職員とは，今でも連絡を取り合っている。入所中はかなり自由奔放にしていたつもりだが，たいして怒られた記憶がないので，「どうせ私なんてどうでもよいのだ」という思いがあった。しかし，そうではなかったのではないかと思えるのは，退所後も連絡をくれるからである。もちろん筆者から連絡をすることがほとんどだが，誕生日のお祝いや悩みを相談した数日後に，様子うかがいの連絡をくれることはとても嬉しく，身近に頼れる存在がない筆者にとってとても心強い。大学在学中は周りとのギャップについていけず，退学を考えた時期もあったが，進学のために一生懸命動いてくれた職員や，これまで支えてくれた多くの人たちを裏切るわけにはいかないと思いとどまった。

　大学を卒業し社会人となった現在でも，さまざまな壁にぶつかり，その度に職員へ相談をしている。時には真夜中に連絡することがあり，職員にとっては大変迷惑であると思うが，電話をとってもらえるだけで安心する。職員にはなるべく心配をかけたくないとは思うが，時には自分の力だけでは解決できないこともある。特に社会的養護の下で育ってきた子どもたちは，「家庭」という，本来最も安全で安心できる場がないことが多いので，施設の職員など，周りの人に多くの手を差し伸べてもらっても良いと考えている。度を越えると「依存」になってしまうので気を付けてはいるが，細く長く，切れない関係を築いてくれている職員にとても感謝している。

　また同じ時期に施設にいた子どもたちとは，一緒に食事へ行くなど，筆者にとっては職員を含め「家族」に近いものがある。原家族は崩壊してしまったが，そうでなければ出会えなかった人や経験できなかったことが多くある。そのため，施設で生活してきたことは肯定的に捉えている。これからは，お世話になった人たちへ恩返しができるような人生を歩んでいきたい。

（7）子どもの要求が社会を動かす——世の中捨てたもんじゃないと思った

1）契約ができない

　この問題に関わった当時大学を卒業して2年目の職員だった小林（仮名）が，当時を振り返り，「携帯電話は高校生ならば持っていて当たり前と思っていま

した。当然，彼も高校の友人と同じように，欲しいと思えば手に入るものだと思っていました。しかし，実際は甘くはありませんでした。まさか児童養護施設に入所しているだけで，携帯電話の契約がこんなにも大変だとは想像もつきませんでした」と言ったように，世間で当たり前のことを児童養護施設で当たり前にすることは大変なのである。

小林が担当の高校生坂場（仮名）の携帯電話の契約のことで，「施設長，保証人になって下さい」と相談に来た。坂場は「どうしても A 社と契約がしたい」と言うので，「A 社の場合，親以外が保証人になる場合は，契約書の同意欄に法定代理人の記入が必要なので契約できないかもしれない」と伝えたというのである。

実は，前職場で 5 年前に同様のことがあった。職員が B 社に「何故，施設長ではダメなのか」と質問をしたら「そのようなことは，個人に応える必要はない」，A 社には「ご指摘をありがとうございます。検討させてもらいます」と断られた。この当時，C 社だけが，ある自立援助ホームの職員の粘り強い働きかけがあって，子どもの在籍証明書や施設長の身分証明書などを提出して，施設長が親権を代行する形で契約に応じるようになっていたのだが，A 社，B 社，D 社などは「原則法定代理人の同意が必要」としていた。

2）若い担当職員の奮闘

小林は，A 社へ携帯電話契約時の保証人の設定について，どのような規則があるのか，確認の問合せをした。A 社から，「契約には保護者の同意が必要であり，そうでなければ法定代理人の設定が必要」との回答で，「施設長が保証人では契約できない」と言われた。小林が坂場に「契約ができないかもしれない」と伝えると，「人種差別だ。俺は社会から携帯電話を持つなと言われているみたいだ」と言われた。この人種差別という言葉が小林の胸に突き刺さり，どうにか契約のスタート地点に立たせてあげたいという一心で奮闘が始まった。

契約の際，必要となる本人確認書類は，顔写真が掲載されているものが必要だった。そこで，本人確認書類として住民基本台帳カードの作成を携帯電話契約の第一歩にした。

しかし，住民基本台帳カードは作成を申請すると，「照会文書」という書類が自宅住所に送付され，その書類を持参しないと作成できない。この坂場は，

親の同意のない児童福祉法第28条による措置入所であるため，自宅に文書を取りに行くことはできない。そこで，住民基本台帳カード作成について児童相談所の児童福祉司に相談した。児童福祉司の回答は，「弁護士を通して，住所を現在の所から施設へ移しましょう」だった。住所異動が済んで初めて，親と関わらないで住民基本台帳カードを作成できることになる。本人確認書類を作成するだけでも，市役所職員，施設職員，児童福祉司，弁護士等，多くの人を介さないとできなかった。

　坂場は，住民基本台帳カードを作成できれば，携帯電話を持てると期待をしていた。住所異動が必要なことを伝えられた時，「意味がわからない。面倒くさい。あぁ，もう全部が無駄。何もかもが無駄。期待させるようなことをするな」と怒り心頭だった。何をしようにも「確認」ばかりで，一向に物事は前進しない。期待させるようなことをした職員への怒り，思うように契約できない怒りとで坂場の我慢も限界だった。児童福祉司との連携で，坂場が「A社の携帯が欲しい」と言ってから5カ月して，ようやく本人確認書類ができた。

　小林は坂場と一緒に経過を振り返り整理をし，「なぜ，A社と契約ができないのか」という根本をもう一度見直した。見直しの作業を一緒にする過程で，小林は坂場がどのような経緯で施設に入所したのかを初めて知ることとなり，坂場は「自分のために，こんなに多くの人が知らないところで動いていたのか」と驚くとともに感謝の念を抱くようになった。小林は，A社との契約が「法定代理人の設定」という点で困難がある以上，他社も視野に入れて考えようと提案したが，「ここまできたらどうしても引けない」と坂場の思いは強くなるばかりだった。

3）企業の社会的責任を問う

　2010年12月27日，坂場は施設長と「ダメと言われたら，どうするの？」などと話しながらA社に行った。結果は，「法定代理人を設定して，その証明書を裁判所に発行してもらって下さい」「または法人が契約をして本人に持たせて下さい」だった。

　「親がいるので後見人を設定することはできない」「親は虐待で裁判所に面会を禁止されている」「児童福祉施設に入所している児童は，児童福祉法で施設長が親権を代行できることになっているが，施設長では契約できない理由を説

明して下さい」と質問した。スタッフが会社の担当者に電話で問い合わせたが，質問の内容を正確に話すことができていないので，メモを書いて「この通りに読んで下さい」と読んでもらったところ，「判断できません」となった。店長・副店長だけが電話をかけて聞くことのできるルートがあるのでそちらで聞いてみるとなり，しばらく待っていたが「回答できないので，明日，判断ができる者が出勤しますので，明日回答します」となった。

　翌12月28日も，「上司に相談します」と長時間待たされた挙句に，夕方になって契約できないとの回答があった。その時に，「どうすれば文書で回答がもらえますか」と質問したところ，「文書で問い合わせがあったものは，文書で回答します」ということだった。

　ある施設長から，「施設で契約すれば持たせることができるのだから，それでいいじゃないか」と言われたが，差別される惨めさや悲しさを感じている子どもがいるのだから，現状のままで良いとはできない。何としても，児童養護施設のどの子どもも，どの携帯会社とも携帯電話の契約ができるようにするべきだと考えた。

　この問題は，虐待を受けて保護された子どもが，そのことが原因でさらなる苦痛を受けるという，ある種の二次虐待であると考えた。虐待を受けて保護された子どもに，虐待をした親の同意や同席を求めることは，子どもに解決できない問題を突きつけて追い払う行為である。企業にも社会的存在として，虐待を受けて保護された子どもを支援する社会的責任がある。少なくとも，結果的に子どもたちに苦痛を与えていることを，解消する責任がある。日本を代表する企業の一つとして，社会で問題になっている児童虐待の被害者にどのように向き合うのかを問うことにした。

4）ブレーキが壊れているんじゃない

　2011年1月4日の仕事始めに，A社への質問の手紙を作成した（資料2-1）。風邪で寝ていた坂場に見せたところ，「凄い，完璧だ！」と喜んだ。この手紙でA社が考えを変えるとは思わなかったが，文書で回答をもらうことに意味があった。回答文書が，世の中にこの理不尽な問題を訴える材料になる。

　1月12日付の回答が届いた。「弊社がお客様からの契約の申し込みに関して定めている各種事務処理・制度等につきましては，現行の関連法規等に規って

資料2-1　A社への2回目の手紙（質問）

> 回答を受け取りましたが，あれでは子どもは納得しません。
> 児童養護施設で暮らす子どもたちの親には次のような事例がたくさんあります。
> 　①　児童虐待により児童相談所が職権で子どもを保護して，施設入所をさせられている親
> 　②　児童虐待で子どもとの面会を止められている親
> 　③　児童虐待で子どもが面会や同席を拒んでいる親
> 　④　借金の為に連絡を絶っている親
> 　⑤　精神病で入院をしていて，子どもとの面会，会話が難しい親
> 　⑥　刑務所に収監されており，子どもには連絡がとれないことにしている親
> などです。だからといって，親権が停止されているわけではありません。
> 　これらの親の同意をどうやってとりつけることができるというのでしょうか。
> 　あらためて，以下のことをうかがいます。
> 1）上記のような親を持つ子ども達が，どうしたらA社と携帯電話の契約が出来るのかを教えて
> 　ください。
> 2）「施設長の親権代行が認められる事例であると判断することはできないことから，契約の申し
> 　込みをお断りせざるを得なかったものと考えております。」ということですが，どのような場合
> 　ならば，施設長の親権代行が認められるのでしょうか？
> 3）児童養護施設の子ども達に，A社との契約に際して，法定代理人の設定を求めていますが，
> 　他のことでは全く必要ありません。事実上，A社との契約にのみ必要とされていることを承知
> 　して，後見人・法定代理人の設定を求めているのでしょうか？
> 4）現在，漫画「タイガーマスク」の主人公などを名乗る善意が相次いで児童養護施設の子ども達
> 　に寄せられています。児童養護施設の子ども達との携帯電話の契約することをプレゼントする
> 　「タイガーマスク」にA社はなれないでしょうか？
>
> 　誠意ある回答をお願いします。

出所：筆者作成。

運用しているものであり，関連法規定等の制度改定や社会情勢等の動向を見極め随時必要な改定を行っておりますが，ご質問の事例に関連するお手続きに関しましては，現時点で具体的な改定の予定はございません。／貴施設に在所されている児童の方におかれましては，契約手続きに関してご不便をおかけしているとのことで誠に恐縮でございますが，何卒ご理解賜りますようお願い申し上げます」というものだった。

　早速，知り合いの報道関係者に質問の手紙と回答文書を送信した。坂場には，「後は任せてC社と契約したら。その方が早く携帯を持てるよ」と言ったのだが，「施設長が闘っているのに，自分だけが引くわけにいかない」。

　「広告料収入で成り立っている新聞やテレビは，大スポンサーの批判記事は載せられない」という声があったが，「制度が悪いならば書けるのでは」とい

う意見もあった。新聞社などからの取材の申し込みが続けて来た。小林が「私はやれることがないので，応援をします」というので，帰りの遅い坂場の取材の日程調整を依頼した。取材申し込みに驚いた坂場の「園長，ブレーキが壊れているんじゃない。暴走している」に対して，小林は「あんたと私が火をつけちゃったんだから，やるしかないよ」。坂場が取材を受けることを，東京都の事業担当課に報告をしたところ，「何とかしないといけませんよね」と理解してくれた。

その時期，親権制度の審議をしていた審議会の委員の方に話をしたら，「審議会では，携帯電話のことは施設長の判断が優先するとはっきりとはならなかったので，マスコミで問題を社会的に明らかにすることをおおいにやるべきだ。厚労省も喜ぶよ」「必要ならば新聞の取材を受けてコメントをするから，私に行くように言ってくれ」と励まされた。

5）支援の輪の広がり

2011年1月24日付の「朝日新聞」朝刊に，「児童養護施設の子，ケータイ契約できず『親の同意いる』」との記事が載った。次は，その記事の内容である。

「東京都の児童養護施設で暮らす高校2年の男子生徒（17歳）が携帯電話の契約をA社に申し出たところ，親などの法定代理人の同意が確認できないとして拒否されていることがわかった。この高校生は虐待が理由で裁判所の命令で親と分離されており，親の同意をとるのは不可能な状態だ。」「文部科学省の調査で高校2年生の携帯電話所持率は96％。この高校生はクラスで唯一持っていない。アルバイト先からも連絡のために持ってほしいと言われている。高校生は『好きで施設に来たのではない。社会から疎外されていると感じる』と話す。施設長は『親の虐待から保護したのに，その親から同意をとれというのは無理難題。ハードルが高すぎる』と訴える。国に対しても『親権について民法や児童福祉法の改正が検討されているが，こうした問題も入れて考えてもらいたい』と話している。」

この記事は，テレビのワイドショーでも軒並みに紹介された。タイガーマスク運動がメディアに取り上げられている最中だったので取材され，取り上げられた要素が多分にあったと思われる。インターネットを見ると，この記事があちらこちらで取り上げられ，意見が書き込まれていた。世論の後押しが大きな

うねりになっていた。

　翌日，B社の社長のツイッターには，「やって下さい」の投稿に「やりましょう。契約できる様にシステム改善します」と書き込まれた。新聞記事が出てから，4日後にはB社から文書が送られてきた。昼過ぎには，「携帯を契約したい高校生がいたら，どうぞ利用して下さい」と案内の電話があった。そこまでやるんだと，感心するやら驚くやら。

　取材をしていたある記者は，「B社からは昨日，私のところにも連絡がありました。『今回のことがあって対応を変えた』とは言わずに，『12月末にはそういう方針になっていたが，社内認識が徹底していなかった。施設長の同意で受け付けています』ですって。あれだけ確認した時は，『法定代理人だけ』と言っていたんですが……。まあ，変わり身の早さに驚きですが，よい方向なので，よしとしましょう」。

　インターネットで検索してみると，A社だけが悪者で，B社は善玉になっている感じだった。素早い対応で危機をチャンスにしてしまう，その変わり身の早さと危機管理はすごいと思った。

　携帯電話の契約問題について，取材に来たテレビ，新聞，雑誌の記者からは，「他にも，困っていることはありませんか？」と聞かれたので，虐待などで住所を施設に移せない子どもの貯金通帳の話をした。子ども手当は，専用の通帳で管理するようにという通知だったのだが，住民票で本人確認ができないために通帳を作れないでいた。この際に，できることはやってしまおうと考え，新聞で取り上げてもらったのだが，その後，この問題も改善された。

　児童虐待防止法の立法に関わった政治家の方が，週刊誌の記者と来園した。その政治家は，「普段はそんなに怒ることはないのだが，あの記事を読んだら怒りがこみ上げてきた」と言っていた。また話の中では，携帯電話の契約問題だけでなく，住民票を移せない子どもの通帳が作れないことも話題にした。「厚生労働副大臣にすぐに連絡をする」「総務省，金融庁にも働きかける」と言ってくれた。

　私たちが知らないところで，色々な方々が動いてくれて事態が進んでいたのだな，と思った。支援の輪が大きく広がっていることを実感した。

6）「完全勝利だ。」

　A社に契約を拒否された坂場が，B社ショップに契約に行ったところ，店員に児童養護施設に入所している未成年者の契約について周知されておらず，契約ができなかった。帰ってきた坂場と付き添った小林は怒っていた。

　翌日の夜，再度，坂場と小林でB社ショップに行ったところ契約できた。B社の説明では，5年ぐらい前に児童養護施設に入所する未成年者の契約は施設長が保護者で契約できるようにしたが，社員に周知できていなかったことで迷惑をかけた，というものだった。今回は，施設にまで文書を送付していながら，現場に周知していなかったでは，何をしていたのかということになる。また，本人証明の書類として保険証を求めていたが，事情があって住所を移せない子ども，親が無保険の子どもなどには，揃えられないものを求めていることも問題だった。すぐに電話をして改善を求めた。

　後日談だが，坂場に「何故，A社でなくB社と契約をしたのか」と聞いたら，「俺は今でもA社を許していない」。A社から2011年3月11日付の以下の返信が届いた。

　　「ご要望いただいておりました施設長による親権代行につきまして，当初の弊社回答（1月12日付回答）ではご要望にお応えできない旨の回答をいたしましたが，さらに施設長による親権代行を強く望まれるご書面をいただくとともに，児童養護施設の実情や児童虐待による親権停止の法改正など社会的にもご要望と同趣旨の動きが現れてきたことから，弊社といたしましても今日まで検討を重ねてきたところであります。／検討の結果，児童養護施設長の方から親権を代行される旨のお申し出があれば，契約に必要な確認書類をご提示いただくことが条件となりますが，施設長の親権代行によりご契約いただけるよう弊社の事務処理を改定することといたしました。／いただきました貴重なご提言に感謝いたします。」

　今回の報道の直後から，A社の上層部から指示があり検討を進めていたようだった。すべての児童養護施設に，「児童養護施設に入所されている児童の携帯電話のご契約について」という文書が送付されてきた。児童養護施設の実情を踏まえた契約のしやすさに配慮されたとても良い内容であり，担当した方々の努力と誠意が伝わってきた。

早速，坂場に届けた。「新聞に出てから 1 カ月半か。すごく速い。完全勝利だ」と喜んだ。

7) この事は忘れない

携帯電話の契約問題で時の人になった坂場が，「お礼を言いたい」とやってきた。「ここまでやってくれて，感謝しています」と以下のような話をした。

「自分の怒りに共感してくれた人がたくさんいて驚いた。」

「学校に新聞を持って行って『これ俺だよ』と言ったら，『朝，テレビで見て，気の毒な高校生がいると思ったら，お前のことか』と言われた。」

「テレビやラジオでも取り上げられて凄いと思った。ネットで意見を書いてくれた人，抗議をしてくれた人に感謝しなくては。B 社の社長のツイッターに書き込みした人は凄いよね。怒って国の役所に働きかけてくれた政治家にも感謝だよ。」

「見ず知らずの人がこんなに動いてくれて，世の中捨てたもんじゃないと思った。知らないところで，たくさんの人が動いてくれていたことに感謝している。この事は忘れない。」

親から虐待を受けて，人への信頼感や自己肯定感を高めることが難しかった子どもが，このように思えたことだけでも，この闘いは意味があった。

いつでも，始まりは一人からだ。それに共感する人の応援が広がって，大きな力になる。最初に声をあげる一人がいなければ，何も始まらない。「勝つまで続ければ，絶対に負けません」と言って始めのだが，約束を果たせてよかった。

児童養護施設で暮らす子どもたちの中には，成育歴からあきらめ慣れしている子どもがいる。そのような子どもは言葉で励ますよりも，時には，その子の夢や願いに一生懸命に取り組む姿を大人が見せることが必要だ。子どもは，自分のために一生懸命やってくれる人がいることに気が付いた時に，前向きに生きていけるようになる。

2　親・家族との関係調整
——関係を作るために

（1）親・家族との共同子育て
1）社会的養護における「共同子育て論」の考え方
① 「共同子育て論」

「共同子育て論」について，竹中哲夫は次のように提起している。[16]

施設側から見ると「施設が家族の養育機能の不足するところを充足し家族とともに子育てを進める」という考え方であり，この考え方を施設運営の基本に据えること。また家族の側から見ると「家族の養育能力の不十分な面を施設利用によって補い施設とともに（あるいは施設の協力を得て）子育てをする」という考え方であり，家庭養育が十分にその目的を達成できない場合は，施設がその目的を代替，補完，支援する機能を果たす。家族の子育て機能と施設の子育て機能は内容的には共通したものであり，両者の間に相互理解と共同の関係，つまり「共同子育て」の関係を樹立することが可能と捉えている。

② 「共同子育て論」の必要性

子どもが入所した施設には面会や帰省，外泊についての規則があり，親の面会や交流についての意欲を減退させている現状があり，親・家族と施設の関係のあり方には克服すべき課題が残されている。共同子育ての考え方がまだ十分尊重されていないという実態もある。「共同子育て論」は施設と親・家族（あるいは児童相談所も含めて）の深い理解と連帯によって養護の仕事を共同で行おうとする児童養護の理念であり方法である。ノーマライゼーションの理念に照らしても施設養護に共同子育てを取り入れることは大切である。

③ 「共同子育て」の実施方法

施設に子どもを入所させた親も，持てる条件の範囲で，できるだけ子育てに関与したいと思っている場合が多いものである。親の事情に合わせて，極力，親が子育てに関与できるように配慮する必要がある。養育の継続性を配慮し，子ども自身の意思（意見表明）を十分尊重し，親とも施設入所前からよく話し合い，共通理解を深めておく必要がある。また施設の運営に可能な限り親が参加できるように工夫することも必要である。

　このような方向を追求することによって施設のあり方に新しい積極面が切り開かれることになり，施設が親や住民から一層指示され地域の中で生きる施設として成長することが展望される。さらに親がいない，交流がない子どもについては子どもへの周到な援助関係を形成し，必要ならば週末里親（いわゆる精神里親）の活用や，条件が整えば里親委託や養子縁組などの活用も示している。児童養護施設の現状を見ると，入所児童の年長化とほとんどの子どもに何らかの形で父母がいるという実態がある。このように「共同子育て論は」抽象的な理念ではなく，児童養護施設入所児童の実態から導き出された考え方であると結んでいる。

2）「共同子育て」が必要とされる子どもと家族

　「児童養護施設入所児童等調査結果」（厚生労働省，2018年）によると，入所理由は，児童養護施設では父母の死亡は2.5％，行方不明が2.8％と約95％の子どもに何らかの形で親，保護者が存在している。経済的にまた養育能力的にリスクが考えられるとしても，何らかの協力関係が築ける対象となる家族が存在する。乳児院の場合，父母の死亡は0.6％，行方不明は1.3％であり，98％の子どもに共同子育ての相手となる親・家族が存在する。また児童養護施設における中学3年生以上の年長児童は8,412人で，全体2万7,026人の31.1％，3割強の在籍数である。この時期は思春期といわれ，子どもも自我の意識が強く自己に関する関心が高まり，行動面・心理面でのさまざまな支援が必要となり，子育てで一番難しい時期になる。

　また入所時点での虐待経験の有無について，里親でありが38.1％，児童養護施設でありが65.6％，児童心理治療施設でありが78.1％，児童自立支援施設でありが64.5％，乳児院でありが40.9％となっており，親・家族が子育てに困っている表れとも考えられる。また養育の誤学習や，混乱の表れとも考えられる。子どもの権利を基本に親・家族との共同子育てを進める上での必要性とともに課題が含まれている実態でもあると考えられる。

　さらに養護施設児童の親・家族状況の実態として，実父母あり26.3％，実父のみが11.0％，実母のみが48.5％，養父母を含む家族ありが13.7％，不詳0.5％とある。またひとり親家庭（養父のみ・養母のみを含む）が60.2％とステップファミリーが12.8％であり，合計で73.0％である。約3/4が，社会，経済的，

家族関係等，養育上何らかの特質や課題をもった養育環境の下での子育てであったと考えられる。これらのことから，施設の支援として，共同子育ての取り組みが求められていることと必要性があると判断できる。

3）「共同子育て」を進める環境の進展
——児童福祉法改正と家庭支援専門相談員の配置

①　共同子育ての法的枠組みの整備
——児童福祉法改正による子どもの権利条約具現化[17]

2016年の児童福祉法改正の中で，特に「社会的養護」に関連の深いのは，①理念の明確化，②子どもの養育環境の分類，規定化，③「市町村」「都道府県」「国」の役割分担，④児童福祉法年齢の要件の延長，⑤虐待防止観点中心の改正であったという点であった。ここでは，①理念の明確化についてその意義と課題を下記に列記する。

第1に，第1条において「全て児童は，児童の権利に関する条約の精神にのっとり，適切に養育されること，その生活を保障されること，愛され，保護されること，その心身の健やかな成長及び発達並びにその自立が図られることその他の福祉を等しく保障される権利を有する」と児童の権利に関する条約（以下，子どもの権利条約）の精神に則り，子どもが権利をもつことが明示されたこと，これまで保護や措置の対象（客体）とされていたことに対して，主体として保護され支援される存在として位置づけられたことの意味は大きい。

第2に，第2条1項では「全て国民は，児童が良好な環境において生まれ，かつ，社会のあらゆる分野において，児童の年齢及び発達の程度に応じて，その意見が尊重され，その最善の利益が優先して考慮され，心身ともに健やかに育成されるよう努めなければならない」と子どもの権利条約第12条「意見の尊重」，第3条「子どもの最善の利益の尊重」に努めることが謳われたことによって，一時保護の時の子どもへの説明，措置，指導に対する意見尊重，支援方針策定時における意見尊重，措置後の生活における意見尊重（特に被措置児童等虐待への対応時）などが求められる。

第3に，第2条2項において「児童の保護者は，児童を心身ともに健やかに育成することについて第一義的責任を負う」とある。このことから子どもの養育が保護者の個人責任として捉えられることのないよう，3項で「国及び地方

公共団体は，児童の保護者とともに，児童を心身ともに健やかに育成する責任を負う」をつなげて，保護者が子育ての責任を果たせない場合にも，養育の責任が果たせるように国・地方公共団体もさまざまな措置を講じてその責務を果たすという意味合いが含まれていると考え，ここに共同子育ての法的根拠があると位置づける。

　第4に，第3条の2において「国及び地方公共団体は児童が①家庭において心身ともに健やかに養育されるよう，児童の保護者を支援しなければならない。ただし…（中略）…児童を家庭において養育することが困難であり又は適当でない場合にあつては児童が②家庭における養育環境と同様の養育環境において継続的に養育されるよう，児童を家庭及び当該養育環境において養育することが適当でない場合にあつては児童が③できる限り良好な家庭的環境において養育されるよう，必要な措置を講じなければならない（番号は筆者による）としている。

　また，子どもの養育環境（の順位制）を，①家庭，②家庭における養育環境と同様の養育環境，③できる限り良好な家庭的環境としている。

　2016年の児童福祉法改正により，社会的養護の今後の役割として，どのレベルの養育環境にあっても，「共同子育て」の理念に基づく家族支援の取り組みと必要性が強調されていると考える。

　②　共同子育てを進める専門職――家庭支援専門相談員の配置から

　虐待による入所ケースの急増等への対応策として，1999年に乳児院，2004年から児童養護施設等に家庭支援専門相談員が配置されている。虐待など環境上の理由で入所するケースについて早期家庭復帰を進めるために，家族への支援や親権者との関係改善を行う等，ケース全般をマネジメントする専門職（ソーシャルワーカー）として位置づけられている。具体的業務内容として，次の9点が挙げられる。

　①　保護者への早期家庭復帰のための業務。
　②　退所後の児童に対する継続した生活相談など。
　③　里親委託促進のための業務。
　④　養育里親の養子縁組推進のための業務。
　⑤　地域の子育て家庭に対する育児不安解消のための相談，支援など。

⑥　要保護児童の状況の把握や，情報交換を行うための協議会への参画。

⑦　施設職員への助言・指導および処遇会議への出席。

⑧　児童相談所等関係機関との連絡・調整。

⑨　その他業務遂行上必要なこと。

　家庭における養育上の困難を抱える親，家族への支援全般を業務とする専門職がソーシャルワーカーであり，共同子育ての理念に沿った支援が必要とされる職務内容といえる。施設入所させたケースについて，竹中哲夫は家族面接における留意点について指摘しており，特に「共同子育て」に大切な項目は次の通りである。

①　家族（特に親）との面接においては，まず親の気持ち，親の立場を理解する態度を前提にすること。親の言い分が明らかに正しくないと思われた場合でさえ，親の立場に身を置いて考える努力を欠かすことができない。

②　一般に家族は，治療や指導の対象ではなく，施設養護の協力者である。家族は子育ての専門家ではないが，その子どもについての知識は第三者の及ぶところではない。また，施設を退所した子どもは，結局ほとんどが家族の手にゆだねられるのである。

③　しかし家族に何時何を伝えても良いというわけではない。様々な情報，とりわけ，家族の不安を強めたり，失望させたりする可能性のある情報は，伝える時期というものがある。

④　しかしながら，施設はいかなる意味でも万能ではない。施設は児童の生涯から見れば，ある限られた時期に，限られた援助をなし得るに過ぎない。このことを自覚すべきである。アフターケアーに力を入れても，子どもの全生活に目が届くわけではない。

　このように，家族への働きかけには多様で安易ではない課題をもっているとしながら，困難を理解して働きかけることで問題解決への大きな一歩を踏み出し，子どもと家族の福祉の向上にもつながるとも指摘している。これらからも共同子育ての必要性が読み取れる。

　③　共同子育てへの取り組み──親ミーティングによる関係の構築

　これは施設に子どもを入所させた親によるピアカウンセリング的な取り組み

である。親の参加意志の確認により，6～7人のグループを作り進行と記録として職員も参加する形で進めた。母親グループ，父親グループに分かれクローズグループとして月1回で全6回実施した。テーマを①子どもを入所させて思うこと，考えたこと。②子育てで苦労したこと，困っていたこと，悩んでいたこと。③子どもを入所させた後の家族の変化，子どもへの思い。④入所してからの子どもの変化，成長をどう感じているか。⑤子どもが家庭に戻るまでにやっておきたいこと，準備しておきたいこと。⑥子どもが戻ってきたら家族としてどのように迎えるか，家族として子育てをどう取り組むか。等，すべての人が同じではないが，最初は子どものことや思いを話す時は重く暗い感じであったが，回を重ねるごとに，参加する親の顔が元気に明るくなってきた。

　子育てで悩んでいたのは自分一人だけではない，他の家族も同じ思いをしている人がいる。また，これまでの子育てへのねぎらいや共感が語られることで意見も多く出るようになってきた。最初は化粧気もなかった母親が明るく話すようになり，服装が変わり，化粧もしてくるようになり，最後には手作りのお菓子を持参するようになったこともあった。このようにこれまでは子育てで一人困り，誰にも相談できず孤立していたが，困ったことを話せる場があり，他の親も同じ悩みを抱えており，また時には対処法やクールダウンなどのロールプレイも行い，一時帰宅もしっかり受け止め，困った時は職員に相談して実施できるようになっていった。これまで施設の職員は一段高い存在として感じていたのが，同じ目線で他の家族との意見交換ができ困ったら相談して良いことに気づき，共同の関係が形成されていったと考えられる事例である。退所後も連絡を取れる関係になっていた。

4）「共同子育て」の位置づけ[19]

　全国児童養護問題研究会（以下，養問研）としては，「児童養護の実践指針第4版」（1997年）において，「養問研のしせい」（1996年）と，A．施設養護の原則，B．施設養護の具体的指針において共同子育てについての項目を挙げて述べている。

　ここでは施設養護の原則9項目についての内容を示す。

　「養問研のしせい」（改訂版）では養問研の基本的目標・立場を，「子どもと家族・地域のつながりを重視し，家族を援助すると共に家族と施設その他の児童

福祉機関・地域の諸資源が協力して，子育てに当たる道を追求します」と明記している。

　さらに，施設養護の原則では「親家族と育ちあうことの保障および親の恣意的なふるまいからの保護として――子どもたちは，親家族との結びつきや共に育ち合う関係の形成を尊重され援助されます。また，教育的配慮の下に親・家族に関する情報を提供され，その情報について十分な説明を受けます。これらの配慮と同時に，子どもたちは，親の恣意的なふるまいから守られます」と，「共同子育て」をその実践の原則として位置づけ，実践の指針として示されている。

　何らかの理由があって自分で子育てができない親にしても，虐待などで入所させている親にしても，親としての思いを持ち続け子どもの思いや成長を支えていけるように，親として気づき寄り添ってもらうことが子どもにとって最善の利益として考えるからである。

　子どもにとって今ある親が唯一の存在である。親の持つストレングスや可能性を最大限引き出して子育てにつなげていくことが，子どもの最善の利益につながると考えるからであり，そのための共同子育ての取り組みである。

（2）家族応援会議の取り組み

1）子どもと家族と地域をつなぐ支援

　社会的養護を必要とする家族は，家族の中で誰かが孤立していたり，地域から家族が孤立していたりすることがある。家族が地域からの支援を拒否することや，地域の支援者が家族から距離を取ることもある。そのため，入所中に子どもと家族の関係を修復するだけでなく，地域との関係づくりも施設の重要な役割である。

　子どもが抱える課題の克服のためには，家庭環境の課題にも着目し，家族再統合後も子どもと家族，地域の支援者で決めた子どもの安全のためのルールが守られ，子どもが大切にされる生活を送れるように支援していくことが求められる。そして，子どもや家族が入所前と同じ苦しさや悲しい思いを繰り返さないことが重要である。

　家族が親戚や地域などから孤立しないように，家族を見守る応援団を地域に

つくることが必要である。子どもと家族の生活がよりよい方向に向かうため，子どもと家族と応援団が，一緒に話し合うことを家族応援会議という。[20]

2）家族応援会議とは

家族応援会議は，ニュージーランドのファミリー・グループ・カンファレンスなどをもとにしており，子どもに関する決定に対して子どもや家族，応援団が参加する「子どものために家族を応援する会議」である。子どもの安全に焦点を合わせ，子どもと家族を中心に据えながら応援団と話し合っていく。

応援団とは，子どもや家族における関係機関をはじめ，親族や友人，近所の人など子どもや家族の安全な生活を送るために必要な人たちも含まれている。

3）社会的養護での家族応援会議の実践事例

①　家族構成

藤井なお（15歳女児）は，仲のいい友だちはいるが，勉強についていけず学校に行けない日が多い。母親の藤井咲（37歳）は，仕事をしながらなおと妹のえり（10歳）を育ててきたが，思い通りにならないと，なおを叩いたり暴言を言ったりしていた。同居している祖父の藤井秋夫（65歳）は，咲と関係が悪く，なおたちの前でよくけんかをしていた。また秋夫は，学校に行けないなおに対して無理矢理登校させようとしていた。えりとなおの関係はよく，働いている咲よりも秋夫との関わりの方が多かった。実父の山本（39歳）は，なおが 6 歳の時に咲と離婚し，それ以来会っていない。

なおは，登校した時，咲からの暴言暴力について学校の先生に助けを求めたことで施設に入所した。咲や秋夫は，今までも心配する地域の支援者に対し，支援を受けることを拒否し続けていたため，民生委員，保健センター，学校，市役所などは家族の状況を詳しく知ることができていなかった。

②　家族応援会議を始めるまでの支援

入所後，なおは咲や秋夫に対して拒否感が高かったため，なおと咲と別々に面談を行い，気持ちを聴いていった。なおは，えりのことを心配していたため，家族合同面談を行う前にきょうだい会議を行い，子どもの思いを咲や秋夫に伝えるために整理していった。その後，学校などの行事への参加や外出などを繰り返し，お互いの気持ちを通わせながら，なおと咲の関係を回復させていった。また咲と秋夫との面談も行い，なおが安心して帰省できるよう咲と秋夫の思い

を確認し，家でできる準備を行った。家族だけで解決しようとするのではなく，支援者に支えてもらいながら，なおと家族が地域で暮らしていけるよう一緒に考えていった。

地域の支援者に対しては，入所後，ネットワーク会議を行い，なおや家族の変化を伝え情報を共有していった。なおが帰省を始める前に家族応援会議を開始し，その後月1回のペースで開催した。

③　家族応援会議の目的
- 家族や子どもの思いを直接地域に伝える
- 地域に家族応援の輪がつくられ家族の養育力が高まること
- 困った時に相談できる人を具体的につくる
- 退所後も継続的な支援が地域で展開されるように家族と地域をつなぐ

④　家族応援会議のメンバー
家族応援会議のメンバーは，子どもや家族の希望に加え施設，児童相談所などが必要と考えるメンバーを候補とし子どもや家族を中心に決定する。この家族に関しては，なお，咲，秋夫，施設職員，児童相談所，保健センター，学校，市役所，民生委員がメンバーとなった。メンバーへは，毎回咲より家族応援会議の招待状が送られる。

⑤　家族応援会議の実施
開催場所は，なおや家族の緊張が高まらないよう施設で行い，なお・家族・応援団の関係づくりから始めた。初回では，一人ずつ顔を合わせて話せるように，ゲーム形式で手作りの名刺交換を行ったり，会の始めに子どもや家族に関するポジティブエピソードを話したりした。また，子どもと家族が安心して話せるよう家族応援会議のルールづくりも初回に行った。関係ができてきた頃に地域の保健センターに会場を移し，最終的にはなおの家で家族応援会議を行うことにした。

帰省中，安心して生活できるようなおや家族の強みを引き出しながら，ルールづくりを行う。また，どんな願いがあるのか，その願いに近づくためにどのようなことができるのか，応援団にどう支えてもらいたいのか，応援団は何ができるのかそれぞれが意見を出していく。施設職員や児童相談所の担当者がファシリテーターを行い，会議を進めていく。

⑥　家族応援会議の効果

この家族は，母子の関係となお・秋夫の関係の修復が必要であった。家族だけで話せば口論となりうまくいかないことも，家族応援会議を行うことでお互いの思いを知ることができ，応援団のアイデアをもらいながら，なおと家族を中心に話し合うことができた。

地域から孤立していた家族にとって，家族応援会議で応援団とつながり・強みを活かしながら今後を考えていくことは，家族が地域から受け入れられていると感じることができ認められる経験を積み重ねていくことができた。また，今まで家族と地域がお互いのことをわからないまま想像だけでお互いの姿を捉えていたが，なおや家族の思いを直接聴くことが可能となり家族理解を深めていけた。家族の中で困りごとが起きた時も，家族から応援団に助けを求めることも可能となり，家族だけで抱え込むことが減った。そして，家族内の孤立や地域からの孤立を防げただけでなく，応援団の構成員も１人で抱え込むことが減り地域の応援団で家族を見守る体制を作ることができた。

（3）子ども家庭ソーシャルワークによる子ども・家族への支援
1）子ども家庭ソーシャルワークが求められる背景

近年，７人に１人といわれる貧困家庭の子どもの問題や，虐待を受けた子ども，発達に課題を抱えた子どもや，子育てに適切に関われない「心配」な親の増加の問題などが新聞やマスコミで大きくクローズアップされている。

また，「児童養護施設入所児童等調査結果（厚生労働省，2018年）」によると，児童虐待の増加などに伴い，乳児院に入所する子どものうち40.9％，児童養護施設に入所する子どものうち，65.6％は虐待を受けている。そして，社会的養護を必要とする子どもにおいては，障害児が増加し，児童養護施設においては36.7％に障害などがあるといった現状が示されており，複雑かつ多様な課題のある子ども（とりわけ高年齢の子ども）に対する自立支援の困難性が増している。

一方，児童福祉施設に入所する子どもの保護者自身も，貧困や精神疾患，地域からの孤立といったさまざまな課題を抱えており，施設内の子どもだけでなく，その家族まで視野に入れた幅広い支援が求められている。さらに今日，育児不安や育児困難を抱えた地域の子育て家庭に対する支援や地域の里親支援な

ども社会的に必要不可欠な状況である。

　こうした中にあって，児童福祉施設の業務内容は，従来にも増してさまざまな専門的な能力が求められてきている。これまでは，主として子どものみを対象とした業務内容であったため，ケアワーク（保育）の能力が求められてきた（もちろんこうした能力は今後も重要である）が，現在の子どもや家庭の状況下では，より個別的かつ普遍的なソーシャルワークが必要になっている。

2）児童福祉施設と子ども家庭ソーシャルワーク

①　ソーシャルワークとは

　一般に「社会福祉」は，ハード面とソフト面とに大きく分類することできる。ハードとしての「社会福祉」は，社会福祉法，生活保護法，老人福祉法，児童福祉法などといった制度・政策を意味している。一方，ソフトとしての「社会福祉」は，ソーシャルワーカーによって提供される専門的支援であるソーシャルワークを意味している。この両者は，車の両輪のようなもので相互に影響し合いながら「社会福祉」が成立しているといえる。

　では，ソーシャルワークとは何かというと，2014年7月に国際ソーシャルワーカー連盟（IWSW）の国際会議において，以下の定義が承認されている。

　　　「ソーシャルワークは，社会変革と社会開発，社会的結束，および人々のエンパワメントと解放を促進する，実践に基づいた専門職であり学問である。社会正義，人権，集団的責任，および多様性尊重の諸原理は，ソーシャルワークの中核をなす。ソーシャルワークの理論，社会科学，人文学および地域・民族固有の知を基盤として，ソーシャルワークは，生活課題に取り組みウェルビーイングを高めるよう，人々やさまざまな構造に働きかける。」

　つまり，ソーシャルワークは，自己実現と社会正義のために，利用者や家族の生活課題に対して過程を通して専門的に支援する方法といえる。その際，ソーシャルワーカーは，生活課題を解決する主体者は利用者や家族であるという基本的な認識をもち，利用者や家族の生活を全体的に把握しておく必要がある。またソーシャルワーカーは，人と環境の相互作用に着目して，利用者や家族への直接的な支援だけでなく，同時に利用者や家族を取り巻く環境（活用できる資源）にも積極的に働きかけることが重要である。

② 子ども家庭ソーシャルワークとは

児童福祉施設は長らくケアワーク（保育）中心の業務体系であったが，1997年の児童福祉法改正により児童養護施設や児童自立支援施設の目的に「自立支援」の文言が新たに追加され，児童養護施設などでのソーシャルワークにつながる自立支援計画の策定が義務づけられた。このことは，子ども家庭ソーシャルワークを展開する上で画期的なことであった。

子ども家庭ソーシャルワークとは何かというと，子ども家庭福祉領域におけるソーシャルワークのことであり，櫻井慶一は次のように定義している。

　　「児童の自己実現を目的に，原則として保護者等と共に作成した個別的な自立支援計画に基づき，その目標達成のために児童福祉にかかわる専門機関やその職員等により，家庭や地域社会，学校等と連携・協働したネットワークにより得られた情報資源や関係を利用，動員し，家庭や施設，学校等で行われる総合的な支援の過程である。[21]」

つまり換言すれば，子ども家庭ソーシャルワークは，「自立支援計画」と「ネットワークづくり」という2つの要素に深く関わり，それらを統合しながら問題を解決する過程である。自立支援計画は支援の軸であり，自立支援計画に基づいて子ども家庭ソーシャルワークが展開されている。施設職員は，丁寧なアセスメント（事前評価）が必要となるが，その際，ソーシャルワークの技法である生活場面面接が有効である。生活場面面接とは，日常生活場面（居室，リビング，廊下，園庭など）で行う面接である。施設職員は，生活場面面接を意図的かつ積極的に活用することで，子どものニーズ把握やその解決を図る手段として用いるのである。

3）子ども家庭ソーシャルワークの実践事例──児童養護施設での実践事例を参考に

① 高年齢の子どもの自立支援

母子家庭でネグレクトのケースを取り上げる。高校3年生の伸二くん（18歳）は，母親が精神疾患のため引きこもり状態で家事と育児が行えなくなり，高校生活にも影響が出ていた。親族からの協力も得られず，生活改善が見込めないため高校3年生の春に入所した。高校生4人のブロックで新しい生活が始まる。

入所当初は，小学生の遊びに付き合うなど穏やかな様子が見られた。その後，

生活に慣れてくると金銭面でのトラブルが目立ち，担当職員に嘘をついて出金してもらうことも何度か見られた。また，人の気持ちになって考えることが苦手で，担当職員や同ブロックの高校生たちが洗濯物を畳んでいる横で携帯ゲームをするなど，協調性に欠ける面が目立った。そのため，同ブロックの高校生たちから不満の声が上がっていた。理解力はあるが，時間が経つと伸二くんの都合のいいように話をすり替えるため，同じ内容の話を何度も説明する必要があった。

　高校卒業後の進路は，社会福祉系大学への進学を希望している。社会福祉士の国家資格を取得して，福祉の現場で働きたい意向がある。担当職員は，その目標に向け自立支援計画を策定したが，とりわけ重要視して取り組んだ点は以下の3点である。

　　①　SST（ソーシャルスキルトレーニング），進路面談（資金計画）
　　②　母親との信頼関係づくり（家庭訪問や電話連絡）
　　③　高校や児童相談所との連携（ケース会）

　①担当職員とのSST（ソーシャルスキルトレーニング）では，人の気持ちになって考える場面を中心に訓練を行った。担当職員との進路面談では，母親から経済的な援助は見込めないため具体的に資金計画を作成し，伸二くんと確認作業を行った。②母親との信頼関係づくりだが，母親は，入所当初，外出もほとんどできない状態で，担当職員とあまり話したがらない様子だった。最初の家庭訪問で伸二くんの幼少期の話や母親の好きな趣味の話をするとリラックスし，母親の方から話をしてくれるようになる。その後，月に何度か電話連絡をするなどして母親の状態把握と伸二くんの様子を伝えた。時に担当職員が母親と伸二くんの間に入り，伸二くんの気持ちを代弁することもあった。次第に，母親は笑顔で話をしてくれるようになり，伸二くんの進学も応援してくれるようになった。③学校や児童相談所とも密に連絡を取り合い，定期的にケース会を行いながら伸二くんの状況把握や進路についての情報共有を行った。

　これらの過程を通じて，伸二くんは勉学に意欲的に取り組むようになり，進学が現実的になってきた。

　②　考　　察

　高年齢の子どもの自立支援にとって，家族関係の調整が大切である。入所中，家族関係が上手くいかず，アフターケアに至っても家族の課題が解決できない

ケースもある。そのため，施設職員は，子ども家庭ソーシャルワークとして，家族関係の調整を行っている。その時，一方的に家庭支援専門相談員（ファミリーソーシャルワーカー）らが家族再統合の時期や方法を決めるのではなく，保護者の生活課題も踏まえた丁寧なアセスメント（事前評価）やきめ細やかな支援，その前提の日常的な信頼関係づくりも欠かすことができないことである。つまり，児童養護施設での家庭支援においては，家族再統合が必ずしもゴールではなく，たとえ細くとも家族とつながりを長く保ち続けながら支援することも広義の家族再統合と捉えられる。子どもも家族も，それぞれが適切な距離をとりつつ，将来のことをゆっくり考える時間の確保も必要なのである。

　また施設職員は，関係機関のネットワーク形成と関係機関につなぐ役割も重要である。つまり施設職員には，児童養護施設を中心とした関係機関によるネットワーク形成とその活用が求められている。

4）子ども家庭ソーシャルワークの広がりと一般化に向けて

　児童福祉施設では長らく経験と勘とコツが重視されてきたが，もはやそれだけでは通用しない状況が広がっている。児童福祉施設では，「子ども家庭ソーシャルワーク」の視点で，施設退所後も含めて長期的に子どもやその家族の自立支援を行う必要がある。つまり施設職員には，自立支援計画に沿って長期的視点で一貫して子ども家庭ソーシャルワークを展開していくことが必要なのである。

　また施設職員は，居室やリビングなどの子どもの話しやすい場所で，適切な生活場面面接を行うことで，自立支援計画の策定の基になる子どもの願いや家族の情報等を収集することができる。そして，施設職員が子どもと共に自立支援計画を策定することは，「子どもの権利」を確立する意味でも大切である。なぜならば，自立に向けた目標を子ども自身が「わが事」として受け止めて，少しずつでも主体的に行動することが期待できるからである。施設職員には，子ども自身の主体的かつ自覚的な行動を促進させるようなさまざまな工夫が何よりも求められている。

（4）親探しと子どもの育ち

1）親を知る権利

　村瀬嘉代子は「自分の存在や自分にまつわる基本的要因をどのように受け入

れるかということは，本来生涯にわたる課題でもある[22]」と述べている。

　私たちの多くは，自らがどこで（誰のもとに）生まれ，どこで（誰と）育ち，どのような生活を送ってきたか（以下，生い立ち）を知っている。たとえ今わからないとしても，身近な人に聞けば知ることができるだろう。しかし，社会的養護の下で暮らす子どもの中には，生い立ちを知らない子どもも少なくない。

　児童の権利に関する条約第7条には「父母を知りかつその父母によって養育される権利」が保障されているが，社会的養護の下で生活する子どもたちは，その権利が保障されていない。そこで働く職員は，その権利を保障するために最大限の努力をすることが求められている。

　次の事例から，親の存在（親と自分自身にまつわる情報）を伝える時期やその内容など，子どもの将来にどのような影響を与えるかを考えていきたい。

2）事　例

①　母親と直也くんの関係の始まり

　直也くんは生まれてすぐ乳児院に預けられ，その後，児童養護施設で16年間を過ごした。その間，母親は一度も会いに来ることはなく，父親についてもわからない状態だったため，親にまつわる情報は一切不明であった。定時制高校に通っていた直也くんは，地元の企業に就職が決まり施設を退所するまで数カ月となったある日のこと，「直也の母親ですが，直也が施設を退所する年齢になったと思います。離れて暮らしてから一度も直也のことを忘れたことがありませんでした。直也と会いたい，施設を出たら一緒に暮らしたいと切に願っています」と，突然母親から連絡があったのである。直也くんの担当職員は，児童相談所とも情報共有を図りながら，母親との関係をどうするかについて直也くんと話し合った。

　最終的に直也くんが18歳であり，もうすぐ社会に出ていくという状況を考慮して，母親からの連絡について丁寧に話し，これからの母親との関係は本人の気持ちを尊重するという対応をとることとなった。

　その後，直也くんは「ぜひ会ってみたい」と言い，施設職員と児童相談所職員立ち会いの下，生まれて初めて母親に会ったのである。

②　母親の存在と理想の親子

　現在ひとり暮らしだという母親と「一緒に暮らして，母親を支えたい」とい

う話をしてきたのは初めて会ってから数週間後であった。母親は当時，ひとり暮らしで持病があり病院に通うこともあったが，生活のためにパートで働いていた。一緒に母親と暮らしたいという直也くんの気持ちは受け止めつつ，母親との関係は「少し時間をおいてじっくり構築していく方が良いのではないか」と助言した。しかし母親に対する強い思いは変わらず，就職して2カ月後には同じアパートで生活するようになったのである。

　直也くんの様子が心配だった施設職員は，家庭訪問を実施し様子を見ることにした。この当時の直也くんにとって母親の存在は大きく，会えなかった18年間を一度に取り戻しているかのように寄り添い甘えているように見えた。

　③　度重なる金銭の要求

　母親と一緒に住むようになって半年経ったある日，直也くんから施設に「お金がなくて困っている。何とかならないか」と，電話があった。施設職員は，すぐに直也くんのアパートに向かった。母親は数日前から不在で，現金がすべて持っていかれてしまったのだという。

　さらに直也くんに詳しく事情を聞くと，同居する前に借金があり，その返済に直也くんの貯金（施設で貯めていた児童手当等）が使われてしまった。ギャンブルがもとの借金で，直也くんが渡した生活費を使い，パートにも行かず毎日パチンコに行ったようである。母親に「お金は渡せない」と話すと「産んでやったのに，お前の唯一の母親だぞ，もう私の息子ではない。……『親不孝者』」など，聞くに堪えない言葉を浴びせられたという。

　最終的には，勝手に現金を持ち出して帰ってこない日が続いたのだった。

　④　理想と現実の違いへの苦しみ

　直也くんはそれでも母親のことを心配していたが，結局，母親は直也くんのアパートには戻って来ずに，電話連絡をしてきたとしても「現金を振り込んでほしい」という要求ばかりであった。直也くんは「いつかは自分のことを息子だと認めてくれる，わかってくれる」と信じ，給与のほとんどを母親に振り込んでいた。

　しかし直也くんの母親に対する切なる願いはかなうことなく，母親は当時交際していた（厳密に言えば直也くんと会う前から一緒に住んでいた）男性の家に戻っていたのである。

⑤　理想の母親像との決別

　施設職員は，母親に会って本心を聞きたいと思い連絡を取った。反応がなかったが，最後は「電話越しであれば対応は可能です」と言い，次のように今思っている気持ちのすべてを話してくれた。

　　①　直也くんに連絡を取ったのは会いたいという気持ちがあったから。しかしそれは，母親だからというよりも，借金等で経済的に助けてもらいたかったため。

　　②　一緒に住み始めて「本当に息子なのか？」と思うこともあり，次第に金銭的な援助のみを期待するようになった。

　　③　今後は一緒に住みたいわけではなく，お金だけ仕送りしてもらえればよい。

　母親と話した内容を正直に伝え，直也くんの気持ちを聞くこととした。直也くんはその場で泣き崩れ立ち直ることができず，施設職員もその場にいることしかできなかった。

　その翌朝，直也くんは「母親との関係を断ち切り，今後一切連絡を取らない」という気持ちを伝えてきたのであった。

　ある日，母親から施設に「直也と連絡がとれないが何かあったのか，心配している」と問い合わせがあった。その際，施設職員から，直也くんの思いや母親に対する願い，今の気持ちを丁寧に伝えたところ「それじゃあ親子の縁を切るということで構いませんから」と一言いい，その後，連絡はなくなってしまった。

3）生い立ちの整理をするために

　直也くんの事例を振り返ると，退所する間近での支援（リービングケア）であり，実際このようなタイミングで母親との関係を整理し，子どもの思いに丁寧に向き合うことは非常に困難である。

　おそらく乳児院での生活，児童養護施設での生活の中で，自分の親について知りたいと思ったことは何度となくあっただろう。知りたいと思わないまでも，学校に行けば授業参観や個別懇談で他の子どもの親を見かける機会があり，自分の親について考えざるを得ない環境にあるということを忘れてはならない。

　そうであるならば，施設で実施する生い立ちの整理は計画的かつ施設全体で取り組むという組織的な対応が求められるであろうし，家族の情報についても

子どもが知りたいかどうか，心身の状況や子どもの発達段階，理解力に応じ，早い段階で適切に開示していくことが求められる。

4）生い立ちを「つなぐ」ことの重要性

生い立ちの整理は，子どもが生活している施設の職員だけで取り組むのは十分ではない。なぜなら，それは，子どもの育ちを断片的にしか見ていないからである。

仮に児童養護施設で生活している子どもであれば，児童養護施設生活以前の生活歴があっただろうし（直也くんの事例では乳児院），妊娠と出産を機に関わった多くの機関や大人の存在があるだろう。

生まれてきたことを幸せに思い，今生きていることを大切に思うこと，「生まれてきてよかったんだ」と認識し，自己肯定感を高めていくためには「多くの人に支えられて生きている」ことを実感できることが大切であろう。そこには，職員同士の意図的な養育の引き継ぎが必要なのである。

児童養護施設の子どもが乳幼児期に育った乳児院を訪れ，記録を見ながら当時を振り返り，お世話になった職員と思い出話をする。たとえ当時の職員がいなくても写真やアルバム，記録が残っていればいつでも開示ができる。その子どもが次の養育環境に行く時に持たせたり（控えは保管しておく）次の職員に引き継ぐことで，養育はつながっていくのである。

もっと言えば，写真や記録など単なる情報だけでなく，子どもとのエピソードやその養育者の思いも同時に引き継いでいくことが必要となるであろう。

5）子どもの育ちにとって必要なこと

『児童養護施設運営ハンドブック』（厚生労働省）には「子どもが自己の生い立ちを知ることは，自己形成の視点から重要である[23]」と権利擁護のために施設が取り組むべき姿勢としてその必要性をまとめている。また，大森信也は「家族と自分との関係。それは自分の存在価値にも関わる，非常に大きく，そして繊細な問題[24]」と，自分の存在を認識する上でも家族関係を知ることが重要であることを述べている。

このように，自らの生い立ちを認識することが子どもの育ちにとって非常に重要であると捉え，施設入所後から計画的に取り組んでいれば先の事例で直也くんが苦しんだ母親との関係性についても「決別」に至らず，親子関係を取り

戻すきっかけを作ることができたのではないだろうか。

6）ライフストーリーワークの実施に向けて

　ライフストーリーワーク（以下，LSW）について，才村眞理は「子どもが生まれた家族についての正確な情報を得，家族についての自分の感情を吟味し，なぜ元の家族から離されなければならなかったのかを理解する機会を与えられ，安全な未来を築くチャンスを得ることが出来るために行うプロセス」であると定義している。

　子どもは，何かのタイミングで家族にまつわる話をしたり，出自への疑問を投げかけたりすることがあり，特に新任職員などがその場面に立ち会うと，どのように対応してよいか困ってしまう。

　そこで，施設内で子どもの家族にまつわる話が出てきた場合は，誰がどのように対応するかなど，施設の方針を基に，その関わりについて予め決めておく必要がある。組織的・計画的に LSW を実施する際，以下の5点を意識しながら取り組むとよい。

　　①　LSW を行う意味や目的を明確にすること。
　　②　子どもの何気ない表情やエピソードなどを記録しておくこと。
　　③　児童相談所とも情報を共有しながら進めていくこと。
　　④　親の思いや意見（どの程度の情報まで伝えてよいか）なども考慮すること。
　　⑤　何気ない会話の中で，親（家族）に対しての思いを聞くことができる
　　　　環境づくりに努めること（例えば，写真の整理やアルバムづくりなど子ども
　　　　と一緒に行う）。

　施設の理念や方針によってその取り組み方はさまざまであると思う。しかし大切なのは，今，目の前にいる子どもが自分とその親について知りたい，聞きたいという素直な気持ちに正面から向き合い応えようとする真摯な職員の姿勢なのである。たとえ，その真実が残酷なことであったとしても，その真実を受け止め納得し，明日に向かって生きていこうとする意欲につなげられるかどうかは，向き合う職員にかかってくる。そして，その向き合う職員もまた困難を抱えるだろう。

　LSW の実践に向けては，取り組む過程において職員同士や関係機関との連携は重要であるが，そこに向き合う職員を支える職員集団づくりも同時に必要

だといえる。

（5）施設退所後の家庭復帰

1）家庭復帰とは

親等の保護者と離れて施設等で生活する子どもたちは，退所後，再び親等と共に家庭で生活するか，地域でひとり暮らし等を始める。前者，すなわち退所後に親等と共に暮らすことを「家庭復帰」という。ここでは，実際に家庭復帰した人（当事者）の語りから，求められる支援と課題を考えたい[26]。

2）当事者が語る「家庭復帰」と求められる支援

事例１　家庭復帰後，被虐待により新たな支援を必要としたユウさん

　幼少期に両親が離婚，父親は不明。母親によるきょうだいへの虐待があり，近所の人が心配して様子を見に来てくれたけれど，本当のことを言えなかった。施設での入所期間は小学校・中学年から中学３年頃まで。その間，母親とは施設での面会，外出，外泊と広がっていった。自立訓練棟のような所でひとり暮らしの練習もした。家に帰ることに憧れていたし，母親と離れて施設で生活していた時間があった分，もう帰っても大丈夫かなと思った。施設の職員と児童相談所の人とが話し合って，家に帰ってもよいことになった。

　家に帰ると，期待と違って自分への暴力，虐待が始まった。ご飯も無く，学校にも行けなくなった。施設の人が様子を見に来てくれたけれど，母親が上手くとりつくろって，本当のことを言えなかった。今さら施設に戻りたいとも言えなかった。

　高校３年間は不登校気味。テスト期間だけ学校に行って，なんとか卒業。就職も決まったけれど，母親から面倒をみるように言われて家を出られなくなった。心配してくれた職場の人や近所の人がいて，たまたま役所に行った時に保護された。役所の人が親身に話を聴いてくれて，すぐにシェルターに入り，自立援助ホームに移った。ホームでの１年半は平和な生活，止まった時間が戻ってきたように感じた。ホームのスタッフは，役所の職員等と一緒に何度も話し合いをしてくれて，その場に自分も参加して，これからの生活について考えることができた。精神的にも病気かなと思われる母親を心配してはいるけれど，一緒に暮らしたいとは思わない。母親と直接連絡を取ることも避けている。役所の人たちが母親の生活面など関わってくれている。心配なきょうだいのことも，施設がみてくれている。

　今は，困った時にはホームのスタッフ等頼れるところに相談できる。自分の人生を後悔したくない。

　幼少期に両親が離婚。自分は父親，きょうだいは母親と別々に暮らすことになった。小学生になる頃には施設にいたと思う。職員が親代わりで，一緒にいた子どもたちがきょうだいのような感じだった。まもなく父親が再婚して，義母と面会に来るようになった。義母のことは嫌だったけれど，家に帰りたくて，家の方が自由そうと思ったので，中学校3年生頃に帰った。希望が叶ったと思ったけれど，実際は義母とうまくいかず，家の環境も悪かった。高校だけは卒業したかったので我慢の生活。退所して2年間ぐらいは，時折施設に来て晩御飯を食べさせてもらったり，お風呂に入りにきたりしていた。職員が嫌な顔ひとつせずに，いつも迎えてくれたことがありがたかった。高校卒業後にひとり暮らしを始める。何度も仕事を変わって，ようやく今の仕事で打ち込むことができるようになり，結婚，子どももできた。

　ある時，義母の入院費用を工面してほしいと父親から頼まれた。産んでくれたことには感謝しているけれど，育ててくれたのは施設だし，今は自分の家族があるから経済的に無理，と言って断った。それ以後，父親からお金の話は無くてほっとしている。今は父親も年をとり，たまに話したり食事をしたりして往き来がある。

　ある日，朝起きたら母親がいなくなっていて，手紙が残っていた。小さかったのでよく覚えていない。父親に連れられて施設に来た。施設もよかったけれど，家に帰りたかった。父親も一緒に施設で暮らせたらいいのにと思っていた。家が施設の近くにあったので，勝手に家に帰ったり，泊まったりしていた。念願叶って，小学高学年の頃に家に戻ることができたけれど，父親の仕事の帰りが遅くて，誰もいないことも多くて寂しくて。今度は逆に施設に遊びに行くようになっていた。施設にいた頃の習い事が好きだったので，退所後も必ず参加していた。晩御飯の仕度で職員が様子を見に来てくれたり，学校の先生や親戚が来てくれたりしたこともある。

　退所後は，高校には行かず，家を飛び出したりして，非行，妊娠・出産，波瀾万丈，ようやく落ち着いてきた。父親が近くに住んでいて安心。定年までずっと働いていた父親はすごいと思うし，自分の子どもをかわいがってくれるのが嬉しい。最近，母親が見つかり，電話等で話すようになった。今は，両親が別れた事情もなんとなくわかる。施設には，たまに立ち寄ったり，親戚のような，そんな存在。

　これらの事例は，家庭復帰をした子どもたちのほんの一握りだが，子どもとその家族のおかれている状況や背景等に関して，次のようなことが見えてくる。

①　入所前の生活では，被虐待，養育困難，親の精神的な不安定，経済的な困難，親の離婚・不和等，安心・安全な生活が成り立たない状況にあったこと。

②　施設の職員は，子どもが入所した時から，家族関係への支援に際して，面会・外出・外泊等，希望やニーズを考慮し，配慮した取り組みを行っていること。

③　家庭復帰後の生活は，必ずしも期待通りではなく，生活基盤が不安定だったり，子どもと親との関係に葛藤や困難を生じたりしていること。そのような状況の中で，子どもは元の施設との関わりや新たな社会資源による支援を必要とし，それらが社会生活への足掛かりとなっていること。親等もまた社会的支援を必要とする状況にあること。

このように，家庭復帰の支援とは，施設等退所のタイミングのみを意味するものではない。施設等入所時，すなわち子どもへの支援の開始とともに，親等の保護者及び家庭との関係づくりや支援をどのように展開していくかという視点が求められる。また，退所後の支援を見通しておくことも重要である。子どもへの支援目標，支援方法，支援過程とともに，保護者や家庭への支援のあり方も検討し，展開される必要がある[27]。

3）家庭復帰に関する支援において大切にしたいこと

① 支援計画の中に家庭復帰後の支援を組み込む

事例からは，施設退所後の家庭復帰は，社会的養護におけるケアや支援の終結を意味するものではないという事実が見えてくる。入所中の面会や外出，外泊（一時帰宅）等がうまくいっていたとしても，それは子どもも親も，意識して努力したり頑張ったりした一時的なものかもしれず，家庭復帰後に日々紡がれるありのままの日常生活と同一であるとはいえない。

家庭生活の不安定さや困難，親子関係の緊張感や葛藤等があることを考慮したアセスメントを行い，支援計画の中に家庭復帰後の支援のあり方を組み込んでいくことが重要であろう。その際，被虐待や生活困難等の危機が予測される場合は，児童相談所や福祉事務所等の関係機関と連携したモニタリングと介入が必要となる。

② 家庭復帰後も安心して相談できる関係性を入所中から築く

紹介した事例のように，自分から家に帰りたいと言った手前，施設に戻りたいと言えないという子どもや，自立したので自分で何とかしなければならないと思っている子どももいる。家庭復帰後に，さまざまな葛藤や困難を抱えながらも，職員に打ち明けたり施設との往来の機会を重ねたりしながら，試行錯誤しつつ，徐々に家庭や地域の中で生きていく場と関係性を見出していく子どももいる。退所後も一人ひとりのペースで，社会生活の足掛かりが固まるまでの一定の期間――上記事例では少なくとも3年間ぐらい――は，話したり相談できたりという関わりを，職員や施設との間に必要としていることがわかる。子どもにとって身近だった職員が退職等で施設から離れていたとしても，他の職員及び施設全体が，継続して受容的で温かい雰囲気をもって関わっていくことが大切である。子どもが，施設を窓口に，地域の社会資源につながっていくことができるような支援の工夫も求められる。

③ 親への支援――一個人としての支援・親としての支援

先の事例のように，「再び親子が一緒に暮らすこと」を支援目標とする家庭復帰では，子どもとともに親もクライエント（支援の対象）として，支援のあり方を検討することが大切である。

近年は，「コモンセンス・ペアレンティング（CSP）」「MY TREE ペアレンツ・プログラム」「親業トレーニング」「親と子のふれあい講座」「サインズ・オブ・セーフティ・アプローチ（SoSA）」「スター・ペアレンティング」「トリプルP」等が開発されている。そこでは，「親」という役割への支援だけではなく，親である前に一人の人間として尊重され，安心してケアを受けられることを重視する内容もあり，学ぶことが多い。併せて生活基盤や環境を整えていく制度的支援も不可欠である。

④ 政策の動向と課題――家庭支援専門相談員の機能を施設全体で捉えること・親子関係再構築支援と個別性の重視

家庭支援専門相談員は，1999年度より乳児院から配置が進められてきたが，[28]「児童福祉施設の設備及び運営に関する基準」により，乳児院，児童養護施設，児童心理治療施設，児童自立支援施設への配置が義務化された。その業務には，(ア)対象児童の早期家庭復帰のための保護者等に対する相談援助業務，(イ)退所後

の児童に対する継続的な相談援助，㈅里親委託の推進のための業務，㈄養子縁組の推進のための業務，㈭地域の子育て家庭に対する育児不安の解消のための相談援助，㈎要保護児童の状況の把握や情報交換を行うための協議会への参画，㈖施設職員への指導・助言及びケース会議への出席，㈗児童相談所等関係機関との連絡・調整，㈘その他，がある。これらの業務を，担当者だけではなく，施設全体の支援体制の中にどのように位置づけていくかが求められるであろう。

　また「社会的養護の課題と将来像」（2011年）を受けて，2013年には「社会的養護関係施設における親子関係再構築支援事例集」，翌年には「社会的養護関係施設における親子関係再構築支援ガイドライン」が作成された。ガイドラインは，親子関係再構築を「子どもと親がその相互の肯定的なつながりを主体的に回復すること」と定義し，「施設と児童相談所との連携の強化」を指摘する[29]。2017年には『親子関係再構築支援実践ガイドブック』が作成され，同年 8 月の『新しい社会的養育ビジョン』を受けて，都道府県計画の見直しや支援について検討がなされている。

　こうした動向を踏まえつつ，一人ひとりの子どものニーズ，子どもの権利擁護，子どもと親のそれぞれの人間の尊厳，親子関係とその背景等の観点に立脚して家庭復帰に関する支援のあり方を探っていくことが重要である。それは，家庭復帰というマニュアルに即した支援ではなく，うまくいかないことや立ちいかないことがあっても否定せずに見守り，一人ひとりの生を肯定し，試行錯誤の歩みを支えていく社会的養護を，社会福祉の仕組み全体の中でどう構築していくかという課題でもある。

3　地域の中での子育て

（1）地域に生きる子ども・家庭・施設・学校

1）子どもを地域で支えるには

① 　社会的養護のモデルチェンジ

　現在，国は社会的養護の変革を掲げているものの，その内容は施設より里親，そして特別養子縁組といった形態論に終始している。これらは「子どもに家庭を」というマジックワードで覆われ，具体的な機能や，何よりも子どもにとっ

ての意味が明確でない。

　特に学童期以降の子どもは，「家庭」「学校」「地域」の３つの柱に支えられて成長する。日々，電車で生活圏を離れて通勤する生産年齢の大人は忘れがちだが，子どもにとって学校を中心とする地域は，まさに世界そのものである。地域での交友関係はかけがえのないものだし，子どもたちはその中で時に激しく一喜一憂しながらアイデンティティを形成していく。

　現在の社会的養護の最も重篤な問題は，家庭が機能しないと断じられるや否や，学校からも地域からも子どもを引き離していることである。説明や同意はおろか事前の予告もなく，多くの子どもがそれまで培った愛着，友情，時に恋心等すべてを保護の名の下に奪われている。

　新たな養育者となる施設職員や里親が情熱をもって子どもと接しても，出会う以前に子どもは生きるエネルギーを少なからず削がれている。安定した関係を築くのは容易ではない。「施設か里親か」という形態論で子どもをたらい回しにすることなく，地域で家族と共に子どもを支えるべく，施設も里親もモデルチェンジを模索すべきである。

　②　子どもの回復を支える

　図３-１のように，経済的貧困が，家族関係の不安定化や地域における家族の孤立へと結びついていることがしばしば見受けられる。衣食住が整わなければ，子どもの発達や意欲にも影響を及ぼす。結果として，子どもは低学力・低学歴で年齢を重ね，社会へ出るにあたっての展望を描けない。大人の貧困と子どもの貧困はこうして世代間でも連鎖してしまう。

　こうした構造的な連鎖は，簡単には解消できないもののようにも見える。しかし，私たちは子どものもっている回復力に期待することができる。家庭でひどく傷ついた子どもが少しずつ自他への信頼を取り戻す姿，高校進学さえ投げやりになっていた子どもが，大学で将来を模索する姿を筆者は何度も見てきた。子どもをたらい回しにするのではなく，周囲の環境が変わることで子どもは回復することができる。何よりも肝心なのは，子どもや親の自己責任を理由に，その可能性に蓋をしてしまわないことである。

　③　市民レベルの活動からソーシャルアクションへ

　現在，全国各地に子ども食堂や子どもの居場所，学習支援等の活動が市民レ

ベルを中心に広がっている。これらは子どもの支援にとどまらず，高齢者を含む大人の居場所にもなっていることも注目に値する。子どもを介して，地域の大人たちも緩やかにつながっていくことが可能であることを，多方面から学ばせてもらっている。

全国の児童養護施設等も是非，施設の有するマンパワー，専門

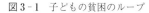

図3-1　子どもの貧困のループ

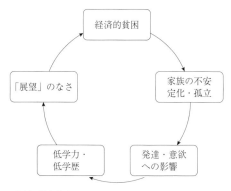

出所：筆者作成。

性，設備等を動員して，地域住民と活動を共にしてほしい。持続可能な範囲内で，できることから少しずつでよいと考えている。

「子供の貧困対策に関する大綱」の閣議決定（2014年）から，最初の見直し時期とされる5年が経過した。率直なところ，大綱に示された内容からは具体性や実現性が読み取れず，主たる財源に寄付金を当て込む（子供の未来応援基金）など，国としての本気度は伝わってこなかった。しかし，この間に児童養護施設退所者への貸付や，給付型奨学金の創設が開始され，2020年4月からは高等教育の修学支援新制度が始まった。厚生労働・文部科学両省の担当者からヒアリングを受けたが，非常に熱意をもって取り組まれていた。これらがしっかりと子どもたちに届くため，学校・施設はじめ関係者の対応が欠かせない。

草の根レベルの市民活動が，国や自治体の施策に確かに反映されるよう，多様な関係者の一層の連動を期待し，参画したい。

2）地域における実践例と今後に向けて

①　社会的養護系施設等の役割

児童養護施設の主な役割は，入所児童の生活支援・自立支援・退所後の相談援助である。これに付随して，家族関係の調整や再統合，関係機関との連携を行っている。

近年はケアスタッフの他に，心理職や家庭支援専門相談員，里親支援専門相談員，育児機能強化職員，自立支援担当職員といった専門職員の配置が進んで

いる。社会福祉士や精神保健福祉士，公認心理師，栄養士，看護師等の有資格者も増えており，これらのマンパワーを地域に向けて動員することが期待される。

　ここでは地域における児童養護施設や里親等の機能・取り組みと今後のあり方を概括する。

子育て短期支援事業[30]　　筆者の勤務する施設では2市・1区のショートステイを受託している。通常のショートステイは原則7日間までの理由で，親の就労や出張，傷病，出産，レスパイト等，利用理由は多様である。

　近年増え始めている要支援家庭を対象とするショートステイは，激しい育児疲れと虐待の虞（おそれ）を利用理由とし，最長2週間までの宿泊を受け入れている。ショートステイと一時保護の中間に位置するイメージである。

　児童相談所の一時保護所が慢性的に定員を上回る入所となる中，いずれもニーズは一層高まっている。

一時保護　　児童相談所一時保護所の定員超過により，東京都内では大半の施設が一時保護を受け入れている。中には一時保護の専門ユニットを構えている施設もあるが，[31]受け皿としては足りていない。

　児童相談所の一時保護所の閉鎖性や過度な管理の問題が新聞報道も含めて指摘される中，一時保護のあり方を根本的に考えなおす必要がある。保護者に居場所を隠して保護しないとならないケースは割合として多くはない[32]。過度な管理下に置くよりも，在籍校への登校継続も含めた地域生活の継続性への配慮を要する子どもが大半である。こうした意味からも，元の居住地域に近い施設や里親等による一時保護を拡充する意義は大きい。

児童家庭支援センター　　児童養護施設や乳児院等に併設され，地域の子育て家庭の相談・支援を担う。全国では129カ所が運営されているが，東京都は各市町村が子ども家庭支援センターを運営している（一部民間委託あり）ため，設置されていない。

　その事業内容は，①地域・家庭からの相談に応ずる事業，②市町村の求めに応ずる事業，③都道府県又は児童相談所からの受託による指導，④里親等への支援，⑤関係機関等との連携・連絡調整，である。

　管轄するのは児童相談所と同様に都道府県および政令市と，児童相談所を設

置した中核市や東京都特別区である。したがって，今後は東京都内でも児童家庭センターの設置が進む可能性がある。

　現在は児童福祉施設等への附置が前提ではなくなったが，土日祝祭日や夜間も含めて常に職員がいる施設への附置は強みである。不十分な運営費等の課題はあるが，今後の拡充に期待したい。

　フォスタリング機関　　現在，国は，社会的養護における里親委託の割合を現在の2割程度から，乳幼児は75％，学童以上は50％まで引き上げるとしている。数値目標の妥当性や実現性は不明だが姿勢は明確である。これを目指す上で不可欠なのが里親のリクルート・育成・支援である。

　本来，これは児童相談所が負うものであるが，増大を続ける虐待相談の対応に追われ，十分な対応ができていない。里親の側も，里子の養育に関する不安や困難さを，委託の権限を持っている児童相談所へ率直に相談するのは難しいとの声も多い。

　こうした状況から，2019年より国はフォスタリング機関を民間の法人・団体が創設するための予算を組んだ。その業務は，①里親のリクルート及びアセスメント，②登録前・登録後及び委託後における里親に対する研修，③子どもと里親家庭のマッチング，④里親養育への支援，である。職員体制は，統括者・ソーシャルワーカー・リクルーター・心理職・事務職員の配置が想定されている。

　担い手としては民間の幅広い団体等が想定されるが，乳児院や児童養護施設等の児童福祉施設は，その有力な候補とされている。今後，児童家庭支援センターと併せて，施設は地域におけるソーシャルワーク機能を高めていくことが求められている。

　新たな里親のあり方　　現在の里親制度には，養育里親，専門里親，養子縁組里親，親族里親，小規模住居型児童養育事業（ファミリーホーム）がある。養育里親がその中心になっているが，社会的養護というよりは，「我が子として」養育したいという意識の家庭も多い。実親にとっては，児童養護施設のように気軽に面会に行くことが難しいなど，子どもを預けることに抵抗感を抱きやすいという課題がある。

　一方で東京都のフレンドホームや神奈川県の三日里親のように，短期間児童

175

養護施設等の子どもを預かる制度もある。一般家庭の子どもに対しては，従来児童養護施設等が主に行っていたショートステイ事業を，協力家庭に委託する取り組みも広がりつつある。

　実親に代わって長期に子どもを養育するとなると，里親の担い手には大きな負担がかかる。しかし，地域を中心に可能な範囲で時々実親のサポートをするということであれば，啓発によって数を増やすことは可能だし，実親の心理的抵抗も軽減できる。

　子どもが生活する地域で，実親子を切り離すことなく必要に応じてサポートをする。子育てが一段落したシニア世代等を中心に，祖父母宅あるいは近所のおばちゃん・おじちゃん宅のような里親を増やしていくことが，子育て家庭の孤立解消・緩和に向けて有効だと考えられる。そして，そのリクルートや支援，子どもや実親とのマッチングを，前述した児童家庭支援センターやフォスタリング機関が担うことが期待される。

　②　地域住民等による取り組み

　近年，「子ども食堂」を象徴とする地域住民等による子ども等を対象にした活動が全国で広がりを見せている。筆者の勤務施設のある清瀬市でも，子ども食堂の他，居場所，学習支援，不登校児支援等の取り組みが活発になりつつある。

　筆者は2013年に現施設へ赴任した頃より，社会的養護に保護される前の地域における子ども・家庭支援のあり方を模索していた。はじめに着手したのは，すでに地域で活動を始めている団体や個人の組織化である。市の社会福祉協議会を中心に呼びかけ，「清瀬市子ども家庭支援者・団体連絡会」（以下，連絡会）を立ち上げた。

　筆者は市外から通勤しており，子どもや子育て家庭の支援ニーズを的確には把握できていない。勤務施設で「新たな子育て支援の事業を」と意気込んでも，空回りすることは目に見えていた。清瀬市内にはNPO法人やスクールソーシャルワーカーをはじめ，先駆的な支援実践が少なからずあった。まずはこれらを組織化し，互いに顔の見える関係をつくること，それぞれの実践を知ることが端緒となると考えた。連絡会では継続的に会合をもち，年に一度市民向けの啓発イベントを開催している。

　現在に至るまで，連絡会を共に呼びかけた地域の支援団体が，当施設や地域の集会所等を用いて居場所や学習支援，「ご飯の会」といった取り組みを続けている。これらはあくまで地域住民が主体で，当施設等は助成金の申請や会場の管理等，裏方を手伝うにとどまっている。

　現在，当施設の新規付帯事業として，専用の建物を設置し放課後の居場所・食事提供・学習支援・養育相談を行えるよう準備を進めている。当面は民間団体からの助成で運営し，東京都の「子供の居場所創設事業」への移行を目指す。これについても，運営は可能な限り地域住民等の主体的参加を募っていく。

　近年は「8050問題」に象徴されるように，引きこもりや孤立が社会問題化している。地域で子どもの居場所を創設することは，そこに関わる大人にも居場所を用意できる可能性がある。子どもを核として，さまざまな年代や生活形態の大人も集まる。良いことばかりでなく，トラブルも起きるに違いない。それらを共有し，踏み越えていくことで地域から孤立の芽を摘んでいく。そうしたことこそが，制度の限界を超えて地域住民がなせる業ではないだろうか。

③　自治体に関する動向

　子どもや子育て家庭を支える医療・教育・保健・福祉行政の中心は市町村が担っている。一方で，児童相談所や社会的養護の運営は，都道府県と政令指定都市及び一部の中核市である。子どもの虐待死事件が起きると児童相談所が度々非難を浴びているが，基礎自治体と都道府県の役割や連携の仕組みを冷静に再検討する必要がある。

　2017年改正の児童福祉法では，中核市に加え東京都の特別区（23区）でも児童相談所が設置できるものとされた。現在は練馬を除く22区が設置を検討し，世田谷・荒川・江戸川の3区は2020年から先陣を切って開所した。

　これまでの子ども家庭支援センターとの関係等，位置づけは3区三様である。これには懸念と期待が混在する。主な懸念は，自治体間格差が広がり区の財政状況や力量によって，子どもが受けられる支援が異なることである。特に社会的養護では同一施設内において，子どもを措置した自治体によって差が生じる可能性もある。

　一方で主な期待は，基礎自治体内で教育・医療・福祉等が連携することで，社会的養護の予防を含めたケースワークが進展することである。特に前述した

社会的養護と貧困の連関に鑑みると，生活保護行政をはじめとする福祉事務所との連動は要保護児童対策に有用だと考えられる。

　現代の日本では，子育てに対して産んだ親の責任が強調されてきた。家庭機能や地域の連帯が脆弱化する中，家庭での養育不全の多くが「児童虐待」という親の問題として社会化している。

　家庭か社会的養護か，施設か里親か，こうした二元論で子どもをたらい回しにせず，地域の主体的生活者として子どもを尊重する。そのために子どもや家庭等を支える資源や方法を地域ごとで多様に備えていく。制度の行き届かないところを民間が補いつつも，それによって新たな政策提言がなされる。

　こうした循環の中で，実親の存在を尊重しながら社会的養護を含む地域社会が家庭養育を補完していく。いま，子ども・家庭支援のベクトルは大きく変換されるべきである。

（2）地域とともに歩む児童養護施設
1）地域は子どもが成長期を過ごす大切な場所

　施設が存在する地域は，そこで暮らす子どもたちが乳幼児期，学童期，青年期とそれぞれの成長の時期を過ごし，ふるさととなる大切な場所である。施設の小規模化・地域化の一例を取り上げ，地域との関わりの変化，施設の子どもが地域で育っていくために施設がどのように援助していく可能性があるか検討してみたい。

　①　施設紹介

　ここで取り上げる施設は「家庭的養護推進計画」によって，定員100名の本体施設（1889年創設）を2014年に分割して，敷地内に開設した小規模グループケア3つ（8名，6名，6名）からなる定員20名の児童養護施設である。

　②　どのように地域と関わってきたか

　20年ほど前，近隣にあった企業が撤退し自施設地域内にあった社宅がなくなって急激に子どもが減り，地域子ども会活動が立ちいかなくなりかけた時，自施設の職員が地域子ども会の役員を引き受けることになった。当時は，一人の職員を外の会議や行事に出すことは体制上大変なことだったが，それまでは子ども会活動に施設の子どもたちがおじゃまするというような感覚だったのを，

この地域で暮らし成長している子どもとして地域の方々にもっと理解してもらい，地域に施設があってよかったなと思ってもらえるようにしていこうと考えて取り組んだ。町内子ども会の会長，小学校区と中学校区の子ども会役員として，子ども会主催球技大会や，亥の子まつり，とんどまつりなど地域行事の企画運営を地域の方々と中心的に担い，施設の子どもたちも積極的に参加していくようにした。

　以来20年の取り組みの中で，法人として地区社会福祉協議会にも所属し，町内会グランドゴルフや子ども会夏休みのラジオ体操へのグランド開放，町内清掃や夜回り，PTA活動，自施設の子ども和太鼓チームの地域行事での出演等々，地域の中に存在を根づかせてきた。近年では町内会との防災協定を締結し合同避難訓練を定期的に実施するなど，さまざまな関わりを通して子どもも職員も地域の方々と声をかけ合う良好な関係を築いている。

２）地域の中で育つ──習い事先でのトラブルと成長

①　習い事を始める

　「ねえ，ダンスしてみたい」と季実ちゃん（8歳）が部員募集のお知らせを手に，息を切らせて走って帰ってきた。施設分割をして家庭的養護を目指した新施設開設2年目のことだった。開設当初から小規模ケアの柔軟性や機動性を活かし，施設の外に出る機会を増やして子どもたちの経験知（値）を上げていきたいと考えていた。「やってみたいの？」「うん，だって綺麗だったもん」。目を輝かせて話す季実ちゃんに，施設の外で友だちと関わり体験する機会になると職員で話し合った。練習の付き添いは行かれるだろうか，衣装づくりはどうするかなど色々課題はあったが，季実ちゃんの「やりたい」に背中を押され，職員も地域での習い事に挑戦することにした。季実ちゃんは週1回の練習に嬉々として参加し，その姿を見てみんなで喜んでいた。

②　「練習を休んでもらえないか」

　数カ月経ったある日，ダンス同好会の保護者から「ある子が辞めると言ってきた。季実ちゃんに一因があるようだ」と連絡があった。季実ちゃんが，「へたくそ」「びびっとる」などときつい言い方・嫌な言い方をするので，他の子どもがストレスを感じているとのことだった。「本番前に，ストレスを感じてやめる子どもが出れば，立ち位置や振付が変わり困る」「今回の出演は見送っ

て当面練習を休んでもらえないか」。筆者は，季実ちゃんは感受性豊かな子ど
もだが関わり方が下手な子どもだと話して謝罪するのが精一杯だった。季実ち
ゃんの関わり方がすぐに好転するとは考えにくく，その場の勢いにも押されて
当面練習を休むことを受け入れた。

③　どうしたらよいのか一緒に考える

季実ちゃんに，「きつい言い方で傷ついてやめた子どもいる。それでは本番
に向けて力が合わせられないから，しばらく練習を休んで自分がどうだったの
か考えてみよう」と伝えた。「どう思う？」「悲しい……，でも辞めたくない」
「みんなにわかってもらうには，ものすごい努力が必要だと思うけど，それで
も続けたい？」「続けたい」「じゃあ，みんなと仲よくする方法を一緒に考えよ
う」。季実ちゃんは泣きながら，どんな時にどんなことを言ってしまったのか
を一生懸命考えて紙に書いた。「うるさい，静かにしろや，やめろ，ときつく
言ってしまった。私はきつく言うのをやめて優しく言います」。一生懸命考え
たことを褒めて，優しく言うにはどのような言い方がよいのかをまた考えた。
そして，①うるさいと感じる時は，うるさい所から自分が離れる，伝える時は
「静かにしてね」と優しく言う。②やめてほしい時は，理由を言ってから「や
めてね」と優しく言う，と話し合った。私たちは季実ちゃんが優しい子どもだ
と知っているけど，私たち以外の人にも季実ちゃんの優しさが伝わるようにが
んばろうねと約束をした。

④　気にかけてくれる人がいる

季実ちゃんが練習を休んでいる間に，同好会のある保護者は「今回のことは
あまりにも即決過ぎたんじゃないか，もっと季実ちゃんの話を聞きたい」と施
設を訪ねてきてくれて，「同学年の子が一人になって，季実ちゃんに来てほし
いと言っている」と練習再開を後押ししてくれた。その同学年の子どもは季実
ちゃんに「早く来れるようになったらいいね」と言ってくれたそうだ。そのこ
とを「嬉しかった」と話す季実ちゃんだった。

練習を再開する日，季実ちゃんは「悪口言ってごめんなさいって言う」と何
度も練習していたが，いざ同好会のみんなを前にすると緊張と涙で言葉が出な
かった。一緒に行った担当職員が，何度も話し合って言い方を考えてきたこと
を伝えて一緒に頭を下げ，季実ちゃんの練習再開をみんなに了承してもらった。

⑤　地域の中で交わりの力が鍛えられる

その後，季実ちゃんは自主練習にも精を出して技を磨き，大会前の休日練習にもくじけず休むことなく続けてきた。同好会の保護者の方からも「言い方に気を付けようとしているのがわかるし，練習をよく頑張っていますよ」と言ってもらえるようになった。職員が行かれない時は「一緒に見るから大丈夫」と言ってもらっている。季実ちゃんは今や同好会の中心メンバーとなり，職員も同好会役員になっている。

この季実ちゃんの一件は，子どもにも私たち職員にも大切なことを学ぶ機会となった。地域には厳しい意見を言ってくれる方，温かいまなざしを向けてくれる方，子どもの最も身近な理解者である友だちと，さまざまな人がいること。また何より，施設で生活を共にして遠慮なく言いたいことを言う，狭い世界の慣れ合った関わり方が地域社会では通用しないこと。地域社会の中でこそ人と関わる力，交わる力が鍛えられるのだと教えられた。

3）地域とともに歩む——地域は子どもの成長の土壌

現在，児童養護施設では小規模化や地域分散化が進められようとしているが，子どもが安心して安全に生活でき豊かな体験を積んで成長していくためには，施設の規模や養育形態がどうであれ，その地域で大人同士が結びついて仲よくしていくことが必要不可欠である。子どもたちがさまざまな形で地域へ出て活動し，職員は地域の中で役割を担い，地域の一員として認めてもらうことができれば，地域の方々に施設と施設の子どもたちへの理解を広げ，応援してもらうことができるようになっていく。地域の方々との関係性と協働は子どもたちの成長の土壌だと思う。その土壌を耕し肥やし続けていくことは，その地域で暮らす子どもの成長を支える施設職員の重要な役割である。

（3）里親と施設の共同子育て

1）施設・ファミリーホーム・里親家庭の課題の違い

何らかの理由で親と暮らせず，社会的養護の場を必要とする子どもがいる。社会的養護の場として，大まかに施設養育・里親養育と分けることができる。乳児院や児童養護施設等の施設養育では集団養育となるが，できるだけ家庭に近づける「家庭的養育」を目指している。形としては，従来の集団での生活，

ユニット，小規模化，地域小規模施設（グループホーム）に分かれている。里親
養育の方は「家庭養護」と呼ばれ，ファミリーホーム（以下，FH）と家庭で受
け入れる養育に分けることができる。

　まず施設養育であるが，多くの子どもたちが生活を送り，施設によっては一
時保護等の緊急的な受け入れを行い，子ども集団は日々めまぐるしく変動して
いる。職員はそれぞれの子どもに適切な対応は何かを模索しながら，子どもた
ちから表出される行動問題の対応に日々追われている。

　生活集団の小規模化の推進により大舎型の施設であってもユニット化が進み，
職員が一人で対応する場面が増えたという課題もある。それでも職員は組織に
所属し，その構成員も児童指導員，保育士，心理士，家庭支援専門相談員，里
親支援専門相談員，看護師，栄養士等多職種の専門職で構成されている。すぐ
に相談でき，時には応援を呼び，助言を仰ぐ先があり情報の流れは一定体系化
されている。組織の判断を仰ぐため，子どもたちに対して柔軟で即時的な対応
とはなりにくく，そのことが子どもたちの行動問題をさらに加速させている側
面もあると考えられる。

　子どもたちは大きな集団で生活し，職員と過ごすよりも子ども同士で過ごす
時間の方が長い。その中でのそだちあいもあれば，周りや異年齢の子どもたち
からのさまざまな影響も受けやすい環境となる。職員の勤務はローテーション
で休日もあり，その場を離れることもできる。逆にローテーションであること
で，職員も子どももお互いに引けずに，その時にどうしても対応しないといけ
ないという状況も生まれる。当然ながら退職する職員もおり，これまでの筆者
の経験では，施設を退園した卒園生が来園し慕っていた職員の退職を聞き，そ
の後，顔を見せなくなったということもあった。

　その時々の対応については，職員は安心感をもちながら養育に当たり，さま
ざまな経験からより良い方法を子どもたちと検討していくことはできるが，そ
の後のつながりや，個別的な対応には限界もあるのが施設養育の現状である。

　FH は施設のような組織にも属さず，5〜6 名定員で里親家庭に比べ多い人
数の委託児童を同時に養育している。受け入れの幅についても性別で分けてい
る，乳児や新生児も受け入れている，高年齢児のみ等それぞれの FH の特色が
ある。同じ 6 名定員の地域小規模児童施設との大きな違いは，養育者がその場

所で生活を共にしているという点である。施設は職員が仕事で通い，FH では子どもたちが養育者の下に帰って来る。関わる養育者が限られるので対応の一貫性は保たれやすくなるが，逆に子どもたちへの対応の柔軟さをどのように保つのか，養育者側の休息をどのように取るのかといった課題がある。また，FH では行動問題が表出化され，今まさに多くのことが起こっている子どもたちの受け皿になっているという話もよく聞く。子どもたちにとっては期間もさまざまで，FH という特定の養育者と生活を送りながら，他の子どもが来たことでそのバランスが変化し不安定になることもあり，その分丁寧なアセスメントが行われるべきである。

　FH はいわば個人事業主（施設型の FH もあるが）で 6 名の子どもたちのさまざまなことに対応しながら，FH を継続していくために事業主・経営者という側面も持ち合わせる必要がある。相談先と収入の基となっている措置権者が同じ児童相談所であり，開示性も必要ではあるがどこまで報告し，どこまで頼って良いのか，SOS を発信し続ければ，子どもの委託が無くなるのではないかというジレンマを抱えながら養育に当たっており，施設よりも小さな組織でその部分を意識せざるを得ない状況がある。

　最後に，里親家庭は良くも悪くも家庭であり，子ども一人ひとりに合った柔軟な対応は取りやすいが，施設のように日課やその時間が決まっている訳ではない。例えば，筆者の施設では入浴時間が一人15分ずつと決まっており，時間が守れないと他の子どもに迷惑をかけるということになる。家庭ではその日ごとに入浴の順番が決まることもあるだろうし，日によっては疲れており翌朝に入ることもあるかもしれない。こういった日々の生活の中で柔軟さは家庭の方が高いといえる。

　当然，養育者側の人数も限られており，地域との関わりの濃度は家庭ごとに差があり，相談できる体制も児童相談所との距離感や里親支援機関の有無等の地域差がある。そもそも虐待が起こっている場所の多くは家庭内であり，また同じ養育単位である家庭に行くという難しさもある。家庭なのだから子どもが安定するということではなく，むしろ委託前に把握している情報は限られていることも多く，生活を共にし，何がきっかけで子どもの感情が爆発するのかもわからない中での養育となる。

そもそも里親家庭は，研修や施設での実習，面接をした上で有識者による審査を行い登録される。登録後にも支援体制はあるものの，それで十分とは言えず，あくまで地域の一家庭での養育となるので家庭訪問等を行いながら，常に情報共有をし，風通しの良い状態を保つことが求められる。また里親家庭には家庭特有の変動性がある。例えば，親の介護のために親が同居する，同居していた親が亡くなる，実子が生まれる，孫が生まれるので実子が里帰りに来る，里親夫婦が離婚する等があるが，どれも同じ家庭の構成員に変化が生まれ，里子へも影響する部分があり，その都度アセスメントを丁寧に行った上での検討が必要になる。

　どの養育の場であっても，日々子どもたちの行動問題や表出されるさまざまな事柄に養育者側が体も心も使うということが養育なのだと考える。施設だからうまくいく，FHなら，里親だからという議論ではなく，それぞれの養育の場で子どもたちが表出する行動問題は質・量ともに違ってくるかも知れない。それを認識しつつ，それぞれの強みも自覚しながら，大切なことは社会的養護の理念に基づき，相談し協力しながら子どもの養育にあたるということである。

2）「真の」里親支援のために——チーム養育の導入

　里親と施設は時には対立関係にあったが，今は協働していく存在へと移行している。その懸け橋に成り得る存在として里親支援専門相談員が2012年度に制度化された。本来里親支援の業務は都道府県が行うものであるが，里親支援専門相談員を児童養護施設・乳児院に配置するに当たり役割が設定された。その業務は自施設の入所児童の里親委託の検討・推進から里親家庭への支援，新規里親のリクルート，アフターケア，里親会の支援まで多岐にわたっている。

　業務の実施状況については地域差も大きく，児童相談所や他の里親支援専門相談員と定期会議で情報共有をしながら業務を行っている地域もあれば，別の地域では配置されている施設に限りがあり，広い地域を一人の里親支援専門相談員が担っている等さまざまである。里親会とも連携しながらそれぞれの地域に合った形での広報活動も行いながら，里親子への支援につなげようと各地域で取り組まれてきた。

　そもそも施設はチーム養育の実践者であったといえる。日々起こる子どもたちのさまざまな行動問題に専門職が関わりながら知恵を出し合い，児童相談所

や学校，病院等の他機関とも連携しながら対応に当たってきた。職員は変わるが，長年の経験に基づくノウハウをすべてではなくとも蓄積してきており，そこから見通しをもち，広い視野でその子どもの状態を捉えることができる。

　一方で里親家庭での養育は，家庭というごく私的な生活空間の中で行われ，多くの子どもたちを多くの職員によって養育してきた施設養育とは違い，経験は限られ，里親にとっては目の前の子どものことが今起こっているすべてであり，それが自身の生活する場で行われる。養育者と子どもの距離は必然的に近くなり，時には一挙手一頭足に思いを馳せ，頭を悩ませることもある。里親支援専門相談員はその部分を念頭に置き，里親家庭の求めるタイムリーで細やかな対応に応じながら関係を築いていくことが必要である。

　今後の家庭養育には柔軟で温かさをもちながら，これまで施設養育が行ってきたチーム養育の安心感ももつことができればと考える。チーム養育の一員として里親家庭を施設のグループホームの一つとしてイメージし，より近い地域で支援することができれば，里親家庭の安心感は高まる。また孤立した子育てを防ぐためにも所属意識が大切である。里親にとっても，子どもにとっても安心でき，相談できる窓口があることが里親支援専門相談員の役割としては大きい。

　児童相談所とも日々情報を共有しながら，家庭の変化やさまざまな困り事をどのように扱うのかを確認した上で支援に当たることが必要である。内容によっては，里親がよりチーム養育を実感できる場としてもカンファレンスにつなげることが可能である。

　近年，質の高い里親養育の実現に向けて民間のフォスタリング機関の創設が唱えられている。各地域で都道府県からの委託をすでに受け事業を始めている事業所もあれば，これから設立に向けて動いている団体もある。フォスタリング機関の業務は新規里親のリクルートから調査，その後の支援までを一貫して行い，安定的な里親養育を継続できるように支援していくことである。今後各地に民間のフォスタリング機関が設置され，これまで児童相談所が一括して担ってきたフォスタリング業務が質を保ちつつ，里親子にとってより手厚い支援体制となっていくことが望まれている。地域によっては実情に応じて，自施設に入所している子どもを委託できる里親を独自にリクルートし，その後の支援

も行うという方式が採られている地域もあり，フォスタリング機関と同様に安定的な里親養育に依拠できる可能性を感じる。

3）里親委託時の支援

里親制度の社会的認知はまだ低く，里親支援には里親家庭のメンバーと委託後に深く関与すると思われる周辺の理解を得ておくことが求められ，里子とのマッチングを行う前にすることが望ましい。里父母の近しい親戚に理解を得るために支援者は，公の立場の第三者として里親制度を説明と協力を依頼しながら同時に里親家族のアセスメントを行うことができ，それを踏まえた上でマッチングにつなげていけるようになる。

里子を迎え入れることにより，それまでの家族バランスが崩壊していき，里子を含めた新たな家族のバランスを作っていくことは，想像以上のエネルギーを必要とする。里父と里母の意思疎通や委託後の役割分担，実子とも新たに迎える里子を周りにどう知らせていくか等のイメージをもてるとよいだろう。委託後に里子の態度が里父母によって違うことがあり，里父母の連携が不可欠である。また，委託が決まれば，里子の通う保育所や学校等はもちろん，必要があれば実子の通う教育機関にも事前に顔合わせと説明をし，里子や実子に負担をかけないための枠組みを共同で考えることも重要である。実子が友だちや教員に里子との生活を興味本位に聞かれ傷つく例があり，実子への支援も忘れてはならない部分である。

里親が里子と出会っていく際，マッチング自体がイベント的な意味合いをもちやすく，できるだけ日常に近づけようと努力しても出会う日は特別な日となるものである。可能であれば施設内でのマッチングも何日か設け里子の生活を知ることで今後をイメージしやすくなる。それでも，委託後の生活がスタートしてから初めて見えることは多いといえる。

社会的養護で暮らす子どもは，実親と離れる喪失を経験し，自分の意思と関係なく新たな生活様式を受け入れ日々を送っている。子どもによっては障害等があり，複雑な背景を抱え，大人に対して甘えや助けを上手く出せないことも多い。そのような難しさを抱えた子どもが里親家庭に委託された時，里親の予想範囲を超えた行動を目の当たりにすることが起こり，その行動の理由がわかりにくい。また，里親家庭というプライベートな空間の中でなされるための戸

　惑い，どこまでを支援者に相談してもよいのかの判断が難しい。行動問題が起きた時にすぐ，誰かに助けを求められれば冷静に対処できるが，里母一人の時に起きることもあり，困り事を支援者や周りに上手く伝えられないジレンマに陥ることも考えられる。

　里親にとって，里子の年齢がいくつであっても誕生から初めての出会い，そして委託されるまでの間の里子の育ちはブラックボックスのように見えないままで過ごしていることが多く，目の前にいる里子の言動をどう受け止めて対応していけばいいか迷い，自分の接し方が悪いのではないかと己を責めたり，逆に里親宅に来るまでの育て方が悪かったのではないかと疑心暗鬼に陥りやすくなる。落ち着いて養育するために，里子の生い立ちを振り返る作業をすると里子理解につながる。その作業は，委託後に支援を担当していく支援者が里親と一緒に里子の生い立ちを振り返っていくと望ましいだろう。なぜなら，共同作業をしながら里子について共に語り合うことで，支援者との距離が縮まり里親が相談するイメージがもちやすくなるからである。また，里子の状態に合わせサービス利用や専門医を決めていくことも必要となる。

　里子にとっても里親にとっても中途養育はさまざまな変化を伴い，それに適応し模索しながら日常生活を送っていくが，自分たちの生活を鳥瞰図的に見ることは難しい。第三者である支援者がその役割を担うことが求められるのである。

4）里親支援専門相談員・児童相談所との連携の事例

　太郎くんは，2歳3カ月の時に保育所からの通告があり，ネグレクトで保護され児童養護施設に入所した。入所当時，身体も小さくほとんど発語が見られなかったため心配されたが，施設の生活の中で目覚ましい成長を見せた。太郎くんの実母は離婚しており，経済的にも厳しく面会にも姿を現さないことがあり，面会そのものが途絶えがちになっていた。太郎くんが4歳の時にマッチングが始まり，太郎くんも里親と会うことを楽しみにするようになり，5歳の誕生日が過ぎてから里親委託となった。

　里親は，実子がおらず初めての里子だった。里父43歳，里母40歳で，不妊治療をしていたが子どもに恵まれず，自分たちで子どもを育てたいという思いから里親登録に至った。太郎くんは，委託当初から里父の言うことは聞いていた

が，里母が同じことを言っても言うことを聞かないことが多く，里母は太郎くんがわざと食べちらかしたり物を壊したりすると訴え，子育ての経験がないことを悲観し，自分の子育てに自信をもてずに落ち込むこともあった。里親支援専門相談員が定期的に訪問し丁寧に話を聞き，太郎くんがどこまで里母に受け止めてもらえるのか，無意識的に試し行動をしている可能性を伝えて励ましてきた。細かなトラブルは続いていたが，太郎くんも里親宅の生活になじみ，訪問回数も減っていた。

　ある時，里母から里親支援専門相談員に相談の電話が入った。太郎くんが小学校3年生になり，クラスメイトともめ口よりも先に手や足が出て，担任が注意をするとパニックになって暴れてしまったという。里母が太郎くんを叱っても返事もせず，話をしなくなるので里父から叱ってもらうと，返事もして大人しく聞いている。里母は，学校から連絡が入ったらすぐに里父に相談をしたいが，仕事が忙しく太郎くんに話をしてもらうことができない日も多く，どうしたらよいのかわからないという内容だった。

　早速，里親支援専門相談員が訪問することになったが，委託当初別の者が担当していて関係づくりから始める必要があった。そこで，当時の太郎くんの担当をしていた職員等に話を聞いて回った。さらに過去の記録が残っていないかチェックをした。訪問をすると里母は肩を落とし疲れた表情をしていた。太郎くんが里子であることを担任に伝えているか尋ねると，入学時に話をしたが今の先生と里子だと話をしたことがないとのことだった。

　里親支援専門相談員は，児童相談所の担当ワーカーに連絡を入れ協議をし，里母と一緒に担任を尋ねることになった。学校に行くと担任の他に主任も同席していた。担任から，太郎くんは感情コントロールが上手くいかない時があり，言葉での支持が入りにくく周りの子よりもワンテンポ遅れることがあると話した。また保健室で気持ちを落ち着かせることがあり，養護教諭が情報をもっているかもしれないとなり，日を改めて里親，児童相談所CW，里親支援専門員，家庭児童相談室担当者，担任，主任，養護教諭が集まり太郎くんの置かれている状況を考えるためのケース会議が開かれた。養護教諭からは，言葉の取り違えが気になったので紙に書くようにしたら落ち着いてできたと話が出た。気になる行動が多くあるため太郎くんの発達検査を行い，何が得意で何が苦手かを

把握し，安心できる関わり方を探っていくことになった。

　里父の言うことを聞くが，里母の言うことを聞かないという点については，男性教諭と女性教諭でも同様のことが起きていた。女性に対して拒否的な感覚をもつ理由の一つとして，実母との関係が関わっている可能性も考えられた。太郎くんを注意する際には男女ペアになって話をし，大人は男女問わず頼っても大丈夫だという経験を増やしていくことが提案された。家庭でも里父母で関わってもらえるよう，里親支援専門相談員から里父に協力依頼をすることになった。里母は，自責の念に駆られていたが，このケース会議で肩の力が抜けたような気持ちになっていると話していた。こうして，太郎くんを支えるチームが作られていった。里親支援専門相談員は，鳥瞰図的に里親家庭をアセスメントし，里親と里子のニーズを引き出し介入をし，支援者と里親家庭をつなげる役割を担った。

（4）乳児院における里親支援，産前産後母子支援事業
1）乳児院は里親支援の役割をどのように果たしていくのか

　「新しい社会的養育ビジョン」では「家庭養育優先原則」を徹底するという考えで，フォスタリング機関設置や養子縁組民間あっせん機関助成事業が推進され，実際乳児院が長い間担ってきた一連の里親支援がNPO法人などにも広がりを見せている。

　日本では，里親制度により養育里親，親族里親，専門里親，養子縁組里親の4種類と小規模住居型児童養育事業（以下，ファミリーホーム）で，子どもたちへの愛着形成を大切にした支援が行われている。

　このような中で，乳児院の果たす役割はマッチングと里親支援にある。里親委託が乳児院を介して行われていた時代から変化を始め，親元から直接里親へ委託される時代になり，今までのような支援ではなく委託された子どもたちの権利擁護の立場でフォスタリング機関と施設に配置されている里親支援専門相談員とともに，里親に寄り添い，困り感を解消しながら支援を行うことが求められていく。もちろん都道府県によっては，フォスタリング機関として里親研修から委託後の支援までを担うところもある。

　全国乳児福祉協議会は「乳幼児総合ケアセンター」が目指すところとして，

フォスタリングに求められるのはケアワークではなくソーシャルワーク力だとしている。乳児院のケアワークを里親家庭単体に期待し，乳児院では，ケアワークのノウハウを伝えるだけではなく，里親家庭の脆弱さを理解し，地域資源などを活用しながら里親家庭とともに子どものニーズにあった支援のあり方をコーディネートすることが重要となる。

2）乳児院で行われている里親支援

里親委託までには，①里親研修（基礎研修1日・実習1日・登録前研修2日・実習2日）②児童相談所の家庭訪問・児童福祉審議会からの意見聴収③里親登録④子どもへの引き合わせ（マッチング）⑤里親委託後の支援，という流れになっている。そのうち乳児院は里親研修・マッチング・里親支援を役割として果たしてきた。

例えば，里子の抱き方（縦抱き・横抱き）・ミルクの作り方・沐浴の仕方・泣きの受け止め方（泣くことには理由がある）・離乳食・病気について等，愛着を深めるために基本となる育児についてマッチング期間中に乳児院に通ってもらって里子と関わり，最終段階としては両里親で宿泊をしてもらい里子との関係の様子を確認している。里子が里親に安心できているのか，里親が里子の個性を受け止め，どう関われば良いのか理解しているかを確認していく。

乳児院では，職員が入所しているどの親にも寄り添うことを大切に子どもと一緒に生活をしている。親支援として，上手く育児ができずに面会を通して，育児指導をしながら育児に自信をもってもらい，家族再統合のために支援をしているというのは里親も同じである。

乳児院として，里子が里親を受け入れるまでに施設職員が里親への理解を示し，マッチングが始まると里親が子どもへの理解をしていくために，職員が寄り添いながら一人ひとりの子どもの発達状態などを伝え，里親の気持ちと子どもの気持ちを汲み取りながら，里親支援専門相談員を中心に施設として里親委託まで支援し，委託後もアフター支援として里親の家庭訪問をする。

3）産前産後母子事業の必要性

① 被虐待児の死亡事例から求められる支援

「子ども虐待による死亡事例等の検証結果等について（第15次報告）」によると，0歳児（53.8%）実母が抱える問題の中で，予期しない妊娠・計画してい

ない妊娠（30.8％）妊婦検診未受診（30.8％）自宅分娩（助産師の立ち会いなし）
（30.8％）がある。予期せぬ妊娠により誰にも相談できずに病院外で出産し，遺
棄するなどの虐待や乳幼児の死亡事例の件数が増えている。また，周産期死亡
についても少なくはないことから厚労省は2018年度より産前産後母子支援事業
を施策として打ち出した。その目的は「妊娠期から，出産後の養育への支援が
必要な妊婦等へ支援体制を強化するため，乳児院や母子生活支援施設，産科医
療機関等にコーディネーターを配置し，妊娠期から出産後までの継続した支援
を提供する」である。

　2017年に熊本乳児院が取り組みを始め，現在ではいくつかの乳児院が取り組
み始めている。

　②　相談内容を踏まえた産前産後母子支援事業の抱えている課題

　10代で妊娠の場合，誰にも知られたくないことから産科の受診にも行けず悩
んで相談してくるケースや母子家庭の10代の妊婦は親子関係が崩れて妊婦の行
き場がなく，産前産後母子支援事業で宿泊し出産まで支援するケースなどがあ
る。

　乳児院で行う産前産後支援の特徴は，産前産後の特定妊婦に対して宿泊を伴
う養育指導にある。特定妊婦とは，「出産後の養育について出産前において支
援を行うことが特に必要と認められる妊婦」（児童福祉法）である。特定妊婦の
人たちの中には，育ちの中で虐待を受けて親子関係を築けなかったり，精神的
な課題を抱えていたりするケースが多い。そのため，相談後は特定妊婦の方に
付き添い病院での受診に同行したり，居場所のない人には宿泊場所を提供した
り，絶えず特定妊婦の人に寄り添いながら支援を行っている。その他育児の中
で，離乳食についての相談や夜泣きについての相談等もある。

　ただし，産前産後母子支援事業は特定妊婦を対象とした事業であり，産前産
後の育児相談に関しては，保健センターが行っている「子ども世代包括支援セ
ンター」が役割を担っている。

　相談事業を始めて，電話・メールによる相談，病院などへの同行支援，宿泊
を伴う支援などの丁寧な支援が，利用者の安心感を生み出している。ただ，コー
ディネーター等の人数が限られているため，労働条件が厳しいのが現状であ
る。また，ケース内容によっては医療機関につなぎたいケースが多くあるため，

福祉と医療と保健と市町村の相談機関との連携が重要になってくると思われる。

　最後に，支援において相談者が相談しやすい体制づくりが重要であるため，乳児院のメリットを活かし24時間365日電話で相談を受け付けたり，ホームページからメールで相談できたりという工夫がされている。このような工夫ができるのが，乳児院のメリットである。

（5）退所家庭への地域協働

1）保育園の地域協働

　国連の「児童の代替的養護に関する指針」によれば，貧困等の問題は家族への社会保障政策の範囲で対応し，親子・家族分離を可能な限り避けることが求められている。社会的養護のあり方が「新しい社会的養育」として捉えられはじめた。生まれ育った地域から離れずに子どもが育つためには，社会的養護の専門性を活かした児童家庭センター等の実践の広がりとともに，従来から地域の親子の育ちに伴歩してきた保育所の子育て支援との協働が求められる。ここでは，Ｗ保育園の地域協働の現状を検討する。

　Ｗ保育園の保育時間は深夜12時まで，父母ともにフルタイムで働く家庭が多いが，ひとり親家庭や，さまざまな事情を抱えた家庭もある。昨年度，年度途中に11カ月で入園したまりあちゃんは，母親が病気のため生まれて間もなく乳児院に預けられた。父母がＷ保育園の存在を知り，「この保育園なら家庭でがんばって子育てできるのではないか」と，乳児院から引き取る決断をしたことを児童相談所の担当者から聞いた。母親は病気のため，父親が仕事をしながら送り迎えをしており，朝早くから保育園に登園し，夕飯も食べ，お風呂にも入って，眠ったころに父親がお迎えにくるという毎日を過ごしている。まりあちゃんが発熱した時にお迎えが遅く，職員ではらはらして父親を待つこともあるが，困難さはありながら家庭でわが子を育てたいと願う父母の気持ちを保育園として応援していきたいと思っている。

2）24時間緊急一時保育事業への取り組み

　2012年10月，市より24時間緊急一時保育をモデル事業として来年度から実施する，公募により市内の認可園1カ所を選定するということが出され，Ｙ法人で実施するかどうかの検討をはじめた。

初めて話を聞いた時は，「保育園で24時間365日」ということが想像しにくく，W保育園の職員会議でも「24時間常に人がいなくてはならないのか」「職員体制はどうなるのか」「労働条件はどうなるのか」「ニーズがあるのか，法人としてやる意義はあるのか」などたくさんの意見や不安が出された。

職員会議や幹部会・理事会などで論議を重ねる中で，「保育園は敷居が低く使いやすい」「実際困っている人がいる」「養護施設や乳児院は満員でなかなか入れない」等の現状の問題点も提起され，24時間緊急一時保育を実施する意義について，みんなで確認していった。不安については具体的に対策をしながら，とにかくまずやってみようということでスタートした。2016年度には，モデル事業から本事業となり制度として定着していった。

3）求められるカウンセラーの役割

2012年度，市より24時間緊急一時保育事業が本格実施された。24時間緊急一時保育がスタートして2年目の5月，「子どもを2人見てほしい。今すぐ連れていきたい」と21時に電話が入った。泣きながら「子どもがいたずらをして家中メチャクチャで，少し子どもから離れたい」とのこと。しばらく話を聞くとお母さんも落ち着き「もう眠りそうだし，頑張れそう」とのこと。「困ったらいつでも電話してね」と言って電話を切った。

6月になり，同じ人から平日16時過ぎに「今日19時から明日の朝まで子ども2人を預かってほしい」という電話が入った。預ける理由を聞くと「首のヘルニアで体がつらい」ということだった。この時お母さんから「うちは生活保護世帯だけどお金はいるの？」と質問があり，今のところ利用料の減免制度はないことを伝えた。それでも利用したいということだったため，保育体制をつくり待っていると19時半過ぎにやっと預けにきて「明日の朝7時までお願いします」と言われた。利用料は前払いと伝えてあったが，「財布を忘れてきた」とのこと。しかし突然21時半過ぎに「子どもの顔が見たくなった」と迎えに来て，利用料の2,600円をすべて硬貨で払って帰るということがあった。

4）保育園に入所していない子どもたちの現状

午後，直接保育園におばあちゃんが孫を連れて来て，「一時保育をやっていると区役所で聞いてきたが，9カ月の孫を見てもらえないか」と言われた。一時保育は予約制のため突然の利用は難しいが，24時間緊急一時保育が使えるケ

ースだったため対応することにした。状況を詳しく聞いてみると、「娘はお水（夜の仕事）で夜は仕事をしている。仕事の後、遊びに行って朝になっても帰って来ない時は、孫を連れて午前中仕事に行っている。仕事している間、孫は車の中で寝ている。しかし明日は1日仕事が入り、もし娘が朝までに帰って来なかったら、孫を連れて1日は仕事ができないので、どこか預けるところを探していた。こんなに近いところに保育園があるとは知らなかった。朝7時から17時まで預けたいが、17時まで仕事で、職場がすぐ近くなので迎えが少し遅れるのはいいか？」とも言われるので「職場はどこですか？」と聞くと、W保育園の近くのガソリンスタンドということだった。

「もうすぐ歩き出すので、今までのように車に乗せて仕事をするのは無理だと思っている。5月からは保育園に預けなくてはと思っている」ということだった。翌日の7～17時まで予約を入れ、「娘がもし朝帰ってきたらキャンセルする」ということで帰った。「娘さんが帰ってくるといいですね」と言って別れたが、翌日は朝7時におばあちゃんが孫を連れてきた。お母さんが帰って来なかったという事実はあるが、9カ月の子どもにとっては、保育園に来たことで美味しい給食を食べお昼寝もでき、友達とも遊べて一日生活の保障をすることができた。W保育園の中では出会うことのない事例も多く、24時間緊急一時保育を実施することで、色々な意味で保育に欠ける子どもを持つ家族の存在を知り、保育園としての役割を改めて考えさせられた。

5）24時間の問い合わせは多い

地域の小規模保育所から土日に預かってくれる所を探しているということで、24時間緊急一時保育に問い合わせが入った。児童相談所が関わっているケースで「親子だけの時間にしないことを約束できたら、子どもを返すことができる」と言われ、土日預かってくれる所を探しているということだった。保育園に通っている子どもということだったため、まずは保育園の日祝保育が空いていないか問い合わせをしてもらうことにした。

また別の日にも、「今、区役所でW保育園の24時間緊急一時保育の紹介をしてもらった」という人から電話があり「ひとり親家庭で、お母さんの体調が悪く明日土曜日に病院に行くが入院になりそうで、入院になったら3歳児と1歳児の子ども2人を見てほしい」ということだった。土曜日は24時間緊急一時保

育の予約がいつも多く，この日もすでに朝から 3 人予約が入っていて判断に迷ったが，何とか保育体制もとれたため，お母さんが受診をして入院が決まった場合は保育を受けることを伝えると，お母さんも安心して電話を切った。後日「病院に行って入院しなくてもよかった」とお母さんからキャンセルの電話が入り，ホッとしたということもあった。

　2 件とも問い合わせだけで利用には至らなかった。保育園だけで対応することが難しいケースもあるが，さまざまな機関とつなげていく役割の重要性を，今まで以上に感じている。

6）保育は福祉

　この事業を実施する中で，これまでこの人たちはどうしていたのだろうということが度々ある。夜間から深夜の時間帯と宿泊を伴う場合は，これまでの制度では対応できない。また通常の一時保育や休日保育は，いずれも希望者が多いため予約制になっていて急に利用することが困難な状態である。

　利用した保護者からは，保育園で実施していることで「安心感がある」「他の施設より敷居が低い」「無認可施設より利用料が安い」などの感想が寄せられている。利用に至らなくても「いつでも預けるところがあるので安心できた」との感想や，保育者と電話で話をしたら気持ちが落ち着いたなど，夜間でも相談できる場所としても役立っていると実感している。

　一方で，利用料負担があるために利用できない人もいる。事業を開始して間もない頃にあった，忘れられない問い合わせがある。「区役所から紹介され電話をしました。乳児院から退院してくる 1 歳半の子どもを預かってほしい」という内容だったが，利用料を伝えると「うちはひとり親家庭ですが，減免はないのですか」と尋ねられたので，今のところ減免はないことを伝えると「じゃあ少し考えます」と言って電話を切り，その後かかってくることはなかった。本当に支援の必要な人が利用することができる制度になっていない現状がまだまだあると痛感した。生活保護世帯と非課税世帯が利用料半額にはなったが，一時保育と同様に無料にしてほしいと引き続き訴えていこうと思っている。また，これまでの事例の中には制度上は受けることのできない事例もあり，その都度保育園で話し合い，自主事業として受けてきた。制度の充実を進めるために今後も努力していく必要があると感じている。

保育園は入所している人たちだけでなく，家庭で子育てをしている人たちからも期待されている。緊急時にいつでも利用できる保育園があることで安心して子育てができるのではないか。一時保育，子育て支援事業などを保育園が積極的に取り組めるような財政的支援を，国や自治体には求めていきたい。

福祉としての保育を考えた時に「どこまでできるか」ではなく，保育の領域を広げながら，「何ができるのか」今後も探っていく必要がある。「保育は福祉」，これは今の日本の保育に求められる思想であり，それに基づく保育実践が「新しい社会的養育」の一つのあり方としてつくられていくことが求められる。

（6）子ども食堂と地域「養護」

1）子ども食堂とは

子ども食堂は，一般的に子どもの保護者の就労やさまざまな背景などにより，家庭において保護者らとともに食事を摂ることができない子どもなどを主な参加対象として，夕食等の提供を行うなどの支援をする取り組みである。また，単純に子どもに食事を提供するということだけでなく，子ども食堂に参加する参加者同士や，子どもを支える支援者（スタッフやボランティアなど）などとともに過ごすなどの交流する様子が見られている。現在の子ども食堂の形式での活動展開は，2011年頃よりいくつかの地域での展開が見られている。子ども食堂の活動が開始された当初は，貧困状態にある家庭の子どもたちが欠食することや栄養面において十分な食事を得られていない子どものほか，保護者の労働などで夜間に孤食となる子どもなど，特に支援や配慮が必要であると考えられる子どもを地域で支えることを目的に，民間による取り組みが行われるところが多かった。

その後，日本での子どもの相対的貧困率が高水準であったことへの社会的関心や，2013年に子どもの貧困対策の推進に関する法律が成立したこともあり，急速に各地で取り組みが進められた。ある団体の調査によれば，子ども食堂の全国の設置数は2020年現在で4,960カ所であったと公表されている。[39]一方で，子ども食堂で行われるプログラムについても食事の提供に限らず，参加者間の交流や遊びの支援，学習支援，生活支援（ソーシャルワーク）をはじめとしてさ

まざまな支援を行うところも見られる。

　また子ども食堂は，子どもへの食事の提供機能以外にも，子どもたちとの食事や団欒を通じて，子どもたちの居場所として子どもに安心感を与え，参加者間の情緒的交流を図っている。このことから，子どもたち自身が子ども食堂に対して居場所や活動に対して期待を寄せ，子ども自身が積極的に参加している様子がある。このように，子ども食堂は経済的貧困の生活課題を抱える子どもたちが食事を目的に集うだけでなく，家庭や学校ではない第三の場所（サードプレイス）での居場所を求めるなど，さまざまな子どもたちが多様な想いをもって子ども食堂に参加している。

2）子ども食堂の定義と類型

　厚生労働省は，子ども食堂について「地域のボランティアが子どもたちに対し，無料又は安価で栄養のある食事や温かな団らんを提供する取組」と定義づけている。子ども食堂の運営はそれぞれの実施主体により大きく異なるものの，子どもからの利用料としては，無料から数百円程度として子どもが参加しやすい配慮がなされている。また有料としている拠点であっても，経済的に参加費の支払いが難しいなどの事情のある子どもには，子ども食堂で必要な調理や片づけを手伝ってもらうことを条件に無料とする拠点等も存在する。

　また，子どもとともに地域住民やボランティアといった大人も子どもたちとともに食事をしている形態（いわゆる地域食堂）や，これまで地域で行われていた主に高齢者を対象としていたサロン活動の実施基盤を基にしながら子どもにも参加できるように時間帯の工夫をしている拠点などもある。子ども食堂のタイプも多様であるが，大別すると4種類に分けることができる。

　①　資源活用・居場所志向型

　公民館やコミュニティセンターなどの公共施設や児童館などの既存の社会福祉施設などを活用し，地域の子どもたちを広く受け入れ，食の提供や居場所を展開し，参加者同士で交流するもの。子どものみを参加対象とするもののほか，親子で参加できるものや，子どもを含めた地域住民を対象にするもの（地域食堂）の形態などがある（この型は対象者を限定せず参加できるため，「オープン型」と呼ぶこともある）。

② ケア（対象者支援）型

特定の生活環境におかれる子どもや親子を対象（限定）にして，子ども食堂の場で参加者のケアを行うもの。対象者の例として，経済的課題を抱えた家庭，ひとり親家庭，両親の就労により保護者が不在となる家庭などや，不登校やその傾向のある子どもなどがある（この型は対象者を限定して開催するため，「クローズ型」と呼ぶこともある）。

③ 機能複合型

子ども食堂での食の提供や居場所を提供するほか，学習支援やプレーパーク（冒険あそび場）などの機能を併せ持ったものや，子どもを育てる保護者への子育て相談などの機能を複合的に実施するもの。参加対象も，その子ども食堂が有する提供するメニューや機能などから子どもに限定したものや，親子で参加するものなどが見られる。

④ 常時開設型など

多くの子ども食堂の開催は定期的（週に数回から数カ月に1回程度）や不定期のものが見られるが，この常時開設型は毎日または日常的に開設されている。この常時開設型の場合，拠点として子ども食堂の専用の建物やスペースを設置することがほとんどである。このほか朝食提供型などの子ども食堂や，子どもの緊急避難を想定したシェルター機能を有する拠点もある。

なお上記のタイプ分類はあくまでも一例であり，その他のタイプや型を組み合わせて実施される子ども食堂もある。

3）子ども食堂の地域における展開例

各地に広がる子ども食堂であるが，子ども食堂の運営主体は多様であり，NPO法人や社会福祉法人等の法人格を持つ拠点，市民グループ等で法人格を有さない拠点，市町村が直営で運営する拠点，地域の児童館や公民館等の一つの事業とする拠点等などがある。そして，子ども食堂の運営には地域住民等がボランティアで参画している事例が多い。

子ども食堂の運営でかかる経費（食材購入や活動場所の手配や整備，子どもたちが遊ぶ玩具や学習のための教材，万が一に備えた保険など）の支弁についても多様であり，子どもなどの参加者からの参加費を使用するところもあるが，多くは地域住民や関係機関からの寄付（金銭面や，フードバンクをはじめとした食材など現

物での提供など）を基にまかなうもの，自治体からの補助金や民間の助成金を
活用してまかなうもの，などである。このような寄付や助成金などへの理由と
して，子ども食堂は子どもの参加が中心であり，その子どもの生活背景（家庭
の経済的状況や保護者の状況）から子ども食堂にかかる経費を受益者負担とする
ことが困難であることや，地域の子どもを地域で支えるという考えで費用を地
域の有志が支弁するという考え方があるなどが考えられる。

　そうして子ども食堂は子どもに対する食事の提供のみでなく，食事やその前
後の時間を利用した参加者同士の交流のほか，学習支援，子どもたちとスタッ
フが共に調理するプログラム，遊びやレクリエーションのプログラムを提供す
る拠点なども存在し，子どもたちの多様なニーズに応えられるように活動を展
開するなど，子どもの居場所としての機能が多く含まれており，子どもたちの
姿からも参加者との交流を期待して参加している様子が広がっている。

　子ども食堂の開催状況について，農林水産省が子ども食堂の実施拠点を対象
に調査した結果[41]によると，子ども食堂の開催頻度としては「月1回程度」が
48.5％と最も多く，次いで「2週間に1回程度」が24.5％，「週に1〜2回程
度」10.9％となっている（回答数274）。そうして「ほぼ毎日」開催していると
ころは3.3％であり，現在のところ子どもの食事摂取を目的として日常的に子
ども食堂を行っているところは限られている。同じく開催日（複数回答可）で
は，「平日：夜」が55.8％と最も多く，次いで「土日祝日：昼」が39.1％，「土
日祝日：夜」が16.1％などとなっている。

4）子ども食堂が果たす地域養護の役割

　子ども食堂は，地域で生活する子どもたちの食の提供や居場所機能などを有
している。そうして子ども食堂のほとんどは，地域住民やボランティア等の支
援者が子ども食堂に協力や参画することによって活動が成り立っている。この
ように地域住民やボランティアが子ども食堂の活動に取り組む根底には，地域
で生活する子どもたちを地域が支えて育んでいくという，地域における養護
（地域養護）につながる意識があるといえる。これらの地域養護を目指す方向性
と支援者の存在がなければ，子ども食堂をはじめとした子どもの支援活動の展
開は困難である。

　このことから，子ども食堂が果たす地域養護の視点として次の3点を捉える

ことができる。

① 子ども食堂を通した地域養護に向けた地域づくり

地域住民や地域社会が子ども食堂を実施することで，地域で生活する子ども
と保護者・家庭と関係づくりを進めながら生活を支え，子ども食堂の開催時だ
けでなく日常的な保護者・家庭と共に子どもへのまなざしを高め育むことがで
きる視点と意識づくりを行う。

② 子どもの主体的な参加が果たせる地域養護の場づくり

子ども食堂は子どもにとっても身近な社会資源の一つであり，子どもが子ど
も食堂への参加を望んで参加している。このため，子ども食堂は子どもに選択
され，子どもに受け入れられる活動づくりが必要といえる。この取り組みは，
地域における子どもの権利保障の実践にもつながるといえる。

③ 地域における子どものセーフティネットづくり

子どもたちが子ども食堂に参加する関わりの中で，多様な背景をもつ子ども
の生活の実際に自然体で寄り添うことが可能である。このため，万が一子ども
の虐待や経済的状況，家庭生活や学校生活などで生活上の課題や変化が生じた
際，子どもの言動や様子などから子どもの置かれる状況をキャッチし，必要に
応じて子ども食堂の支援者が子どもの相談に乗ることや，状況によっては関係
機関との連携を図ることも可能である。これらの取り組みにより，地域におけ
る子どものセーフティネットの一つとしての機能が期待される。

　以上のように，子ども食堂は地域の子どもたちの生活を支える有効な資源で
あると考えられることから，身近で重要な地域養護の役割を果たすことが期待
される。同時に，地域における子ども食堂をはじめとした子ども支援活動の実
施を考える際，地域住民等に子どもの生活支援について理解されるための働き
かけを行い，地域社会としてどのように子どもの居場所を支えていくのかを検
討することが課題である。また，地域において子どもを支えるための協力がで
きる地域住民やボランティア等の理解者を育成することが不可欠である。

注
(1) 厚生労働省雇用均等・児童家庭局長通知「施設運営指針・里親及びファミリーホ

ーム養育指針」2012年 3 月29日。

(2)　中野明『マズロー心理学入門——人間性心理学の源流を求めて』アルテ，2016年。

(3)　全国児童養護施設協議会「令和 2 年度児童養護施設入所児童等の進路に関する調査報告書」2021年12月。

(4)　同前。

(5)　文部科学省「令和 3 年度学校基本調査」2021年12月22日。

(6)　高橋亜美・早川悟司・大森信也『子どもの未来をあきらめない——施設で育った子どもの自立支援』明石書店，2015年，184頁。

(7)　同前書， 4 頁。

(8)　同前書，188頁。

(9)　同前書，183頁。

(10)　学習に遅れがある要因については，村松健司「施設入所児が抱える問題」伊藤良子・津田正明編著『情動と発達・教育——子どもの成長環境』朝倉書店，2015年，75頁，を参考にした。

(11)　詳細は，松原由美・上農正剛・赤木保吉「児童養護施設と学校の連携の現状と課題について」『九州保健福祉大学 QOL 研究機構社会福祉学研究所研究・活動報告 2018年度 21-30』を参照。

(12)　学校側からの受け入れ拒否等の事例は，黒田邦夫「児童養護施設に何が起きているのか」浅井春夫・金澤誠一編著『福祉・保育現場の貧困——人間の安全保障を求めて』明石書店，2009年，116頁，を参考にした。

(13)　厚生労働省子ども家庭局「児童養護施設入所児童等調査の概要」(2018年 2 月)によると「虐待経験あり」という養護施設児は65.6%である。

(14)　高橋英児「集団づくりの展開(2)」日本生活指導学会編著『生活指導事典』エイデル研究所，2010年，88頁。

(15)　同前論文，88頁。

(16)　浅倉恵一・神田ふみよ・喜多一憲・竹中哲夫 編集代表／全国児童養護問題研究会編『児童養護への招待——若い実践者への手引き 改訂版』ミネルヴァ書房，1999年。

(17)　全国児童養護問題研究会編「育ちあう仲間」(基調報告)，2017年。

(18)　竹中哲夫『児童集団養護の実際』ミネルヴァ書房，1987年，90-93頁。

(19)　全国児童養護問題研究会編「養問研への招待」2008年。

(20)　Paker, S. *Family safety conferencing. A partnering for safety approach to conferencing in child protection casework*, SP Consultancy, 2015.（＝2015，井上直美監訳『家族応援会議』児童保護ケースワークにおける安全パートナリング研究会。）

(21)　櫻井慶一「児童・家庭福祉分野におけるソーシャルワーク」櫻井慶一・宮﨑正宇

編『福祉施設・学校現場が拓く児童家庭ソーシャルワーク』北大路書房，2017年，5頁。

⑵ 村瀬嘉代子「7つの物語，生きられた時間をとおして語られること」「子どもとおとなが紡ぎあう7つの物語——養育に関する特別委員会報告書」全国児童養護施設協議会，2019年，227頁。

⑳ 厚生労働省『児童養護施設運営ハンドブック』2014年，87頁。

㉔ 大森信也「子どもに伝えるための一工夫」『子どもと福祉』8，明石書店，2015年，47頁。

㉕ トニー・ライアン，ロジャー・ウォーカー／才村眞理ほか監訳『生まれた家族から離れて暮らす子どもたちのためのライフストーリーワーク実践ガイド』福村出版，2010年，4頁。

㉖ 詳細は，伊部恭子「施設退所後に家庭復帰をした当事者の生活と支援——社会的養護を受けた人々への生活史聞き取りを通して」『佛教大学社会福祉学部論集』9，2013年，1-26頁，を参照。

㉗ 詳細は，厚生労働省子ども家庭局・厚生労働省社会援護局障害保健福祉部「児童養護施設入所児童等調査の概要（平成30年2月1日現在）」2020年，を参照。

㉘ 「乳児院における早期家庭復帰の支援体制の強化について」（児発第421号）1999年では，被虐待児の早期家庭復帰を目指すことが記載されている。

㉙ 親子関係再構築支援ワーキンググループ「社会的養護関係施設における親子関係再構築支援ガイドライン」2014年，「はじめに」，6頁。

㉚ 内閣府が提示する「地域子ども・子育て支援事業」に位置づけられる。費用の負担割合は国・都道府県・市町村それぞれ1/3。

㉛ 東京都は2016年度より施設が一時保護枠を新たに創設した場合，6名の定員に対して職員を通常の配置に加えて1名加配する事業を開始した。現在は二葉むさしが丘学園で実施している。

㉜ こうした所謂「秘匿ケース」は公式なデータが見つからないが，筆者の勤務する施設では在籍52名に対して8名である。近年増加しているものの，2割には満たない。

㉝ 新たな社会的養育の在り方に関する検討会「新しい社会的養育ビジョン」2017年8月2日。

㉞ 厚生労働省子ども家庭局長通知「『フォスタリング機関（里親養育包括支援機関）及びその業務に関するガイドライン』について」2018年7月6日。

㉟ 養育里親は養子縁組を目的としない最も一般的な里親制度。専門里親は被虐待体験や非行等の問題，何らかの障害を有する等，専門的ケアを要する子どもを養育する里親。養子縁組里親は縁組を前提とする里親。親族里親は2002年より制度化され

たもので，①要保護児童の扶養義務者及びその配偶者である親族であること，②要
保護児童の両親等が死亡・行方不明・拘禁・疾病による入院等の状態となったこと
により，これらの者による養育が期待できない要保護児童の養育を希望する者であ
ることを要件とする里親。小規模住居型児童養育事業（ファミリーホーム）は，5
〜 6 人の要保護児童を養育する里親型のグループホーム。

㊱　すべての子どもやその保護者を対象として地域における居場所を創設し，子ども
に対する学習支援，居場所支援，食事提供をはじめとした生活支援，親に対する養
育支援を実施することで，一つの拠点において子どもやその保護者に対して包括的
な支援を実施する。2016年から東京都が施策を開始した。実施主体は市区町村。

㊲　2018年 3 月，札幌市のアパートの一室で82歳の母親と引きこもる52歳の娘の親子
が飢えと寒さによって孤立死した事件により社会問題化した。

㊳　内閣府「子供の貧困対策に関する大綱――日本の将来を担う子供たちを誰一人取
り残すことがない社会に向けて」2019年11月等。

㊴　NPO 法人全国こども食堂支援センター，むすびえホームページ（2021年12月10
日閲覧）。

㊵　厚生労働省子ども家庭局長ほか「子ども食堂の活動に関する連携・協力の推進及
び子ども食堂の運営上留意すべき事項の周知について（通知）」2018年。

㊶　農林水産省「子供食堂と地域が連携して進める食育活動事例集――地域との連携
で食育の環が広がっています」2018年，7 頁。

参考文献

• 第 1 節（4）
小木曽宏「児童養護施設の『家庭的養育』の方向性とは？――『小規模化』のこれか
　　らを考える」『季刊児童養護』42(2)，2011年，18-21頁。
積惟勝『集団養護と子どもたち』ミネルヴァ書房，1971年。
堀場純矢『階層性からみた現代日本の児童養護問題』明石書店，2013年。
吉村譲・山本圭介・廣瀬嗣治「児童養護施設の小規模化について―― A 施設のユニ
　　ットケア化の試案」『東邦学誌』42(2)，2013年，94-97頁。
• 第 1 節（7）
栗林直「児童養護施設の子は，携帯電話を持てないのか?!――契約までの長い道の
　　り」『子どもと福祉』5，2012年，104-107頁。
• 第 2 節（4）
全国児童養護施設協議会『この子を受け止めて，育むために』全国社会福祉協議会・
　　全国児童養護施設協議会，2014年。
藤田哲也「生い立ちの整理に取り組む意味とは」『子どもと福祉』8，明石書店，

2015年，52-53頁。

・第3節（6）

浅井春夫『脱「子どもの貧困」への処方箋』新日本出版社，2010年。

阿部彩『子どもの貧困Ⅱ──解決策を考える』岩波書店，2014年。

農林水産省「子供食堂と地域が連携して進める食育活動事例集──地域との連携で食育の環が広がっています」2018年。

吉田祐一郎「子ども食堂活動の意味と構成要素の検討に向けた一考察──地域における子どもを主体とした居場所づくりに向けて」『四天王寺大学紀要』62，2016年，355-368頁。

<table>
<tr><td>第4章</td><td>社会的養護における支援内容</td></tr>
</table>

1　社会的養護における子どもの理解

（1）生活背景の理解――これまでの暮らしを視野に入れて

　児童養護施設や乳児院，里親等，社会的養護の下で暮らす子どもたちは，施設等の養育者に見守られながら毎日元気に生き生きと過ごしている。しかしその一方で子ども一人ひとりは個々に壮絶な体験をして入所に至っている。例えば親から日常的に殴られるなど暴力を受け体中に傷を負った子ども，突然親が行方不明となり家に取り残された子ども，親から身の回りの世話をしてもらえなかった子どもなどがいる。養育に関わる職員等は子どもの家族状況，これまでの生活背景を理解することが大切である。

　例えば，母親が疾患等により家の整理が困難でありゴミが散乱する家庭で生活をしてきた子どもが，部屋の整理ができず散らかった状態でも平気なことがある。それはその子の家庭文化の中で物を整理する習慣がなかったことが影響している。また，親から暴力を日常的に受けてきた子どもは，思うようにいかないことがあると，他の子どもや養育者に暴力を振るったり暴言を吐いたりすることがある。それは，その子が暴力以外の方法で思いを伝えることを十分に身に付けてこなかったためである。そして暴言を言うことで大人の気持ちを惹くことを身に付けた子ども，大人への試し行動をするなどさまざまな子どもがいる。職員はこれまでの生活背景を十分に理解し，基本的生活習慣，人との良好な関係のつくり方等を身に付けられるよう，子どもと一緒に時間をかけて取り組む必要がある。

（2）子どもの育ちの理解と愛着関係・信頼関係づくり

　児童養護施設で育った当事者の2人の手記の一部から考えてみよう。

「あまり細かいことは覚えていないのですが，私が幼稚園の年少か年中のときに母が失踪しました。それは突然のことで，まだ小さい私は状況が全くわからず，兄と一緒に母が帰ってくるのを待っていました。」[(1)]

「父は私と弟をよく比べました。何でも上手にこなす弟とは違い，勉強もスポーツも，友達との付き合いも苦手だった私は，お父さんと対立することも多く，殴られたり，蹴られたり，『おまえなんか生まれてこなければよかった』『死ね』と言われ，暴力を受けることも多かったのです。」[(2)]

　上記の手記にあるように，社会的養護の下で暮らす子どもは，幼少期に親から十分に甘えさせてもらった経験がない，親から虐待を受けるなど，特定の大人との愛着形成ができていない場合が多い。また，親から否定的な言葉を言われ続け，自己肯定感が低い子どももいる。子どもたちは愛着障害や人間不信になるなど，他者との関係をつくることが困難になりやすい。劣等感をもち，人との関わりを拒否し，自分は生きている価値がないなど自己否定する考えをもっている場合もある。こうした子どもの育ちを理解して，甘えを十分に受け止め，これまで築くことができなかった大人との愛着関係，信頼関係づくりに努め，自己肯定感を育めるように援助を行っていくことが重要である。

（3）発達の違い・障害特性を見つめる

　子どもの養育にあたる時，個々の発達に応じた支援の視点が必要である。入所前にネグレクトの環境で育った子どもの中には言葉の発達の課題，不登校の状況にあった子どもは学習の遅れが見られることもある。また，子どもの心身に障害がある場合もあり，発達障害，知的障害など，多様な障害特性について理解を深めておく必要がある。こうした障害特性のある子どもへの支援においては，児童精神科医や心理職員との連携によって多方向から考えていくことが重要である。

（4）子どもへの理解の方法・深め方

　子ども理解の方法として，まずは日常生活における目の前の子どもの姿から理解していく。他には児童相談所からの児童記録票なども活用することができ

る。児童記録票には，入所等に至るまでの家庭状況，家族との面接記録，一時保護所での生活記録や心理・発達検査の記録などが書かれている。こうした記録を把握し，実際の家庭との面接等も合わせて総合的に理解を深め，援助を考えていく。また，子どもの育ちについて職員集団の中で定期的に話し合い，ケース検討会等により子どもの姿を職員間で共有，確認していくことも必要である。

（5）子どもの理解と援助実践のつながり——背景にあるもの

　子どもの理解の仕方と援助実践は，つながりをもっている。子どものある行動はどのようなことが背景で起きているのか，目の前の課題だけにとらわれず，多様な視点による理解から援助方法が見えてくる。

　施設で生活する小学校6年生の女の子の事例から考えてみよう。

```
── 事　例 ──

　ある時期に，ゆうなちゃんの部屋に小物やコミック本など急にたくさんの新しい
ものが増えていた。おかしいと感じた職員がゆうなちゃんに問いただしたところ，
「近くのお店で盗ってきた」と正直に話した。ゆうなちゃんは大人しい子どもであ
り，施設内ではこれまで困った行為をすることはなかった。しかし，この頃に母親
が再婚して妹が生まれ，施設の退所や家庭引き取りの話が出ていた。ゆうなちゃん
の心の中は言葉にできない大きな不安が募っていたようだった。
```

　事例のゆうなちゃんは普段は落ち着いている子どもであるが，思春期に差し掛かった年齢にある中，家庭状況の大きな変化による心の葛藤や不安があったと考えられる。ゆうなちゃんへの対応としては行為を叱るだけではなく，不安定な心境の揺れに寄り添うことが必要となる。

　子どもへの援助にあたる時，発達年齢を考慮しながら，子ども自身の性格や心理状態を理解し，家庭状況に応じて援助を行っていく。事例のように表面に現れた行動の外に，言葉にできない子どもの思いを汲み取り，気持ちに寄り添いながら本当に求めているものは何かを探ることが大切である。

2　日常生活支援

　社会的養護の支援内容の基盤となる日常生活支援について，まず取り上げる。日本の施設養護では，乳幼児期と幼児・学童期以降に分けてケアすることが多いため，本節においてもそのように区分して捉え，日常生活支援の場面で重要な課題について解説・実践例を紹介する。

（1）乳幼児期のケア
1）基本的生活習慣と自分の気持ちを表現する力
　近年生活単位の少人数化や地域小規模化することで，施設の住環境は一般家庭に近づいてきている。大舎制の居室環境では保障しきれなかった個別の衣類や食具，おもちゃ，保護者からのプレゼントなどをより丁寧に使え，デイリー設定が緩やかになったことで落ち着いた生活になってきている。
　乳児期の授乳・食事・排泄・睡眠といった生活リズムには，大きな個人差がある。こまめにミルクが飲みたい子ども，まとまった睡眠をとった後にたっぷりのミルクが飲みたい子どもなど，心地良いリズムはさまざまである。規則正しい生活リズムを身に付けていけるように，環境を整える必要はある。けれども生活リズム獲得以上に，"お腹がすいた"と泣けば授乳され，"不快だ"と泣けば抱っこしてもらえたり，おしめ交換や衣服の調整をしてもらえたりと何らかの対応がなされることが，自分の気持ちを表現する力や自己肯定感を育むことへとつながっていく。
　幼児期に入るとより細かい希望が，日常生活のちょっとした場面で子どもから自然に出されるようになる。言葉にならない思いを，その場にひっくり返るなどして全身で表現する。自分でしたい，散歩へ行きたい，おにぎりにしてほしい……。いつでも，どんな要望にも応えられるわけではないが，まず子どもの気持ちに共感し，受け止める。そしてどう実現していくか共に考えるやり取りを重ねていくことで，また次の自己表現につながり，子どももしっかり生活づくりに参加していると感じられる。子どもの声に耳を傾けられるだけの保育者の配置をいかに保障するかが，急務の課題となっている。

2）子ども同士のそだちあい——異年齢集団での生活

　同年齢の子ども同士では興味関心が似ており，お互い刺激し合いながら成長していく。一方で張り合うことも多くトラブルになることも少なくない。

　しかし，相手が年少児となると大事に組み立てていたブロックが壊されても，夢中で遊んでいたおもちゃを横取りされても受け入れ，時には遊び相手にもなっている。年少児にとっては，保育者だけでなく子どもからも受け入れられ，万能感を育んでいく。年長児にとっては，思いっきり外で遊んでいる時でも「赤ちゃんのご飯の時間だから帰ろう」と言われたり，居室でご機嫌に遊んでいても「赤ちゃんねんねしているから，静かに遊ぼう」と言われたり，と，我慢を強いられる場面も多い。けれども一心不乱にミルクを飲んでいる赤ちゃん，微笑みながら抱きしめ見守る保育者の姿を背景に生活をすることで，記憶に残っていない自分自身の乳児期にも，同じように温かなまなざしが注がれていたことを感じ取る機会にもなっている。

3）きょうだい関係づくり

　同居室で生活することで，きょうだい関係を育むことにも努めている。妹と一緒に寝ると言って添い寝するお兄ちゃん。妹が理不尽な要求をしても受け入れるお姉ちゃん。普段はわがままばかり言っているけれども，本当はお姉ちゃんを頼りにしている妹や弟。面会や外出泊の後で家族と別れてどちらかが泣いていれば，もう一人が傍で一生懸命慰めながらも悲しみを共有している姿などが見られる。

　子どもだけでは解決できない課題を抱えている家庭が多い中，同じ課題を抱えているきょうだいの存在は大きい。乳幼児期の密で良好なきょうだい関係が，本当の意味で家族の抱える課題に向き合うこととなる思春期以降まで継続されているかはわからない。けれども自分にはきょうだいがいると思えることが，課題と向き合う，あるいは親の人生と自分自身の人生は別であると，あえて目を背ける勇気を与えると信じている。

（2）学童期以降のケア

1）養育者の役割

　子どもの試し行為に揺さぶられずに子どもの存在を大切にすることは，要求

を叶えることだけではないと示し続ける毅然とした態度が求められる。どんな時でも「自分は愛されている」という感覚は，乳幼児期からのこうした営みを通じて，子どもの中に少しずつ積み上げられていく(3)。

施設とは家庭での養育に代わる役割を果たす所であり，その役割について『児童養護施設運営ハンドブック(4)』には，「なにげない日々の生活を通じて，いかに養護し自立を支援していくかが，児童養護施設の役割とも言えます。…（中略）…その前提として重要なことは，子ども自身が安心・安全な生活環境の中で"自分は愛されている"と実感できる体験をしていることです」と書かれてある。

この"自分は愛されている"という感覚を，施設の生活でどう積み上げていくのか。その取り組みの一つを紹介する。

2）子ども集団づくり

① 話し合いを始めるまで

まだ数年前のことである。女子棟の生活がとても落ち着かなくなった。力のある子どもたちが何も言わなくても，何もしなくても周りの子どもたちを動かすようなヒエラルキー「力のピラミッド」が集団の中にできていた。自分の居場所を確保するために，一人ひとりが必死になっていた。

子どもたちは職員を信用できず，職員にも「そんな場面を見ても注意すらできない職員への不信感」や「対応をチーフ任せにする職員集団の雰囲気」に対する不協和音が広がっていた。

家族問題に振り回されるケースが多く，施設だけの支援が難しくなる。児童相談所や関係機関に協力を求めることになるが，まだ続く「力のピラミッド」の改善と，職員のチームワークづくりのために，自分たちで取り組めることをみんなで考えることになる。

② 話し合いのサイクル

まず職員の学習会を定例化した。直接処遇職員（以下，職員）だけで行っていた学習会に，心理治療担当職員（以下，心理職）と家庭支援専門相談員（以下，FSW）も加わることにした。客観的な議論ができることや，（職員と子どもによる）話し合いを継続させていく体制を整えた。

学習会では職員から生活の中にある困り感を出してもらい，その中から話し

表 4 - 1　子どもの話し合いの内容

	内　　容	子どもへの投げかけ	職員が大切にしたいこと
第 1 回	この話し合いを始める意味，目的の説明。	これまでの生活の中で嫌だったこと，困ったことは何か。	子どもたちがいろいろ思っていることを職員も理解し，なんとかしたいと思っていること。
第 2 回	食事中にドレッシングを取ってもらう場面を考える(1) ①他の子に取りに行かせる ②力のある子が「無いなー」と言っただけで他の子が取りに行く ③ドレッシングの近くにいる子に「取って」とお願いする	3 つの場面の違いは何か。どの方法がよいか。	子どもたちは一番よい方法は分かっているけれど，実際に年上の子に言われたらこわくて断れないし動いてしまうということを職員も理解している。そういうことを考えていきたいと思っていること。
第 3 回	食事中にドレッシングを取ってもらう場面を考える(2) ①と③を実際に子どもがロールプレイする。	実際に演じてみてどうであったか。	③の方法がお互い気持ちがよいことに気付いてもらう。
第 4 回	食事中にドレッシングを取ってもらう場面を考える(3) ①の場面のロールプレイをやり，断ってみる練習。	断ってみた気持ちはどうであったか。	断ってもよいことを理解する。断るときは相手が嫌な気持ちにならない言い方があることに気付いてもらう。
第 5 回	食事中にドレッシングを取ってもらう場面を考える(4) 「取って」と言われたときに断わってみるロールプレイをする。	どんな断り方があるのか。	「嫌」と言うだけではなく「○○だから嫌です」と理由を言って断れるとよいことを理解してもらう。
第 6 回	今までの話し合いの振り返り。生活の中で困ったことを考える。	生活で困ったこと，嫌だったことはないか。子どもたちから発言してもらう。	子どもたちがいろんな思いを抱えて生活していることを職員は理解している。意見を言えない子もいるから書いて提出できるように箱を用意すること。

出所：『子どもと福祉』編集委員会編『子どもと福祉』10，明石書店，2017年，96頁から抜粋。

合いのテーマを選ぶ。 1 回の話し合いは，①話し合いの内容（困っていること）②子どもへの投げかけ（考えてもらうこと）③職員が大切にしたいこと（子どもに伝えたいこと）の 3 部構成で行うことにした（表 4 - 1 ）。
　途中に取り入れるロールプレイのやり方なども工夫して，職員がシナリオを作成する。こうして念入りな準備をして話し合いに臨むことにした。話し合いが終わると，すぐに次の学習会を開く。話し合いを撮影したビデオを見ながら

振り返りを行い，心理職とFSWからの助言を受け次回のテーマを決め準備を行う。

③　話し合いの詳細

子どもたちには，「かならず月に1度の話し合いをする」ことと，「女子棟の小中学生と職員も全員で食堂に集まる」ことを伝えた。テーマを前日までにみんなに伝えておくことや，会場のイスを半月状に並べたり意見を言いやすいように，子どもの間には職員が入るなどの環境も整える。終わった後の学習会に使うため，子どもたちに許可をもらい話し合いをビデオ撮影することを確認した。

話し合いの始まりと終わりには，必ず次の「約束」を入れる。

①　人の話は最後まで聞くこと。

②　食堂で出た内容や意見は絶対に棟に戻って喋らないこと。

この2つの約束により，他人の意見を尊重することや，ここで安心して意見が言える意識が強化されることを目指した。

話し合いの中には日常生活でのエピソードも織り込み，その場面をイメージしやすいように視覚化する。1回の取り組みは30分程度とし，実際の生活で取り組めるようロールプレイを取り入れることもある。

3）施設が取り組んできたことを振り返る

①　話し合いを続けて変化したこと

「断れるようになったよ」とか，「断れたけれど，……まだちょっと言った後は怖いかな」とか，「あの劇みたいにやってみたよ。でも失敗しちゃった」とか。みんな話し合いの場で安心して意見が言えるようになっている。ロールプレイは失敗しても，やってみたことを職員に話せるようになり，子どもの自信につながっている。

「力のピラミッド」は徐々に崩れている。職員も相談できる人，一緒に考えてくれる人に変わっている。子どもと大人が同じテーマを共有し対応方法を考えていくことで，今まで危機を感じていた場面でも安心して職員は介入でき，子どもは対応してもらえるようになっている。

生活が改善していることを実感し，職員から見守られている気持ちが生まれ，「どうせ言っても仕方なかった大人」の中に，少しずつ信頼が生まれている気

がする。⁽⁵⁾

②　施設が取り組めること

　不適切な養育環境を強いられた子どもたちに必要なこと。まず生活の中に安心・安全があること。生活の中で「自分は愛されている」と実感できる体験をしていくことである。

　ここでは，そのための実践を紹介した。強くなりすぎた子ども同士の力関係をなくしたい，子どもたちに安心して生活してほしい思いをいろんな職員で共有し，話し合いによる意図的な生活づくりをみんなで考えた。

　「なにげない日々の生活」とは，職員が意図的に作り出す日々のことである。子ども自身が安心・安全な生活環境の中で，"自分は愛されている"と実感できる体験を積み上げていく実践をこれからも続けたい。

3　治療的支援

　社会的養護の支援内容には，「日常生活支援」と「自立支援」に加えて「治療的支援」が位置づけられる。障害等をもつ子どもたちの増加に伴い，養護養育に治療的観点が求められるからである。施設の高機能化に伴い多様な専門職が配置される中で保育士・児童指導員等の果たすべき役割の確認や専門職との連携のあり方が問われる。ここでは，児童養護施設と治療系施設である児童心理治療施設を例として，保育士・児童指導員の治療的支援について紹介する。

（1）児童養護施設における治療的支援
1）治療的支援とは

　そもそも児童養護施設における治療的支援とは，どういうことなのか。私たち児童養護施設の生活支援の現場にいる職員にとって，日常の生活の中での対応が治療的支援になりうるのか。さらに，どういう対応が治療的なのか。まずは，治療（精神科や心理士と定期的に関わってもらうこと）との関わりの事例から考えてみたい。

　筆者が初めて児童精神科の定期受診のために子どもを引率する経験をしたのは，30年程前，不登校の中学生の太郎とだった。対人恐怖症及び強迫神経症的

な不登校の子どもであった。当時はまだ不登校の理解は不十分で「怠学」と捉えられることが多かった。どうしたら学校に行けるのか，中学の先生も一緒に入ってもらったカンファレンスでのことだった。精神科医はこう言った。「この子は今，心から血を流しています。そんな子どもに学校に無理に行かせることは，何の意味もありません」。当時の筆者には衝撃的な言葉だったが，大いに納得した。

　また，暴走族で喧嘩ばかりする非行を繰り返す隆とも通ったことがある。彼の行動に困り果てた筆者たちは，児童相談所に相談を持ちかけた。そこで，心理士との箱庭療法と，担当ケースワーカーとの将棋および1週間を振り返るというプログラムが実施された。箱庭療法の心理士の方は「非行系の男の子でこんな風に箱庭にのってくれる子は珍しいんです」と嬉しそうに言われた。

　隆は，いつも何らかの戦いの場面を作っていた。ただ，その戦いの場面の片隅に必ず鴨とか亀とか小動物が登場していた。心理士の方はそれが彼の中にある優しさだろうと解説してくださった。数年後セラピーが終結する時，隆はその心理士の方が結婚するのを聞いて，最後の箱庭で結婚式の場面を作った。いつも夜中に園を抜け出して暴走して喧嘩して警察に保護されている隆が，結婚式の場面を作ったのだ。またケースワーカーは将棋の強い方で，隆はこのケースワーカーに勝つことを目標に，そして楽しみに通っていた。将棋が強いことが，隆をケースワーカーに引き付けた。将棋終了後，ケースワーカーは隆の行動をとがめることなく，ただただ話に耳を傾け，隆が自分の1週間を整理する時間に付き合って下さった。

　その後も，子どもたちと定期的に児童相談所や精神科に通うことを大事にしてきた。その中で，子どもたちの表す行動を最先端の専門家がどう捉えているかを学ばせてもらったし，それを関係機関で共有することの重要性も学んだ。

　また，まずはその子どもの行動を受け止めて，本人の話を聞き，本人と一緒に振り返り，その中で本人と支援者の間に信頼関係が形成され，そして本人が自分のことを客観的に振り返れるようになることが大切だということを学んだ。と同時に，私たち支援者が医師や心理士の支えの中で根気強く子どもたちに寄り添うことがいかに大切か，そしてそれが私たち現場の職員の主要な仕事であることを知ることができた。そのためには，安全で安心できる生活，環境を用

意することがスタートとなる。詳細は，本書の第2章2を参照をされたい。

2）治療的支援として大切にしていること

①　子どもの権利を擁護することが治療的支援につながる

　ここ20年程，虐待と発達障害が急増し，さらに私たち現場の職員に治療的支援が求められるようになってきた。その中でまず大切にしていることは，子どもの権利擁護ということである。権利擁護を追求することが治療的支援につながっていくというのが筆者の実感である。子どもに寄り添い，彼らのニーズに応え子どもの権利を守ることが治療的な支援につながる。しかし，これはなかなか難しい。元つばさ園の主任で現・児童心理治療施設ももの木学園主任がこんなことを書いている。

　「子どものリクエストに応える食事

　　20年ほど前に中学生数名がひどく荒れた時期があった。夜になると，どこかの部屋に集まって騒ぐ，屋上をかけ巡る，廊下を自転車で走る，ケチャップやマヨネーズをまき散らし，叱責する日が続いた。しかし，当時の主任（現園長）は，荒れている子をコンビニやマクドナルドに連れていくようになる。問題行動ばかり起こしているのにどうして甘やかすのかと思っていたが，徐々にその中学生達が落ち着き始めた。そこで，同じように見様見真似でやってみると「お前がうざい」と話にならなかった今までの状態から「ありがとう」「みんなもうちょっと遠慮しようや」と気を遣う言葉が出てくるようになり，自然といろんな相談ができる関係に変わっていった。その頃から，食のニーズに対応することが生活支援の要の一つになっていった。

　　例えば，多くの施設は（かつては私たちもそうであったが）栄養バランスや好き嫌いをなくすのを優先する。学校の給食で残さず食べるとそのクラスが賞をもらえるのと似ている。入所してくる子どもの中には，躾と称してお菓子やジュースを一切与えられなかったり，逆に毎日コンビニ弁当や菓子パンを食べていたりする。そのため，酷い偏食になる子どもも多く，食事を残さず食べることはかなり難しい。栄養バランスの良い食事がテーブルに並ぶことは大切だが，子ども一人一人の食のニーズに対応し，食の要求を満たすことが子どもの安心感，満足感に直結するといってもよい。[6]」

子どもの支援で最優先とするのは子どもが安全に安心して暮らせることだと納得できるまでには，時間がかかる。先の引用文にあるように，ルールや規則正しい生活をどうしても優先して考えがちだ。ルールや生活の仕方を教えながらも，子どもの現実を受け止めてニーズに応えることで，関係，信頼，愛着がはぐくまれる。

　②　生活支援に自信をもとう

　そしてもう一つ大切にしているのは，生活支援に関して現場の職員が自信をもつことだと思っている。6年前に児童心理治療施設との合築に立て替えた。児童養護と児童心理で基本的に同じ支援方針で，会議や事例検討会も一緒に行っている。そこには医師も看護師も心理士もいるので，自ずと治療的なアセスメントが行われる。

　生活支援の仕事はともすれば誰にでもできる仕事と思われがちで，医師や心理士のような専門家に対してコンプレックス，自信のなさを感じてしまうことがある。筆者もそういう時期があった。しかし，日常の生活支援に自信をもち，医師・看護師・心理士と対等に連携できてこそ治療的支援につながる。治るのは子ども本人，治療するのは医師・看護師・心理士，その治療を支えるのが現場の生活支援であり，生活支援そのものが治療的支援となる。ある種の生活支援あるいは生活様式が治療的であることは，すでにいくつかの実践で明らかになっている。[7]

3）治療的職員集団を作る

　そのような職員を育てるには，どうしたらよいのか。職員集団が次の職員を育てるという実感がある。職員集団の中でじっくり時間をかけて職員本人が育っていく。職員それぞれが，他の職員をソーシャルワークする，職員同士の相互のソーシャルワーク的関わりが大切なのではないか。そのために施設として大事なポイントがある。

　1つは，治療的支援はとても専門的知識やスキル・経験を必要とする。すべての職員がそれを持ち合わせることは難しい。ならば，職員一人ひとりがそれぞれの強みを活かし，またできないところは補い合う，そんな職員集団が必要なのではないか。いろいろな職員がいて，それぞれに得手不得手があって，それをみんなで共有して補い合って，トータルとしての治療的職員集団になれば

よいのではないか。

　そしてもう1つ，子どもへの飽くなき関心，これが児童養護施設の職員にとって，また治療的支援をするために，必要なことなのではないか。子どもに指導するとか躾けることよりも，その子どもがどのような子どもか，何に関心をもっているのか，どのような強みをもっているのか，困っていることは何か，ニーズは何かなど，子どもに関心をもって寄り添うことが楽しいと思えることが何より大切だ。がんばって寄り添っていると，少し共感できるようになる。その子どもの気持ちの中に入っていくことができる。このようなことを感じながら対応していると楽しい。そして多分，このような対応が治療的支援になっているのだと思う。子どもに対する飽くなき関心，これは今でも筆者のこの仕事への原動力となっている。

（2）児童心理治療施設における治療的支援

　本項では，主に児童心理治療施設における治療的支援について，筆者自身が児童心理治療施設の児童指導員として，子どもたちと関わってきた経験を基に述べていきたい。

　児童心理治療施設での「治療」とは「心理治療」が中心であると考えられがちであるが，その基礎となるのは「日常生活支援」である。日々，児童心理治療施設で子どもたちと過ごす中で感じることは，日常生活における丁寧な支援により子どもたちの生活は安定する。そこから，ようやく子どもたちは心理治療を受けながら自身の課題に向き合うことができるようになり，学習意欲が出てくるなど生活の中で変化が見られるようになる。滝川一廣は児童心理治療施設における日常生活の営みの中に治療性が含まれていると指摘している[8]。では具体的に，児童心理治療施設の日常生活の中で児童指導員がどのようなことを大切にしながら子どもたちを支援しているのかを見ていきたい。

　児童心理治療施設（以下，施設）に入所する子どもの中には，自身の感情がコントロールできず暴れたり，心ない言葉を相手にぶつけてしまったりする子どもたちがいる。子どもたちは苦しい思いや整理できない自分の感情を施設生活の中で吐き出す。施設の児童指導員（保育士も含まれる。以下同じ）は，そのような子どもたちの辛さや苦しさが少しでも軽減するように寄り添うことしか

できない。時には子どもたちが発する言葉や態度を直接受け止めざるを得ず，職員自身が心身共に傷つくことも多い。それでも毎日生活を共にする中で育まれていくモノがある。それは「信頼感」であったり「関係性」であったり「愛着」と呼ばれるモノであると感じている。

　施設では日々，さまざまなことが起きるがそれでも毎日同じように1日を過ごせるよう職員は意識している。そうすることで子どもたちは，明日も今日と同じように暴力がなく安心して過ごすことのできる1日が来ることを信じられるようになっていく。信頼できる大人（施設職員）と一緒に日常生活を繰り返していく中で，子どもたちは「明日」を想像できるようになり，それが1カ月後，1年後と自分の未来を想像することができるようになっていく。これは子どもが自分を信じることができるようになった証拠でもある。そんな些細な子どもの変化（話す内容の変化，ちょっとした仕草の変化など）を児童指導員は見逃さずキャッチし，肯定的に子どもに伝え返していく。このようなやり取りから，子ども自身が自分の成長と変化を実感することができるようになる。

　このように，子どもの些細な変化を観察する力が児童指導員には求められる。村瀬嘉代子は対人援助職に求められる観察力について，的確に相手の気持ちを感じとっていくためには緻密な観察が基本であると指摘している。⁽⁹⁾

　そしてもう一つ大切なのが，子どもと生活をしながら感じたことや疑問に思ったことなどを子どもと一緒に話をしたり，子どもの思いや気持ちを聴いたりする時間をもつことである。うまく気持ちを言葉で表現できない子どもには，絵を用いたり気持ちを数値化して表したりする等の工夫をしながら，子どもの本当の思いを探り理解する努力が求められる。子どもたちの成長を敏感に察知して，子どもに寄り添いながら子どもの思いや気持ちを聴くこと，これは子どもたちと生活を共にするからこそできることだといえる。

　施設で生活をしていく中で，子どもたちがどのように変化していくのか，2つの事例を見ていきたい。

┌─ 事　　例 ─
　中学生の晴男は不登校の状態で，家庭では母親に暴力を振るっていた。両親は晴男が幼い頃に離婚しており，晴男は父親を知らなかった。施設に入所し母親と離れた生活を送る中で，日々の生活の中でいかに母親が苦労をして自分のことを育てて

きてくれたのかを感じるようになっていった。また施設での男性職員との関わりから「大人の男性」を意識するようになり，「○○さんみたいに俺も音楽ができるようになりたい」と希望を口にするようになった。母親とも落ち着いて話ができるようになり，過去の母への暴力を詫びる姿も見られるまでになった。2年後，晴男は母親と一緒に暮らすため自宅へ帰ることができた。

　小学校低学年で入所した史子は父親の再婚した養母との関係が悪く，ネグレクトと心理的虐待を受けていた。施設に入所してからは担当職員への反抗が顕著に見られていたが，担当職員に反抗しても一緒に食事をし，宿題を見てもらい，就寝時に寄り添ってもらうなど自然と関係修復をする生活を繰り返す中で，反抗的であった史子の態度も年齢相応に甘える姿を見せるようになっていった。その後，史子は自身の選択により，児童養護施設への措置変更を決断した。

　晴男も史子も，繰り返される日々の中で自分の気持ちに落ち着いて向き合うことができるようになっていったように感じる。そしてそこには毎日変わらず生活を一緒に送ってくれる大人（職員）の存在が大きな支えであったと思われる。

　村瀬は「自分の存在の基盤が危ういと感じている人には，もっと純粋に『楽しい』『嬉しい』という経験にまず出会ってもらうことが必要」[10]であると述べている。まさに施設で出会う子どもたちに対して，自身の存在の基盤が危うく，寄る辺のない不安定さを感じることが多い。児童指導員として，子どもたちの生活の様子を通してどれだけ子どもの成長や変化を見出すことができるのか，子どもたちに何をどのように支援として提供できるのかを常に考え，安定して繰り返される日常生活に治療的な意味が含まれていることを意識し，子どもと一緒に生活を送る日々の中で真摯に向き合っていくこと。そこに児童指導員としての専門性があり，そしてその視点こそが治療的支援の基本的な部分であるといえる。

4　自立支援

（1）自立とは

　「自立」という言葉は，本書が対象とする社会的養護の分野においても，抽象的かつ曖昧であり，また難解な言葉でもある。さらには永遠のテーマともいわれている。子どもへの自立支援が実を結ぶためには，「自立」をどのように

捉え，何を目指し取り組むのかについて共有化を図ることが，大前提となる。自立の概念の共有化は，実践における根底に位置づけなければならない。

　また「自立」のイメージをより具体化するためには，重要なデータが必要である。その一つとして挙げられるのが，児童養護施設退所者等からのメッセージである。2011年8月東京都による児童養護施設等退所者へのアンケート結果によると，児童養護施設退所直後に遭遇する困難さとして，「孤立感・孤独感」が最も上位に挙げられている。私たちは，この実態を重く受け止めなければならない。今までの実践だけでは何か不足しているものがあるという視点をもつべきであり，「ニーズの合致」を試行錯誤しながらでも自立支援を試みなければならない。

　自立するためには，自分の殻に閉じこもることなく，他者に心を開いていることが前提になる。そして自分に届くいくつもの選択肢を手に入れ，必要なことを選び取るとともに他者の手を借りることもでき，自分の道を迷いながらも進んでいくことという視点に立つならば，「自立とは（主体的）依存である」と言い換えられる。「助けて」と言えることは，「自立」の重要な要素の一つである。

　人は皆，発展途上にある。人が発展する過程においては，欠点を指摘し直すことよりも，強みを見つけ伸ばす取り組み（ストレングスモデル）を積極的に実践していくべきである。

（2）自立支援コーディネーターとは

　前述の2011年8月東京都による児童養護施設等退所者へのアンケート結果は，私たちが退所者に対して「自立を強いることで，孤立を招く」事態を引き起こさせていることを明白にした。東京都は，2012年4月に全国に先駆けた取り組みの中心ともいうべき自立支援強化事業を開始し，自立支援コーディネーターを施設に配置した。これは，東京都の単独事業であり，施設入所者の入所中のサポート，社会に出た後の支えとなれるよう，退所者の支援が充実したものになるよう全国展開へ向けての発信でもある。そして，2020年には，全国配置になった（但し，名称は自立支援担当職員）。

　自立支援強化事業の目的は，児童養護施設に入所している児童の自立に向け

た施設入所中の支援や施設退所後のアフターケアを手厚く行える体制を整備し，社会的養護の下で育つ子どもの自立を図ることである。自立支援コーディネーターの役割は，「自立支援計画書策定への助言及び進行管理」「児童の学習・進学支援，就労支援等に関する社会資源との連携，他施設や関係機関との連携」「高校中退者など個別対応が必要な児童に対する生活支援，再進学又は就労支援」「施設退所者に関する継続的な状況把握及び援助」である（東京都福祉保健局少子社会対策部育成支援課）。

（3）自立支援に関する新たな視点の事例

　「常識は，人の思い込みで成立している」といわれる。この思い込みに疑問を投げかけてみることも必要である。世の中における自立のイメージは「誰にも頼らずに生きていくこと」と捉えられがちである。この幻想は「人間は周囲に支えられて生きている」ということをわからなくさせてしまう危険性をはらんでいる。「肩肘張らず，頼れる先，選択肢をたくさん持つこと」は，自立において不可欠な要素である。

　よって自立支援とは，基本的生活習慣の習得や就学支援，就労支援だけを意味するものではなく，自立を年齢，能力に応じて最大限実現できるよう支援することであるといえる。

　社会的養護の下にある子どもたちが抱える「心の傷」は，見えにくいものである。実情は「自己肯定感の低さ」「自己表現が抑圧されてしまうこと」「未来思考が抱けない」等の課題や辛い胸の内を抱えている。このような様子から，「自分を必要としてくれる他者がいる」「自分の存在には意味がある」という感情や自信を得ることが困難な環境に身を置いていたであろうことが想像できる。そのような子どもたちへの支援として，「認める」という方法でアプローチすることが求められているものの生活の場面では難しいことが多い。そこで新たな視点として，「芸術家による子どもたちへのアプローチ」[11]を紹介する。

　ダンスや演劇，美術，音楽などの分野で活動するプロの現代アーティストが，教育現場や児童養護施設などの福祉現場など，子どもたちが集まる場所に出向き，教職員と協力しながらワークショップを実施する。劇場やホールに子どもたちが足を運ぶのではなく，「学校」「施設」などの日常の場に，アーティスト

がさまざまな企画を持って訪れる。

　またワークショップは，コンサートや演劇鑑賞のような受動的な活動ではなく，子どもたち自身が主体的に取り組み，体験する活動である。「教える／教えられる」という一方向の関係性ではなく，アーティストと子どもたち，あるいは子どもたち同士が，双方向の関係性を築くワークショップである。作品を作る（結果を出す）ことよりも，むしろそのプロセスや，そこで行われるコミュニケーションを大切にしている。

　子どもたちは，ワークショップを通して新しい自分を発見したり，自分とは違う他者の表現を認めたりする。さらに，ワークショップを行うアーティスト自身も新鮮な刺激を受け，お互いに新しい可能性を広げていく。

　アーティストと教職員，そして子どもたちとのコラボレーションによる，それぞれの学校，施設ならではのワークショップを展開している。

　この芸術家によるワークショップの有用性は，「何気ないコミュニケーションの中に『意味』『目的』がたくさん詰まっている」ということである。「芸術」というある意味，正解も不正解もない自由な表現の場は，子どもたちにとって，自身の存在を「認められる」かけがえのない空間，時間となる。

　このように，アーティストという芸術の専門家によるアプローチによって，求められている支援が可能になる。①自己肯定感，自己表現の向上（自由な表現が許される場，自分の表現に対して肯定的な評価が得られる，定期的に用意される自分の空間，言語ではなく表現を介しての他者との関わり方であり，抵抗感が出にくい等）②ソーシャルスキルの獲得（他者へ譲る，他者の表現に目を向ける，静かに話を聞く，モデルを観て模倣する等）が挙げられる。

　また身体，五感を使って遊ぶ，身体の感覚を中心にした遊びの中で身体を大切にすることを学ぶ機会にもなっている。あるいは，すぐにできること，上手にできることを求められてはおらず，自分で考え，自分で行動する力を養う機会にもなる。アプローチの中には「あなたらしい」というメッセージも盛り込まれており，本当の意味で「受け入れられる」という環境が提供されている。

　活動を通して，子どもたちは知らず知らずのうちに必要なスキルを身に付けている。厳しい実情をもつ子どもたちへ高度な要求をしなければならない児童養護施設の職員は，対人援助職として重要な「主体性の保障」を学びなおす機

会になる。これらのことは，自立支援の根幹につながり，施設退所者の「孤立感・孤独感」の緩和に辿り着くものである。

注

⑴　坂井田美穂「施設に入所して私は変われました」施設で育った子どもたちの語り編集委員会編『施設で育った子どもたちの語り』明石書店，2012年，74頁。

⑵　佐野優「自分の人生が好き」施設で育った子どもたちの語り編集委員会編，同前書，188頁。

⑶　杉山史恵「児童養護施設における子どもの『甘え』とその対応」『世界の児童と母性』86，2019年，29頁。

⑷　厚生労働省雇用均等・児童家庭局家庭福祉課『児童養護施設運営ハンドブック』，2014年，17頁。

⑸　『子どもと福祉』編集委員会編『子どもと福祉』10，明石書店，2017年，96頁。

⑹　三輪武彦「児童養護施設『あおぞら園』の実践」日本生活指導学会編著『自立支援とは何だろう——福祉・教育・司法・看護をまたぐ地域生活指導の現場から考える』高文研，2019年，54-55頁。

⑺　藤岡淳子編著『治療共同体実践ガイド——トラウマティックな共同体から回復の共同体へ』金剛出版，2019年。

⑻　滝川一廣『子どものこころを育む生活——児童心理治療施設の総合環境療法』東京大学出版会，2016年，13頁。

⑼　村瀬嘉代子『小さな贈り物——傷ついたこころに寄り添って』創元社，2004年，139頁。

⑽　同前書，161頁。

⑾　特定非営利法人「芸術家と子どもたち」という団体がプロのアーティストと子どもたちの出会いの場を作るために，幼稚園・保育園・小学校・障害児施設・児童養護施設等に訪問し，身体表現や演劇，美術，音楽，造形などさまざまな分野を通じて子どもたちの表現活動を行うワークショップを展開している。多様な価値観・考え方・身体感覚をもつ人々が，互いを尊重しながら共に暮らす社会を創出するため，子どもたちとアーティストとの出会いを通じて，創造的な学び・遊びの機会をつくりだす活動をしている。活動を通して，子どもたちが社会で生きる力を育み，さらに，子どもを取り巻く大人たちに対しても日常や社会を新たな視点で見つめるきっかけを提供している。

参考文献

・第1節

『施設で育った子どもたちの語り』編集委員会編『施設で育った子どもたちの語り』
　　明石書店，2012年。

・第2節（2）

杉山史恵「児童養護施設における子どもの「甘え」とその対応」『世界の児童と母性』
　　86，資生堂社会福祉事業財団，2019年，29頁。

・第3節（1）

大江ひろみ・山辺朗子・石塚かおる編著『子どものニーズをみつめる児童養護施設の
　　あゆみ──つばさ園のジェネラリスト・ソーシャルワークに基づく支援』ミネル
　　ヴァ書房，2013年。

<table>
<tr><td>第 5 章</td><td>入所から退所までの流れと自立支援計画</td></tr>
</table>

1　入所から退所までの流れ

　社会的養護の下で暮らす子どもたちの生活は，人生の時の流れに沿った成長の過程に加え，施設入所・退所という大きな生活変動を経験する。新たな環境で日々暮らす経験をし，やがて社会的養護を離れる経験をする。この経験の有無が，社会的養護の下で暮らすことのない子どもの人生との決定的な違いである。本節では「入所から退所までの流れ」に注目し，支援者の取り組みとその際の留意点について，一つの施設を事例として紹介する。取り上げる施設は定員51名，子どもの生活単位は 1 ユニット 6 ～ 8 名（幼児のみ12名）の中舎制の施設である。

（1）アドミッションケア
1）アセスメント
　児童相談所から入所依頼があると，定員に空きがあれば原則受け入れる体制でケースワークする。入所依頼児童に関する情報収集を行うため，全体職員会議の日に合わせ担当ケースワーカーに来園してもらい，説明を受け質疑応答をする。それを経て入所に向けて具体的に検討することとなる。入所依頼児童を受け入れるユニットで，担当職員の選定と入所時期について検討する。
　次に管理職と家庭支援専門相談員を交えた会議にて，入所依頼児童の接見日時・入所時期・交流の期間と間隔と時間と内容を検討する。入所児童の養育の継続性を意識し，入所前または入所後早い時期に関係機関が集まるカンファレンスを設定する。
2）交　　流
　入所までの交流の時期・期間・内容については，入所依頼児童の年齢，どこ

でどのくらいの期間保護されているのか等によって検討される。例えば，一時保護所に長期保護されている場合と就学・幼稚園入園の時期が迫っている場合は入所までの期間をなるべく短くする，乳児院からの措置決定の場合は乳児院の担当職員との児童の愛着形成を配慮し，入所までの期間をなるべく丁寧につないでいく等，担当ケースワーカー（乳児院からの措置決定の場合は乳児院職員も含む）と相談し決定する。

　大体は交流を 4 回ほど行っている。交流を行う前に，入所依頼児童の好き嫌いや服や靴のサイズの把握，歯ブラシやスリッパや靴箱の用意，食事の座席やベッドの場所を決める等の準備が行われる。決められた回数を行うという視点ではなく，入所依頼児童の状況や特性に応じて実施回数や内容等を検討し，愛着対象者との分離によるダメージに最大限留意して柔軟かつ適切に対応することが求められる。

（2）入　　所
1）入所手続き
　入所当日は園長・家庭支援専門相談員・担当職員・担当ケースワーカー・（乳児院からの措置決定の場合は乳児院の担当職員）・入所児童・保護者とともに手続きを行う。保護者には，園の概要説明，交流の約束確認を行うとともに，持ち物の確認書・学校行事等の写真撮影同意書・予防接種同意書，預り金管理規定に基づく書類について同意を得る。

2）入所日の配慮
　入所依頼児童入所の数日前には，当園入所児童全員に新入所児が入所することを周知する。入所依頼児童の入所当日はその児童の好きなメニューを夕食で提供するようにしている。また，担当職員は宿直勤務とし児童の不安を和らげるとともに入所初日の様子を見守り，児童の気持ちを受け止めるように心がけている。

（3）インケア
　子どもたちは園から幼稚園・小中学校・高校・特別支援校へ通っている。帰宅すると翌日の学校の準備・おやつ・入浴・夕食を済ませ，就寝までは自由に

過ごす。中学生は放課後や土日の部活，高校生は部活やアルバイトに励んでいる。休日は自由に過ごす。保護者や里親との面会・外泊をする子どももいる。生活の中で子ども同士・子どもと職員の関係を深めるため，話し合う時間を大切にしている。心理的ケアの必要な子どもは児相に通所している。子どもたちには，さまざまな経験をしてほしいので園内のクラブ活動や地域のスポーツ活動への参加を推奨している。また，支援団体による招待行事にも参加している。

（4）リービングケア

1）18歳未満の退所

　施設を退所するということは，主たる養育者が変わる，幼稚園・学校の転園・転校など児童を取り巻く生活環境が一変する。そのため，児童の養育を丁寧につないでいく必要がある。退所時期に合わせ逆算し，家庭生活に慣れるために面会や外泊の頻度や内容を児童相談所と検討し，家庭再統合プログラムを実施する。

　実施途中で評価振り返りを行い，変更や再検討を行う。退所後，退所児童と家庭を理解し支えてもらえるよう，また必要に応じ福祉サービスが受けられるよう，要保護児童対策協議会にて個別ケース検討会議を実施し，関係機関と連携を図る。

2）18歳以上の退所

　高校生になると，自立に向けて調理体験・金銭管理教育・性教育を受けるよう支援している。退所者支援団体とつながりをもつことができるよう情報提供し，セミナー等の体験を促している。退所後，必要に応じて福祉サービスを受けられるよう関係機関と連携している。大学や専門学校の進学の場合は，措置延長も検討する。生活費や学費に困らないよう入所中よりアルバイト代や小遣いを貯金する計画を立て，金銭シミュレーションを提示し，奨学金についても児童とともに検討する。

　就職の場合は，退所までの間に普通免許が取得できるよう支援する。近年就職に関しては，児童養護施設出身児童に理解のある企業を斡旋してくれるアフターケア機関と連携を図り，就職支援を進めるケースが多い。

（5）アフターケア

1）退所後支援

　入所中より退所後の人生の方が長く困難が多い。特に退所後1年は環境の変化が著しく，退所者にとっては「しんどい」時期となる。そのため，退所前にアフターケアの予定表を作成し，退所者と担当職員，自立支援担当職員とで予め確認をする。退所後支援計画も策定し，関係機関とも情報共有を図る。アフターケアは担当職員を中心に年2～3回ほど退所者に連絡を取り，会って近況を把握するようにしている。当園では22歳までの退所者にはアフターケアの予算をつけている。

　また，18歳以上の退所者とは任意で職員と連絡先の交換をしている。困り事の相談は早急に乗り，関係機関と連携しタイムリーに支援するようにしている。年1回開催される同窓会とクリスマス会には自由に参加してもらっている。また，希望する概ね25歳くらいまでの退所者の年末年始外泊受け入れをしている。

2）金銭管理

　入所中に児童の自立のために貯蓄しておいた児童手当に関しては，退所者にとって有効に活用するため，退所児童と保護者同意の元契約書を交わし，退所後も，当園で児童手当を預かり管理している。退所児童の意向に合わせ，必要な時に貯蓄を引き出すようにしている。

2　自立支援計画

（1）自立支援計画書策定の歴史的経緯

　自立支援計画書は，子どもの最善の利益を目指した支援の継続性，一貫性，妥当性の確保を助けるものとして活用されるべきものであり，現在，全国の児童養護施設に策定が義務づけられている。自立支援計画書策定に関する歴史的経緯は，次の通りである。

　1994年に，日本でも児童の権利に関する条約が批准・発効された。児童の権利に関する条約では，子どもを単に保護・養育する対象として捉えず，子ども自身の人格と主体性を尊重している。児童の権利に関する条約は，子どもの最善の利益を最優先に考慮すること，発達を可能な限り最大限に保障することを

締約国に義務づけている。子どもは，自らの意見を表明する権利があること，その意見は正当に重視されるものであることが謳われている。子どもは，これらの権利を行使する主体者として尊重されなくてはならないのである。1997年，児童福祉法第41条が改正される。これにより，要保護児童に対する施策の基本理念が「保護」から「自立支援」へ転換された。1998年「児童自立支援計画」の策定が義務づけられ，同年「児童自立支援ハンドブック」(厚生省児童家庭局家庭福祉課) が発行されている。

　以上のように，ごく簡単に歴史を遡ってみても，現代の児童養護施設の主要な役割は，子どもの自立支援であることは明白である。

(2) 自立支援計画書策定の意義

　児童養護施設における自立支援の大きな課題は，自尊感情の回復 (自己肯定感の回復) といえる。自分の存在の正当性を受け止めてもらう経験を積み重ねることができなかった子どもたちの特性として，自尊感情を抱くことが困難であることが挙げられる。将来の展望を抱くどころか，現在の生活さえ投げ出すことが当たり前のようになっている。子どもたちの社会参加への意欲，将来への展望獲得に向けた支援とはどのようなことなのか，日々考えていく姿勢が重要になる。大切なのは，何か特化した支援をすることではなく，日々の支援の積み重ねである。その支援の実践者である職員は，調和，統一性や継続性の欠如があってはいけない。そこで，計画書の策定が必須になってくるのである。

(3) 自立支援計画書策定

1) スケジュール

　概ね，以下のようなスケジュールで策定，振り返りなどが行われる。

　　　4月：児童福祉司との面接，本人，保護者への意向確認，方針検討，協議
　　　　　　(計画書策定に向けた会議を実施)

　　　5月：自立支援計画書の策定 (計画内容の確認)

　　　6月：児童相談所へ送付 (担当児童福祉司と情報共有)

　　10月：前期の振り返り，中間評価 (支援の進捗状況確認，方針の変更)

　　1〜3月：1年間の振り返り，年度末評価 (取り組みの評価，次年度へ向け

ての課題）

2）策定前の情報整理

策定前には，概ね以下のような点に注視して情報整理を行う。

① 職員間で十分に児童票を読み込む。

② 児童相談所と連絡を取り，不足している情報を得る。

③ 情報収集と職員間の情報共有を進める。

④ 本人及び家族の状況からライフヒストリーを整理する。

⑤ 適宜，訂正及び加筆をする。

⑥ 子どもの意向を反映させるため，ニーズのアセスメントをする。

（4）自立支援計画書策定にあたっての視点

1）自立とは何か考える

実践の場では，自立とは施設退所そのものを意味して用いられることがある。しかし，自立とは「施設に入所しているか」「施設を退所しているか」ということではなく，また「できている」「できていない」という判断をするものでもない。

自立支援とは，児童の日常から為されるすべての支援といわれており，子どもたちが私たち大人と変わらない価値をもつ生活者として十分に尊重されなければならない。この視点をもたず，社会へ出るための準備，将来への準備ばかりを子どもたちに求めても，よい結果を得ることは難しいことが予想される。

2）支援について考える

ソーシャルワークの実践モデルとして，治療モデル，生活モデル，ストレングスモデルが挙げられる。

治療モデルは，伝統的な実践モデルである。クライアントを治療の対象と捉え，それぞれのもつ課題，病気，障害に着目し，これらの直接的因果関係に働きかける。客観性，科学性を有する一方で，対症的関与に終始し，構造化した問題の根本的解決には至らないという弱点がある。

生活モデルは，現代ソーシャルワークの中核的な実践である。クライアントを生活の主体として捉え，人と環境の交互作用を焦点に総合的視点から課題を分析し，治療モデルとストレングスモデルそれぞれの強みを包摂する。

　ストレングスモデルは，新たにソーシャルワークの主要概念となりつつある
実践モデルである。治療モデルへの批判・限界を打破するために生成されてき
たものである。クライアント自身の「強さ」に着目し引き出して活用すること
で，問題の解決を目指す。多様なストレングスを最大限に把握し，用いること
が求められる。弱みではなく強みを把握することに努める。
　このような実践モデルを活用し，子どもが抱える問題を多角的に捉えること
が，支援を考えるためには重要な視点である。

（5）自立支援計画書策定に関する課題

　自立支援計画書の策定に関するスケジュールは，全国で概ね統一されてはい
るものの，策定手順の標準化は現時点では行われていない。各施設の運営，組
織，職員体制，入所児童数などの規模等，施設それぞれの事情があり，策定手
順の標準化は困難であると言わざるを得ない。策定にあたり，論議をどの時点
で実施しているか，情報の共有化はどこまでの範囲で実施されているかなど，
進行及び管理は，施設独自に任されている。
　また歴史的経緯から見ても，子どもの意向を大切に扱うことは必須であり，
「子どもの意向を反映させる自立支援計画書」策定を目指すことが「共通認識」
になっていなければならない。しかし，多くの児童養護施設が抱える課題とし
て，「子どもの意向を反映させる自立支援計画書」の策定ができていない点が
挙げられる。

1）策定段階での課題

　策定段階での課題として「『大人目線』の計画書になっている（大人の目標に
なってしまっている，子どもの課題ばかりに着目している）」「計画書を策定する目
的が，義務のためであり，それを支援に活かすシステムになっていない」「策
定された計画書の記載方法等に偏りがあり，統一感がない」などがある。また，
自立支援計画書を該当児童と共有できないという課題もある。これは，子ども
本人やその家族の課題が数多く記載されているためである。子どもの意向を反
映させるべきものであると考えている職員でも，本人やその家族の課題ばかり
が記載されているものを見せることには，抵抗を感じている。また子どもとの
関係性構築の壁にもなってしまうリスクもある。

２）策定後の課題

策定後の課題としては，「振り返りができない，計画書を見直すことができない」「形式化，形骸化されている」「自分が策定した計画書は理解しているが，他の職員が策定したものは，わからない」「経過は記載されているが，具体的な取り組みは記載されておらず，施設内でも統一感がない」「文章の整合性のチェック機能が不全」などが挙げられる。

（6）課題の改善に向けて

課題を改善するため，とりわけ，子どもの意向を反映させるための取り組みが各施設で行われている。子ども用の別の書式（資料5 - 1〔234-237頁〕）を準備し，子どもの意見を聴き，その上で，職員が策定する自立支援計画書に反映させる。

その場で子どもと一緒に計画策定をするために，「（仮称）事前聴き取りシート」を一つのツールとして利用することができる。導入として，聴き取りシートの目的を実施前に子どもに説明をする必要がある。また，自立支援計画書とは何なのか，何のために策定するのかについても，子どもが理解できるように説明する。

今後の支援の方向性を検討するために必要な項目は，「家族」「将来」「現在の生活」「今年度の目標」などが挙げられる。

このシートを適宜，振り返ることにより，子どもの意向をその都度，共有することができ，また，この意向を聴き取る時間及び空間が，子ども自身にとって，意見表明の機会になりうる。職員にとっても目標を子どもと共有し，振り返る機会は，その後，計画を意識した支援につながることになる。

（7）自立支援計画書の内容の統一性

「（仮称）自立支援会議」「（仮称）計画書策定会議」で叩き台を策定し，全体の職員会議で最終確認をする。策定前に会議で協議し，計画（案）策定後，会議で確認というシステムには有用性があり，実際にこの流れに沿って実施している施設が数多く存在している。しかし，この会議を実施するための時間確保という課題は，依然残ったままである。そこで，支援の一貫性や妥当性を中心

とし，記載に統一性をもたらすことのできるツールがある。自立支援計画書策定前のアセスメントとして，「自立に向けたチェックシート」の利用である。

　自立の定義は一定ではなく，時代によって変化し，年齢によっても自立の指す意味合いが異なる。その子どもの発達段階に沿った支援を行うことが必要であり，日常的な支援の積み重ねが重要になってくる。その点について職員間での共有，また職員間だけでなく，子どもとも共有し，イメージを確立させることが必須である。

（8）自立支援計画書の位置づけ

　自立支援計画書は，支援の最も要になるツールである。この点を職員だけが理解するのではなく，困難なことかもしれないが，自立支援計画書の目的・意義を子どもに理解できるように説明することが重要である。

　そうしなければ，自立支援計画書は，経過のみが記載され具体的取り組みが記載されない形骸化されたものになってしまう。

　自立支援計画書が，具体的取り組みは記載されず，経過のみを記載したものになってしまうことを防ぐには，職員だけで自立支援方針を決定するのではなく，子どもの意向を組み入れて支援方針を考え，子どもと共有することが大切である。

　具体的には，「自立に向けたチェックシート」を子どもと一緒に行うことで，できること・できないことを可視化させる。それに基づいて，できることは伸ばしていき，できないことは少しずつでもできるようにするための目標を立てる。短期・中期・長期目標を子どもと一緒に考えることで，より日常の支援と連動した自立支援計画書ができあがる。

　職員と子どもとが対話を繰り返すことで，信頼関係を構築しながら計画書を策定していく作業は，結果的に子ども本人の主体性を大切にするということ，職員からの押し付けにならないということにつながる。

（9）自立支援計画書の活用

　自立支援計画書に沿って，支援が行われているかどうかを中間評価や年度末評価で確認をすることが求められている。しかし，自立支援計画書を十分に活

令和〇〇年度

自立支援計画書

事前聴き取りシート（案）

児童名：_____

職員名：_____

	施設長	〇〇	△△	□□				
確認印	印	印	印	印	印	印	印	印

目的

例1)
あなたが〇〇（施設名）での生活について考え、これからの自分のために〇〇（施設名）での生活がより充実したものになるよう、担当職員が1対1であなたの話を聞く時間をもちます。まずは、将来のこと（どんな人になりたいか、どんな生活をしたいかなど）を考えてみてください。そして、現在どうしたらいいか（今、何が大事なのか、何を頑張ればよいかなど）見つけてみよう。日時（いつ行うか）や、話し合いに要する時間（どれくらいかかるか）はみんな違いますが、話し合いに向けて、それぞれ心の準備をしておいてください。もちろん、これは今の気持ちや考えを知るためのものなので何を答えても構いません。ここで答えたことであなたが不利になるようなことはないので安心してください。

例2)
この一年間、あなたの為の計画を立てるために、あなたの意見を取り入れたいと思っています。今年度どのような希望があるかを答えてください。

例3)
これはあなたの将来の夢や希望を叶え、自立した生活を目指すための計画です。あなたの人生の主役は「あなた自身」です。自分の為にできることを考えてみましょう。児童相談所、施設、職員、家族もあなたのために協力していきます。この計画書は〇〇（役職名）と〇〇（役職名）と一緒に話し合います。その内容は園長と児童相談所にも伝えます。希望があれば家族に伝えることができます。

※「この聴き取りが自立支援計画書に反映されること」は必ず記載する。

事前聴き取りシート（案）

家族について	あなたはどうして○○（施設名）に来たと思いますか。 【前期】　　　　　　　　　　　【後期】
	あなたは自分の家族についてどう思いますか。 【前期】　　　　　　　　　　　【後期】
	自分の家族に関して知りたいことはありますか。 【前期】　　　　　　　　　　　【後期】
	あなたは家族にしてもらいたいことはありますか。 【前期】　　　　　　　　　　　【後期】
	（家に帰ることができると思っている子どもに対して） あなたは家族が（自分が）どうなれば帰ることができると思いますか。 【前期】　　　　　　　　　　　【後期】
	（家に帰ることができないと思っている子どもに対して） あなたはなぜ帰ることができないと思っていますか。 【前期】　　　　　　　　　　　【後期】
	福祉司さんへの要望はありますか。 【前期】　　　　　　　　　　　【後期】
	私たち（施設職員）ができること 【前期】　　　　　　　　　　　【後期】
将来について	（小学生以下） 大きくなったらなりたいものはありますか。 【前期】　　　　　　　　　　　【後期】
	（小学生以下） 「将来のこと」を考えたことはありますか。 【前期】　　　　　　　　　　　【後期】
	（中学生以上） 卒園後の進路をどう考えていますか。 　　　　　　　就職希望　　　　　　進学希望
	（就職希望の子どもに対して） 希望の職種はありますか。なぜそう思うのですか。 【前期】　　　　　　　　　　　【後期】
	（就職希望の子どもに対して） 希望の勤務地はありますか。なぜそう思うのですか。 【前期】　　　　　　　　　　　【後期】
	（就職希望の高校生に対して） 仕事はどのように探していく予定ですか。 【前期】　　　　　　　　　　　【後期】
	（進学希望の子どもに対して） 志望校はありますか。 【前期】　　　　　　　　　　　【後期】

将来について	（中学生以上） 卒園後の生活に向けて今、どうしたら（どんな生活をしたら、何を頑張ればよいか）よいかと思いますか。 【前期】　　　　　　　　　　　　　　【後期】	
	（中学生以上） 卒園後の居住地をどう考えていますか。（一人暮らしなのか、家族と住もうと思っているのか、どの辺りに住みたいのか） 【前期】　　　　　　　　　　　　　　【後期】	
	（中学生以上） 卒業時までの目標貯金額は？ 【前期】　　　　　　　　　　　　　　【後期】	
	私たち（施設職員）ができること 【前期】　　　　　　　　　　　　　　【後期】	
今の生活について	あなたの長所はなんですか。 【前期】　　　　　　　　　　　　　　【後期】	
	あなたの短所はなんですか。 【前期】　　　　　　　　　　　　　　【後期】	
	あなたがチャレンジしたいことはありますか。（習い事も含め） 【前期】　　　　　　　　　　　　　　【後期】	
	学校はどうですか。（友達のこと、勉強のこと） 【前期】　　　　　　　　　　　　　　【後期】	
	不安なことや困っていることはありますか。 【前期】　　　　　　　　　　　　　　【後期】	
	職員さんにお願いしたいことはありますか。 【前期】　　　　　　　　　　　　　　【後期】	
	私たち（施設職員）ができること 【前期】　　　　　　　　　　　　　　【後期】	
今年度の目標	今年の目標を教えてください。 【前期】　　　　　　　　　　　　　　【後期】	
	私たち（施設職員）ができること 【前期】　　　　　　　　　　　　　　【後期】	

※上記の書式は、子どもへの聞き取りが前期と後期に実施される施設向けの書式です。

出所：東京都社会福祉協議会児童部会自立支援コーディネーター委員会編『子どもの未来を拓く──自立

◎聴き取り日

令和　　年　　月　　日（　　曜日）
対応職員：

┌────────────────────────────┐
メモ欄
（質問項目以外のことで子どもから発信があった内容
等をメモ）
└────────────────────────────┘

◎フィードバッグ（振り返り）をした日

令和　　年　　月　　日（　　曜日）
対応職員：

┌────────────────────────────┐
メモ欄
└────────────────────────────┘

令和　　年　　月　　日（　　曜日）
対応職員：

┌────────────────────────────┐
メモ欄
└────────────────────────────┘

令和　　年　　月　　日（　　曜日）
対応職員：

┌────────────────────────────┐
メモ欄
└────────────────────────────┘

令和　　年　　月　　日（　　曜日）
対応職員：

┌────────────────────────────┐
メモ欄
└────────────────────────────┘

支援コーディネーター30の実践』2018年。

かしきれていないという意見もある。自立支援計画書に記載された目標を日々の支援に結びつけることの重要性の理解とともに，自立支援計画書策定，中間評価，年度末評価という流れと日常の記録をどう連動させるか，抽象的表現から具体的表現へと職員の意識変革も必要になる。

PDCA サイクルの実践も必須である。Plan（目標設定，計画作成）・Do（試行，実行）・Check（評価，効果の有用性）・Action（実施結果の検討，改善）を繰り返し，継続的に改善していく。連続するサイクルの手法である。

あるいは，自立支援計画書の改訂及び施設独自の書式に変更することを試行している施設も多く存在する。「活用しやすい」計画書のフォーマットの改訂，独自のフォーマットの作成は，自立支援計画書策定者以外の誰が見ても大枠がわかる計画，評価とのつながりが明確なフォーマットに仕立てることが欠かせないものとなる。

また自立支援計画書を皆で見るということは，皆で見守るスタンスであるということでもある。子どもへの継続的な支援を施設全体の取り組みとして捉えること，児童相談所・保護者も巻き込んでいくことが自立支援計画書を活かすということにつながるのではないだろうか。

参考文献
•第 2 節
社会福祉士養成講座編集委員会編『相談援助の理論と方法Ⅱ 第 3 版』（新・社会福祉士養成講座⑧）中央法規出版，2015年。
東京都社会福祉協議会児童部会自立支援コーディネーター委員会編『子どもの未来を拓く——自立支援コーディネーター30の実践』2018年。
東京都社会福祉協議会児童部会リービングケア委員会編『Leaving care——児童養護施設職員のための自立支援ハンドブック 改訂 4 版』2008年。

第6章　社会的養護の専門性と労働

1　社会的養護の観点から見た「人財」育成

（1）社会的養護の仕事とは

　一般的には「人財」は「人材」という字を使うが，あえて「人財」と使う意味は，目的達成のために仕事を進める存在の一つ（一人）として捉えるのではなく，「最も大切な宝として位置づけるべき存在」とのメッセージを込めて「人材」から「人財」への意識変革が必要ではないかとの思いから，本節では，あえて「人財」と用いることとした。

　「福祉は人なり」と以前からよく使われてきたが，まさに社会福祉は支援が必要な人に対して人が関わる仕事であり，関わる人の人間性そのものが大きく影響するので，特に子どもの養育にとっては，生みの親や育ての親はもとより養育者そのものが子どものその後の育ちや成長にとって大きく影響することになるのである。しかも，社会的養護の下で育つ子どもの養育については，保護者の適切な養育を受けられない子どもを公的責任において社会的に保護・養育することから，広範かつ多様な専門領域にも精通し，倫理観や人間性も含めた高まりを必要とする「子育てのプロフェッショナル」として，常に自己研鑽と自己成長が求められる仕事なのである。しかし，今日，公的かつ高度な専門性が求められる割には，制度的には専門職としての基盤整備が未確立であるのが現実である。そのため，大学や養成校等の養成課程において内容的にも時間数においても改善の余地があるが，社会的養護の入職前と入職後のキャリアパスに連動した総合的人財対策の必要性と充実がさらに必要とされる。

（2）利用者ニーズの把握と時代に応じた変化と学習の必要性

　児童養護施設は福祉施設の中でも歴史は古く，飢餓，災害，戦争等によって

親を亡くし子どもの養育が困難な状況下において，親に代わり子どもの養育を保障する場としての役割を担ってきた。第1章にあるように戦後は戦災孤児の救済として，また，昭和30年代後半期からは高度成長時代の都市化等に伴って家庭崩壊状況の中で親の代替的養護の場としての役割を果たしてきた。

　現在は親等から虐待されて入所する児童が多くなり，虐待を受けて入所する児童への専門的アプローチのスキル，また発達に障害を抱える児童の増加に伴い，多様な発達障害や心身に障害を抱える児童への専門的な支援方法も現場職員としてしっかりと身に付けていく必要がある。しかし，時代やニーズが変化しても変わらないことについても認識しておくべきであり，変わらないものとしては，いわゆる衣食住の十分な保障，関わる人の親身でかつ丁寧な関わりである。どの時代も行き場や生き場を失った子どもは存在するものであり，常に温かな食事と温かな寝具と温かなお風呂と温かな人の関わりは，どんな時代の変化があったとしても，また今日もこれからの時代でも必要とされることであることを改めて認識する必要がある。

（3）研修育成のあり方──職場内・職場外・経験階層別・職種や専門職等

　社会的養護に関わる者として，時代的背景やニーズをしっかりと把握することが必要である。そこで，現在の社会的養護に関わる支援者として必要な研鑽や研修のあり方を下記のようにまとめた。これらの研修育成のあり方をヒントに，各施設ごとに創意工夫して研修育成計画を立案してほしい。また職員の個別研修・育成計画を立案し，職員個人としても重点的に身に付けていくべき課題や不得意分野の改善策に努めることも重要である。

　1）領　　域
　①　衣食住を中心とした子どもが必要とする生活支援も含めたケアワークの
　　　領域
　起床から就寝まで，洗面・食事・衣類着脱・入浴・排泄・性知識・健康，睡眠，その他身の回りの支援・対応能力，暴力・いじめを一掃する支援，安全・安心を保障する支援等，特に家庭的養護においては食事づくりのウエイトが大きくなる。

②　支援計画に沿った自立支援・教育支援・家族支援も含めたソーシャルワークの領域

家庭関係調整，学校関係調整，心身のケア（医療も含む），自立支援策，アフターケア，その他包括的支援計画の実施とその進捗管理等。

③　子育て支援やコミュニティケアワークも含めた地域支援の領域

多様な関係機関とのネットワークづくりと連携の重要性が，ますます高まっている。施設も本園を中心にしながら地域分散化を進める時には，地域との融合や連携共同の体制の確立無しには地域分散化の実施は難しい。地域の資源を活用することや地域の人たちにさまざまな支援や協力をしてもらうとともに，施設としても地域に対してできることは積極的に取り組むなど，施設と地域との双方向性の共同体制づくりが必要であり，そのための知識や能力が必要とされている。また地域には支援を必要とする子どもや家庭は多く，それらの子育て支援や虐待予防に対する社会的養護の役割は大きく，そのための支援方法を修得していくことが必要である。

④　調理，看護，心理・精神医学等専門的分野に応じた領域

それぞれ専門職として求められる能力・技術の向上と開発，専門職領域間の共同連携のあり方を十分に研鑽すると同時に，事業目的に沿った成果・評価を行っていく必要がある。専門職としては，他に家庭支援専門相談員や里親支援専門相談員，自立支援担当職員等がある。

もちろん上記の①〜④の領域について，実態的支援場面においては領域を超えて一体となって支援を行っている場面も多く，社会的養護の領域においてははっきりと分けられるものではない。個々の専門領域を深めることは無論のこと，専門領域の共同連携を進めるためには，それぞれの領域を十分理解し総合的な相乗り研修や専門職間連携研修なども必要とされているところである（図6-1）。

2）形　　態

① 事業所内研修

自施設において課題とされる事項をテーマに複数回の研修を設定すべきである。特に「子ども家庭を取り巻く情勢」「暴力・いじめ対応」「不登校対応」

図 6 - 1　児童養護施設職員の仕事の領域図

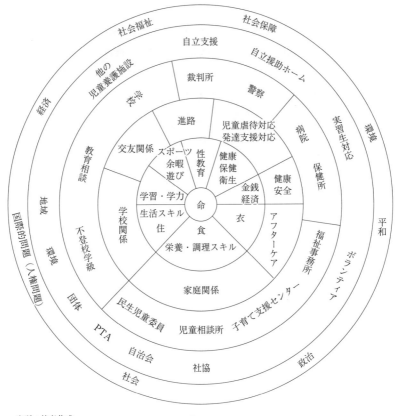

出所：筆者作成。

「性課題」「自立支援」「アフターケア」「家族支援」「職員の共同連携」等については研修を実施する必要がある。

　②　児童の個別のケースカンファレンス（事例検討会）

　児童の全体像や支援のあり方を共有するとともに，支援の評価を行うことで養護実践力と職員間の連携力を修得する。

　③　事業所外研修

　各地域，都道府県別，ブロック広域的圏域，全国的研修，国際的研修へ積極的に参加する。

④　その他自己研修

与えられる研修から求めていく主体的研修へ，また，それらへの予算措置を行い，職員が自主的に研修に参加を保障できるようにする。

3）経験・階層別

①　入職前研修

入職前に最低身に付けておくべき知識・スキル，この仕事を行う上で特に注意・留意すべき事項等について教授する。

②　入職時後新任職員研修

オリエンテーション，接遇研修，子ども理解，支援の基本，OJT 個別フォロー体制，職員集団のあり方，入職時，半年後，1 年後のフォローアップ研修を実施する等について教授する。

③　中堅初期研修

概ね入職後 3 〜 7 年目くらい，これまでの自己課題を振り返り，問題解決のために必要な知識やスキルについて，中堅初期職員として必要なこと，求められること，社会的養護への展望について教授する。

④　中堅後期研修

概ね入職後 8 〜12年目くらいの職員を対象として，これまでの自己課題を振り返り，問題解決のために必要な知識やスキルについて，中堅後期職員として必要なこと・求められること，リーダー的職員に求められること，施設の運営管理について教授する。

⑤　経験豊富（ベテラン）職員研修

概ね入職後13年以降の職員を対象として，これまでの自己課題を振り返り，問題解決のためにその時代時代に必要とされる新たな知識やスキルについて習得すること，ベテラン職員として必要なこと・求められること，新任職員や中堅職員へのアドバイスの仕方などを教授する。

⑥　リーダー的職員研修

経験と実績に基づき部署ごとのリーダー的役割を担う職員にとって必要な知識やスキルを身に付けていく必要があり，社会的養護の現場はチームワーク労働であり，職員集団づくりが重要である。チーム養育は時に無責任体制を作ってしまう恐れもあり，リーダー的役割を担う職員の配置が必要である。ただし，

リーダー的役割を担う者がトップダウン的に物事を進めるのではなく，常にチーム職員個々の意見や思いが十分に尊重できる素質と能力が求められることは言うまでもなく，内部のスーパーバイザーやコーディネーターとしての役割を果たす能力が求められている。これらを教授するのがリーダー的職員研修である。

　経験別研修は児童養護施設の職員の平均勤続年数が7～8年程度にある現状から上記のように設定するのが一般的である。

　⑦　施設長・副施設長等管理職（マネジメント）研修

　理念や基本方針や事業計画を十分理解し，常に大切にするべき価値や方向性，方針の実践のための方法等を明確に打ち出せること。利用者の権利とそこに関わる職員の権利を常に大切にする考えと具体化に率先して取り組むための実践力が必要である。常に，利用者（子どもや保護者），職員には自ら声かけをするなど，特に職員へ労をねぎらう言葉をかけ，職員に対する「思いやり」を明確な形で示せる管理職でありたい。社会的養護の施設長は特に危機管理能力が必要とされ，自己管理能力や組織的管理能力も必要とされる。

　また児童福祉や仕事関係の領域にとどまらず，幅の広いネットワーク力を構築するとともに新たな知識や情報を常に収集し，社会情勢，地域情勢等常に関心をもつことができる能力が求められ，そのための研修や振り返りの機会が必要とされている。

　⑧　理事・監事・評議員等経営に関わる法人役員の研修

　現在の社会福祉法人の役員に求められる，「理念の周知」「公益性，継続性，透明性の担保」「積極性，開拓性，主体性，機動性」「組織性」「倫理性」等を担保できるような知識等を身に付ける研修が組まれていること。また，施設内の子どもや職員の状況を把握するとともに社会的養護の現状や制度の動向等を正確に把握することが求められている。

　⑨　非常勤職員・ボランティア等の研修

　非常勤職員やパート職員，ボランティアから見えてくる事項について把握するとともに，子ども理解や困ったことへの対処方法・支援方法，施設全体で大切にしていることなどの把握等を促す内容で研修する。

（4）職員間連携とコミュニケーション──職員協働の重要性

　社会的養護において，職員は一人ひとりの能力や資質および高い専門性が求められるものの，職員ひとりの力で求められる高い専門性を発揮できるものではなく，ましてや，一人で24時間，365日の児童対応ができるものでもない。近年，児童養護施設等の現場でも養育単位の小規模化や地域分散化，高機能化・多機能化が進む中，職員数も以前からすると増えている傾向にあり，また専門職や職種も多様化していく中で，今まで以上に，職員間・職種間の連携と協同が求められているところである。

　そのために必要なのは，目的や目標を常に共有し，支援方針や運営方針を確立して取り組んでいくことである。何よりも，そのために職員間，職種間において話し合いの機会や日常的なコミュニケーションをしっかりと取り合う機会をつくり，適切な連携が図られることが肝心である。また，その過程での子どもの変化や成長のよろこび等を共有できる職員の関係性や職員集団づくりが重要である。

（5）指導職員に求められるマネジメント能力

　子どもの安定や成長を第一義に掲げ，そこに関わる職員が日々高いモチベーションをもって，この社会的養護という仕事に臨むための環境づくりには，指導的立場にある職員（施設長，主任等）の力量とマネジメント力が大きく影響することになる。職員の長所や個性をしっかりと把握しそれらの個性を伸ばせる能力が必要であり，そのために職員研修計画も含め職員の関わりが効果的に作用しているかについて，職員と共に点検しながら児童へ関わることが重要である。また，目的や方針・計画に反した対応や就業規則等に照らし合わせると違反状況については，放置することなく適切かつ早急な対策をしっかりと取ることも重要である。

　社会的養護関連施設の施設長は，2年間に1度は施設長義務研修を受講し，その時代や社会に求められる施設長としての役割や知識について学ぶことが義務づけられている。また義務づけられた研修だけでなく，組織のトップリーダーとして，また対外的対応の責任者として，さらには，時には親権代行者としての役割を十分に果たすだけの広範な知識や力量が求められている。トップリ

ーダーの見識と実行力が，その施設のさまざまな水準を決めることになるといっても過言ではない。

（6）子どもの安定的な生活環境と職員の働きやすい環境整備

　子どもの長期的成長や自立を目的とするために，社会的養護に関わる職員等も安定的かつ長期的に関わらなくてはならない仕事である。施設を退園・卒園した児童が施設に訪ねてきた時に，顔見知りの職員がいなかったり，退職してしまっていては，施設の目的を果たせないからである。このような仕事の内容や目的からすると，職員が長く務めることができる安定的な環境整備が重要であり，そのための取り組みとして「日常的な職員のスーパービジョン体制が確立されていること」「開かれた意思疎通がしっかりとれた職員集団づくりが形成されていること」「働きやすい環境整備（休憩時間，休暇取得，メンタルヘルス，福利厚生，結婚・出産・育児等への制度充実や配慮等）が成されていること」「給与体系が改善されていること」など，離職につながる要因の分析とその具体的対策を講じる必要がある。

　つまり，子どもの養育と同様に職員も一人ひとりが大切にされている実感を得ることができる職場や職員集団になっているかが重要である。そのためには施設の理念や目的や方針が明確にされていて，その方針に沿って組織そのものが民主的運営の下で職員の意見が子どもの支援や施設全体の運営に反映できる組織であることに努めなければならない。

　昨今，施設が大舎制から生活単位の小規模化や地域分散化（いわゆる家庭的養護形態）において，子どもが今まで溜め込んできた感情や思いをそのままストレートに出せる環境の変化が起因となって，職員間での養育方針やその対応方法の不統一や不徹底が子どもの養育の不安や混乱に直接つながり，それを原因にして辞めていく職員もいる。また，小規模かつ地域分散化の方向性が職員の独善性や孤立感を生みやすい環境になってしまい，その対応策を十分に講じないと，これまた不安定な養育環境をつくってしまうことになるのである。そのための職員会議のあり方の検討やスーパービジョンのシステムづくりが重要であり，小規模化かつ地域分散化に対する職員配置と職員を支える体制づくりが求められている時である。

図 6-2　四位一体改善の取り組み

子どもの
養育・保護
自立・支援

職員に関わる条件整備
（健康・育成・定着等）
※職員集団等も含まれる

法人経営・運営（資金、ハード面）
経営力⇒法人理事会・施設長

制度（国・都道府県・市町村）
予算措置，制度，
※特に措置制度は公的責任制が強い制度

出所：筆者作成。

（7）人財確保対策から人財定着策まで——総合的な取り組みの重要性

　社会的養護の人財対策は，職員の研修育成だけに力を入れても本来求められる支援目的は十分に果たせない。日々の養護実践の到達点や研修成果を自ら，また職場全体で効果の測定や振り返りが必要であり，そのためのツールが整っていることも今後必要とされる。人財対策は，「人財確保」と「人財育成」と「人財の定着」の対策について総合的に取り組まなければならない課題なのである。

　優秀な人財を確保して育成しても，職員が定着できずに辞めてしまっては意味がない。人財対策は人財の定着策からまず取り組むべきであり，その後優秀な人財確保と育成策に取り組むべきといっても過言ではない。また，総合的な人財対策は，組織の上層部だけで取り組むのではなく職員が自ら主体的に職場環境の改善に取り組まなければ，職員が真に求める対策にならずに功を奏さないことが多い。もちろん人財確保，育成，定着策は法人や施設挙げて取り組むべき課題でもあるが，職員配置増や給与改善等を伴うため大きな予算が掛かることであり，総合的な人財対策については措置制度にて展開している社会的養護の分野においては公的責任制が強い分野でもあり，その責任を負う国や都道府県が主体になって取り組んでいかないと抜本的な対策にはならない課題でもある（図 6-2）。

（8）人権意識の醸成と心の豊かさ

　前述したように，社会福祉は人に人が関わる仕事であり，関わる人の人間性そのものが利用者に大きく影響する。社会的養護の人財育成を考える時，最も大切にするべき「職員の人権意識の醸成と心の豊かさ」について意識しながら取り組む必要がある。そうすれば，職員自身が大切にされているという実感をもてる。そのため，職員個々の成長の場の保障が重要である。特に昨今，虐待を受けて入所する子どもが多く，時に職員や養育者が虐待を受けた子どもの抱えるトラウマ（心的外傷）に巻き込まれてしまうことがある。そんな時に，子どもも職員も一人ひとりが大切にされるべき権利，いわゆる，児童の権利に関する条約にある「生きる権利」「育つ権利」「守られる権利」「参加する権利」等，また細部にわたる諸権利についてしっかりと学ぶとともに，そのことを再認識する機会と，日々の養育実践の中で子どもの権利を保障するためにどんな支援が必要なのかについての問いかけと学びが必要である。

　また，職員のメンタルヘルス対策（セルフケア，組織内ケア，外部ケア等）の必要性と合わせて，職員自身も趣味や特技を活かして感動体験の場を作るなどの感性の助長（筆者は「心の栄養をつけること」と言っている）とともに，心の豊かさとゆとりをもって，この仕事に向き合うことが大切なのである。幅の広い学びを通じて，子どもとともにそだちあうことができることが，この社会的養護の仕事の醍醐味であり，やりがいそのものなのである。

2　働き続けられる職場環境づくり

（1）仕事と家庭の調和（ワークライフバランス）の視点による実態調査

　全国児童養護問題研究会神奈川支部は，児童養護施設（以下，施設）において，子どもと家族の最善の利益に資するには，職員が働き続けられる職場環境づくりが重要であり，そのためには職員の仕事と家庭の調和（ワークライフバランス　以下，WLB）の方策の導入・推進が必要であると考えている。2018年2月現在，全国の施設に入所している子どもについて厚生労働省が行った調査によれば，施設の平均在所期間は5.2年で，5年以上の割合は41.5％という結果である。一方，施設に対する全国調査によれば，2014年12月現在，保育士・児

童指導員の平均勤続年数は7.7年であり，勤続年数5年未満の割合は50.5％を占める結果が出ている。子どもが安定した人間関係の中で，側にいる大人を人生のモデルとして捉え安心できる関係づくりをしていくためには，施設での日常生活において主に子どもを養育・支援する資質のある保育士・児童指導員が安定的に子どもの側にい続けることが求められるからこそ，職員が働き続けられる職場環境づくりが重要になる。

　WLBとは，すべての職員が仕事・家庭生活・地域生活・自己啓発等を充実させて生活全般を調和させることにより，相乗効果を及ぼす好循環を生み出すことを目指すものである。WLBの方策を導入・推進することによって，将来有望な職員の確保，職員の仕事と生活での満足度や意欲の向上，メンタルヘルスケアへの寄与，仕事の効率化，職員の定着率の向上等の効果が期待できる。

　そこで当支部では2011〜2012年に神奈川県内の施設に対して，「社会的養護を要する子どもとその家族に長く寄り添い支援できる大人を増やすために──主に仕事と家庭の調和（ワークライフバランス）の視点から，児童養護施設職員が長く働き続けることのできる職場環境の構築に関する考察と提言」をテーマとした実態調査を行った。古い調査ではあるが重要なテーマであるものの資料が少なく今なお検討に値するので，WLBが困難になりやすい女性の常勤の保育士・児童指導員に重点をおいて結果と考察の概要を報告し，「働き続けられる環境づくり」について課題と展望を明らかにしたい。

（2）目　　的

　施設における子どもや家族への支援と，職員の職場環境は密接な関連があり，職員のマンパワーへの依存度が高い養育・支援の質は職場環境の質に左右されるといっても過言ではない。高い資質をもった職員が長く勤続できる職場環境づくりは，子どもに対して一貫性・継続性のある生活環境や人間関係を保障することになるので，子どもと家族の最善の利益につながる。

　しかし前述の全国調査によれば，施設保育士・児童指導員の約半数が勤続年数5年未満という結果が示す通り，施設における養育・支援の一貫性・継続性は低いといえる。

　勤続年数が短い要因の一つとして，施設の養育・支援の中心である子どもと

の生活時間と職員自身の家族との生活時間がバッティングし，養育・支援と職員の育児・介護との両立等が困難になることが挙げられる。この要因は職員のWLBの課題であり，施設において共通した古くて新しい構造的な問題であると考えられる。しかしながら具体的な調査研究や対策が乏しい。

　そこで全国児童養護問題研究会神奈川支部は，子どもと家族の最善の利益に資するべく，高い資質をもった職員が職場に定着する意思決定のための条件整備を模索し，長期勤続が可能な職場環境づくりに関する考察と提言を行うことを目的として，本調査を実施した。本調査は2011年にフォーカスグループインタビューによる質的調査，2012年は（公財）日本社会福祉弘済会の助成を受け，アンケート調査による量的調査を実施した。アンケート調査の実施にあたっては，神奈川児童福祉施設協議会と神奈川県児童福祉施設職員研究会に調査回答の協力を得た。アンケート調査の対象は，神奈川県内の全29（当時）の施設とその職員とし，27の施設と770名の職員より回答を得た。結果と考察の概要は以下の通りである。

（3）職員の実状と意識

　全職員のうち，20代は38％，女性は約70％，常勤は86％，「直接ケア」（本調査では主任を含む保育士・児童指導員）職員は70％の割合であった。

　全職員の中で最も割合が多い，20代女性の常勤の直接ケア職員は，宿直（2012年5月において常勤職員の施設形態別では最多回数が小規模グループケアで一人平均6.38回，最小回数が大舎制で同3.44回）を含めた大幅な超過勤務（常勤の直接ケア職員の実働時間は，同じ月において1人平均の規定勤務時間177.90時間に対して242.13時間，超過時間は約65時間。同じ月の規定の休日数8.46日に対して実際の休日数は8.03日）を行っており，給与が低く（20代の約80％が月の手取額20万円以下），既婚率が低かった（20代後半で16％）。直接ケア職員の平均勤続年数は6.5年であった。全職員の約30％に実子がいるが，実子のいる女性の常勤の直接ケア職員はわずか9名（1％）であった。

　職員の意識調査では，全職員が仕事を継続する意思とやりがいをもち，実子の育児経験のある職員がいることが職務にメリットがあると思っていることが高い数値で示された。加えて職務を継続できている職員は高いモチベーション

をもち，仕事の継続に対する意向も高く保たれていた。

　しかし，男女ともに20代後半をピークに勤務条件のつらさや公私のバランスの難しさを認識していて，20代後半～30代前半の女性は，すべての性別と年齢のうちで職務の継続意向が低いことが把握された。特に女性が自身の育児等をしながら働き続けるのが困難であることに対して，強いジレンマを抱えていることが明らかになった。

（4）施設における育児休業制度

　一方施設での育児休業制度については，実際の利用が半数の施設にとどまり，利用回数にばらつきがあった（例：育児休業は2002年以降約10年間で27施設中5施設毎に1回と2回利用，1施設毎に3回と5回と7～12回利用）。制度の利用・充実は，特に常勤の直接ケア職員の勤務状況に対する改善や配慮がなければ困難であることもわかった。つまり，制度が整備されていても利用しにくい職場環境であることが大きな課題であると判明した。

（5）長く働き続けられる職場環境づくり

　本調査によると，常勤の直接ケア職員が大幅に超過勤務している結果が出た。調査実施当初より特に地域小規模児童養護施設において直接ケア職員の配置に関する制度は大幅に改善されているが，職員がWLBをとりにくく長く働き続けにくい要因になると考えられる長時間勤務の内容を見直す一方で，適正な勤務時間で働くことができる必要な人員増は求めていくべきである。

　また当時の調査結果では，施設形態の約60％が小舎制と小規模グループケア及び地域小規模児童養護施設で占めていた。近年施設の小規模化等が推進されていて，養育・支援上のさまざまな利点はあるが，子どもも職員も分散されるため，施設の各所で職員が確保できなければ日常的に少ない人数で虐待や障害が背景にある複数の子どもと家族への対応等を迫られる。職員には高い資質が求められ，各所に中堅・ベテラン職員の配置を要するため，適切なチームワークや人材育成の体制を構築することが必須である。

　その体制づくりには普段から職員が施設運営の目標と方法について主体的に話し合って決め，より良い養育・支援を創造していく職員集団であることが必

要不可欠である。

　次に，資質の高い職員がWLBをとって長く勤続できることは子どもと家族の最善の利益につながるメリットがあるという認識を職場全体で共有して，WLBを体現しているモデルとなる職員を育成し，次世代の職員に「順送り」できるようにすることが肝要である。

　そのためには職場で実際に利用できる育児休業制度を確立するだけでなく，職員の働き方の柔軟性を高める必要がある。例えば，ポストに限りはあるが宿直のない事務員・調理員・専門職等日勤の職種への配置転換や，WLBがよりとりやすくなる非常勤化，育児休業後の復職の確保等が考えられる。

　また職員の勤務の柔軟性を高める必要もある。例えば，可能な限りWLBの見通しを立てられる勤務時間や公休の固定化，希望休の出しやすさ，職員の実子だけでなく実子を見る家族の疾病等による急な休み・早退・遅刻の取りやすさの実現，職員間で勤務の融通をきかせる等が考えられる。

　こうした多様な方策を実行するには，職場だけでなく職員の家族の理解と協力や，職場と職員の家族との相互理解が重要であり，相談しやすい職場環境が求められる。まずはあまり無理のない方策から取り組み持続していくことが，職員の仕事と生活での満足度や意欲の向上及び職場の活性化等が図られ，長く働き続けられる職場環境づくりにつながると考えられる。

3　養護労働と職員の生活

（1）「児童養護の実践指針」と背景

　児童養護施設（以下，施設）で働く職員は，子どもたちの日々の生活支援とともに，家族や退所者への支援を含めた幅広い業務を担っている。職員は専門性についての議論は一定の蓄積があるものの，労働条件・労働環境とそれを改善するための労働組合（以下，労組）については，先行研究でほとんど取り上げられていない。

　これは，大学・短大等の養成課程（保育士・社会福祉士など）におけるカリキュラムが対人ケアに傾斜した技術主義的な内容になっていることに加えて，施設の多くが，第2次世界大戦後の混乱期に宗教家や篤志家が私財を投じて戦争

孤児・浮浪児を保護し，その後，それが認可されて成立したという経緯も影響していると考えられる。

　しかし，職員の自助努力に依拠した状況では，その勤続年数（7.7年）の短さにも示されているように，持続可能な働き方が困難な状況といえる。実際に近年，施設の小規模化・地域分散化（以下，小規模化）が進められる中で，一人勤務や宿直などの増加を背景として職員が孤立・疲弊し，職員の確保・育成が困難になるなどの問題が指摘されている。

　翻って，筆者が役員を務めている全国児童養護問題研究会（以下，養問研）は，創立当初から全国大会や支部学習会などにおいて，養護労働に関する研究にも取り組んできた。そこで，本節では養問研の「児童養護の実践指針」を踏まえて，養護労働や職員の労働条件・労働環境，小規模化の影響，労組の役割などについて取り上げる。

（2）養護労働と職員の労働環境

1）「児童養護の実践指針」と職員の役割

　ここでは，養問研が作成した「児童養護の実践指針」を踏まえて，養護労働に関する養問研の姿勢や考え方について見ていく。養問研が改訂を重ねてきた「児童養護の実践指針」は，1997年の児童福祉法改正を踏まえて1997年に第4版が出され，現在に至っている。

　そこでは，「私たちが描く施設像」として，「『要保護児童』を社会的・公的に保護しその権利を総合的に保障する」働きがあると指摘されている。そして，その上で施設の子どもたちが，①心身ともに健康で，②仲間に対する友愛と相互援助の精神に富み，③正義感があり，④情操豊かで，⑤基礎的な知識や学力をしっかりと身に付けた子どもとして育ってほしいこと，⑥子どもたちが社会生活に対しても確かな見通しをもち，⑦生活能力を獲得し，⑧未来の主権者として必要な力をもった社会人として成長すること，の8点を指摘している。また，「C. 施設職員の権利と義務に関する指針」では，施設の職員が職員としての権利を保障され，かつ子どもたちの権利を守る主体としての自覚をもつことが欠かせないとしている。

　これらの点は，施設で働く職員が子どもたちを支援していく上で重要なこと

であり，ともするとルーティンワークになりがちな日々の生活場面における業務の中で，常に意識していく必要がある。上記のうち，⑧については大学・短大などの養成課程や現任研修で取り上げられることはほとんどなく，なおざりにされがちだが，子どもをケアする上で不可欠な視点である。

　しかし，現実には「キャリア教育」の問題点としても指摘されているように，子ども・若者を将来，社会を変革していく主権者として捉えるというより，彼らを社会に適応させ，就労を促す方向に主眼が置かれている。[5] そのため，⑧で示された視点は重要さを増しているといえる。実際に，この視点があるのとないのとでは，子どもへのケアの質だけではなく，子どもたちが施設を退所した後の社会的自立にも大きく影響する。

　ここでいう社会的自立とは，自己責任論としての自立ではなく，社会的に自立を妨げられている子ども・若者に対する社会的施策を前提として，あるいは権利保障の考え方を前提とする自立の保障である。[6] 特に施設養護には，日本の子ども・若者を取り巻く競争的な人間関係に対抗して，生活の中で共同的な人間関係を築いていける可能性があり，それこそが自立支援の最も重要な課題といえる。[7] ただし，このことは職員自身の社会に対する見方や姿勢にも深く関わるため，まずはそのこと自体が問われる必要がある。

2）養護労働とは何か

　本項では，「養護労働」について見ていく。施設では，本節の冒頭で述べた点が影響して，職員自身も労働者という意識が希薄で，特に近年は「養護労働」についてほとんど議論されていない。そのため，ここでは「養護」と「養護労働」について，改めて定義した上で取り上げる。

　まず，「養護」とは，資本主義社会で大多数を占める労働者が抱えている社会問題としての生活問題の一環として引き起こされる子どもの貧困・虐待などの児童養護問題（以下，養護問題）に対する，国・自治体の責任による制度・施策の総称である。具体的には，児童福祉法の下で認可された児童福祉施設（または里親・ファミリーホーム）と，そこで雇用された職員による養護問題を抱えた子どもの生命・健康・生活，心身の発達と社会的自立に向けてのケア及びその家族や退所者へのケアを含む概念である。[8]

　次に「養護労働」についてである。職員は自らの労働力を用いて働き，賃金

を得て働く雇用労働者である。一方で，職員は営利企業の労働者とは異なり，子どもの生存権保障の最後の砦である施設において，彼らの生命・健康・生活をトータルに支える，きわめて公共性の高い労働を担っている。

　つまり「養護労働」とは，子どもの生存権保障の最後の砦としての施設において，そこで雇用された職員による子ども（家族や退所者へのケアを含む）の生命・健康・生活をトータルにケアする労働である。また，施設における職員の業務は多岐にわたり，その総合性が職員の専門性の一つともいえるが，「養護労働」は子どもに全人格的に関わり，常に感情のコントロールが求められるため，ストレス性の疲れが残りやすい。さらに，施設は生活の場で多様な価値観をもつ職員が働いているため，職員の成育歴も影響して価値観がぶつかりあうことが多く，職員との関係においてもストレスを抱えやすい。

　したがって，子どもと職員双方の人権保障の視点を大切にした民主的な施設運営に基づく職員集団づくりがされていないと，職員が安心して働き続けることは困難である。このことから，筆者は小規模化が進む今だからこそ，養問研が取り組んできた養護労働のあり方について問い直す必要があると考える。

（3）児童養護施設職員の労働条件・労働環境
１）職種と勤務体制

　施設のほとんどは，民間の社会福祉法人によって運営されており，そこでは約１万8,000人の職員が働いている。働いている職種は，施設長，事務員，個別対応職員，家庭支援専門相談員，児童指導員，保育士，心理療法担当職員，看護師，調理員などで，これらの職種がチームで子どもたちをケアしている。

　具体的には，子どもの生活支援に加えて，行事の計画・実施，学校や児童相談所などの関係機関との連携，子どもの保護者や退所者への支援などの業務を担っている。そこで，児童指導員・保育士（以下，職員）は，労働時間や賃金・休日などについては，労働基準法や就業規則に，施設内の業務は関係法令や法人・施設の方針に即して，職員集団で協力しながら子どもたちのケアにあたることになる。

　職員の勤務は，早番・遅番・断続勤務などの交替勤務がとられている。断続勤務とは，午前と夕方以降に勤務を分割する勤務（例：午前6時〜9時，午後4

時〜9時）で，子どもがいる時間帯に職員を重点的に配置する勤務形態である。この背景には職員の配置基準が低く，早番・遅番などの継続勤務だけでは勤務を組むことが難しいという制度の貧困さがある。

　施設の職員配置基準は，学童以上の子ども（小学生以上）5.5人対職員1人（予算措置上は子ども4人対職員1人）だが，近年はさまざまな加算があり，実際にはそれ以上に職員が加配されている状況がある。しかし，休憩や産休・育休・有休の取得を考えると不十分である。休日については，多くの施設で労働基準法に基づき4週8休（変則）になっているが，施設によっては担当の子どもの参観日や職員会議などで休日に出勤せざるを得ない場合もある。

2）措置費と労働条件

　施設は措置制度が維持されているため，関連職種と比較すると，労働条件は相対的に安定している。施設の賃金は，初任給はほぼ同じ水準であっても，公私間格差是正制度がある一部の自治体を除いて，施設（法人）ごとに独自の給与体系をとっている。

　また，職種・学歴・資格などによって異なるが，職員の本俸基準額（令和元年度）は，「福祉職俸給表」に規定されている。その内訳は，所長（定員51人以上，月額）27万4,500円，児童指導員21万9,198円，保育士20万3,898円である。[13]

　職員の初任給（本俸）は，主に学歴によって区分され，短大・専門学校卒が15〜16万円，大学卒が17〜18万円である。それに加えて，民間施設給与改善費，特殊業務，宿直，超過勤務，住宅，通勤，扶養などの諸手当が支給されている。賞与も公務員並みに支給されており，年間で本俸の約4カ月分が一般的である。

　民間施設と公立施設の本俸は，採用時は民間が約1万円低い程度だが，措置費の制約上，経験年数を重ねるごとに格差が顕著になってくる。これは措置費の基準額が，民間施設の平均勤続年数を基に算定されていることが背景にある。ただし，民間施設には独自の手当があるため，年齢が若いうちは公務員より賃金水準が高い場合もある。

（4）児童養護施設における小規模化の影響

　近年，施設では前述したように，小規模化が進む中で職員の労働環境が変化・悪化し，職員の確保・育成が困難になってきている。こうした中，「新し

い社会的養育ビジョン」（2017年）では，養子縁組家庭や里親家庭では対処することができず，子どもが家庭生活に拒否感をもっているなどの場合，「できる限り良好な家庭的環境」として，地域小規模児童養護施設（以下，小規模施設）や分園型小規模グループケアを指した上で，「ケアニーズが高い子どもが入所する状況になれば，4人以下で運営できるようにすべき」としている。

　しかし，特に施設の地域分散化については，それを実現していこうとする中で課題に直面している。例えば，制度化された当初の小規模施設の職員配置（常勤2人，非常勤1人）では，職員が交替勤務の中で勤務が重なる時間を十分に確保できないため，新任職員がベテラン職員から学ぶことができず，閉鎖的な環境の中で職員が孤立しやすいこと，それらを背景として早期離職に至りやすいなどの問題が指摘されている[14]。

　ただし，2019年度から「小規模かつ地域分散化加算」（常勤職員1人加配）がつき，さらに2020年度からは小規模施設と分園型小規模グループケアの職員配置が職員4人対子ども6人から同6人対同6人に拡充された。しかし，施設は人手不足で職員の確保・育成が困難なことが課題である。また，前述した点は，本体施設の小規模化（ユニットケア）においても，同様の問題が指摘されており，この状況でさらに地域分散化が進めば，施設運営に支障をきたす状況になりかねない。

　そのため，「新しい社会的養育ビジョン」とそれに基づく「社会的養育推進計画の策定要領」で示されているような地域分散化ありきではなく，本体施設における小規模化（ユニットケア）も必要といえる。実際に，そうした施設では，建物の構造を工夫してユニットや職員の孤立を防いだり，労働負担を軽減したりして，子どもと職員双方の人権保障を大切にした実践をしている[15]。

　筆者が行った小規模化の影響に関するインタビュー調査においても，ユニット化した施設では，他のユニットにも顔を出す，話を聴く，職員会議・連絡会議の充実，OJTをみんなでする，情報開示と説明，職員の加配，産休・育休の取得と復帰しやすい環境づくりなどの取り組みを通して，職員の孤立防止や労働負担を軽減していた[16]。したがって，本体施設の機能を活かす形での小規模化も必要といえる。

（5）児童養護施設における労働組合の役割

　労組は，憲法や労働組合法に規定されている労働者の権利を守るための組織である。施設は子どもが生活をする場所だが，前述したように，そこで働く職員の権利が守られていないと，子どもに適切なケアをすることは困難である。実際に，労組がないと施設の経営者と対等に交渉し，職員の労働条件・労働環境を改善することはできない。

　民間の施設は労組の組織率がきわめて低く，社会的な影響力が強いとはいえない。しかし，施設では①措置費の限界から賃金・労働条件の過度な要求は考えにくいこと，②制度の改善は労使双方の課題であること，③組織率の高い労組があれば，職場の要求が一本化され，職員集団もまとまりやすいことから，労組は労使双方にメリットがある。また，労組は労働者の自治に基づく，経営側へのチェック機能，異議申し立て機能，苦情処理機能などにより，職員の不満が吸収され，勤続年数も長くなる可能性がある。

　施設では労組が敬遠される傾向があるが，職員が自らの権利すら守られていない状態におかれていては，子どもの権利を守ることは困難であるため，労組は施設においても必要な存在といえる。さらに，施設は職員の人権が軽視されやすい職場だからこそ職員が団結し，労働条件だけではなく，子どもの生活環境の改善に向けて，経営者と対等の立場で交渉することができる労組の役割が重要になる。

（6）今後の課題

　本節では，養護労働や施設で働く職員の労働条件・労働環境，小規模化の影響，労組の役割などについて見てきた。このうち，特に施設の小規模化については，近年，職員が孤立・疲弊し，職員の確保・育成が困難になっている状況がある。

　しかし，職員にゆとりがないのに，子どもに適切なケアをすることは困難である。また，職員の人権を守ることが子どもの人権を守ることにもつながるため，施設の小規模化はその点を踏まえて進める必要がある。

　そのため，ディーセント・ワーク（働きがいのある人間らしい仕事）の視点を踏まえて，子どもと職員双方の人権を一体的に保障するしくみづくりが不可欠

である[18]。この点について，施設では職員配置が手薄なため，「人がいないからできない」という議論になりがちだが，休憩や有休などの確保に向けて必ずするという姿勢で業務内容を再点検し，現状を変えていく取り組みが求められる[19]。

　翻って，養問研は前述したように，こうした点について発足当初から取り組むとともに，現場の実態に基づくソーシャルアクションにも積極的に取り組んできた。この点について，日本は「すべり台社会[20]」といわれるほど，制度的な基盤が脆弱なため，それを改善するためのソーシャルアクションは特に重要である。そのためにも，施設における労組の役割の重要性を改めて喚起する必要がある。

注

⑴　野澤正子「養護と養護問題」『大阪社会事業短期大学創立三十周年記念誌　社會問題研究』第30巻・第2・3・4合併号，大阪社会事業短期大学，1980年，199-214頁。加藤薗子・鈴木政夫・上野悦子・岸田孝史「座談会──社会福祉と人権を考える」『日本の福祉はこれでいいのか』編集委員会編『日本の福祉はこれでいいのか──最前線から福祉労働を問う』あけび書房，1992年，233-235頁。

⑵　全国児童養護施設協議会「全国児童養護施設協議会　施設における人材確保等に関する調査報告書（平成26年度実施）」2015年。ただし，2014年12月1日現在，在職中の養育担当職員（正規）の1施設あたりの平均勤続年数。

⑶　武藤素明「地域小規模児童養護施設における実践と課題」『子どもと福祉』編集委員会編『子どもと福祉』3，明石書店，2010年，22-28頁。黒田邦夫「児童養護施設における『小規模化』の現状と課題──『小規模化』は施設間格差を拡大している」『子どもと福祉』編集委員会編『子どもと福祉』6，明石書店，2013年，64-68頁。

⑷　全国児童養護問題研究会「児童養護の実践指針 第4版」1997年。

⑸　児美川孝一郎『キャリア教育のウソ』ちくま新書，2013年，31・46頁。

⑹　竹中哲夫「青年の労働状況と青年期の自立支援をめぐって」全国児童養護問題研究会編集委員会編『児童養護と青年期の自立支援──進路・進学問題を展望する』ミネルヴァ書房，2009年，62-63頁。

⑺　望月彰「児童養護と青年期問題」全国児童養護問題研究会編集委員会編『児童養護と青年期の自立支援──進路・進学問題を展望する』ミネルヴァ書房，2009年，11頁。

⑻　堀場純矢『階層性からみた現代日本の児童養護問題』明石書店，2013年，39-42

頁。

(9) 重田博正『保育職場のストレス——いきいきした保育をしたい！』かもがわ出版，2010年，14-19頁。

(10) 同前書，116-117頁。

(11) 井上英夫「人権の旗を掲げよう」『医療労働』526，日本医療労働組合連合会，2010年，6頁。

(12) 厚生労働省子ども家庭局家庭福祉課「社会的養育の推進に向けて（平成31年1月）」2019年（2019年11月11日閲覧）。

(13) 児童育成協会監修『児童保護措置費・保育給付費手帳 令和元年度版』中央法規出版，2020年，269頁。

(14) 『子どもと福祉』編集委員会編『子どもと福祉』3，明石書店，2010年，4-28頁。

(15) 黒田，前掲論文。堀江美希「風通しの良い職場を目指して」『子どもと福祉』編集委員会編『子どもと福祉』9，明石書店，2016年，12-13頁。

(16) 堀場純矢「児童養護施設における小規模化の影響——職員の労働環境に焦点を当てて」『生協総研賞・第14回助成事業研究論文集』生協総合研究所，2018年，56-70頁。

(17) 設楽清嗣・高井晃編『いのちを守る労働運動——最前線9人の証言』論創社，2010年，250-251頁。

(18) 井上，前掲論文。

(19) 重田，前掲書，106-110頁。

(20) 湯浅誠『反貧困——すべり台社会からの脱出』岩波書店，2008年，19-58頁。

参考文献
・第2節

伊藤嘉余子『児童養護施設におけるレジデンシャルワーク——施設職員の職場環境とストレス』明石書店，2007年。

厚生労働省『児童養護施設入所児童等調査の概要（2018年2月1日現在)』厚生労働省，2020年。

全国児童養護施設協議会「施設における人材確保等に関する調査報告書」全国社会福祉協議会，2015年。

東京都社会福祉協議会「児童養護施設職員のワークライフバランスに関する考察——職員対象のアンケート結果より」『児童福祉研究』27，2016年，49-59頁。

あ と が き

　本書の企画構想に取り組み始めてからわずか2年ほどの間に，社会のあり方の根底を覆すようなことが起きている。全世界に感染拡大するCOVID-19は，社会的養護の利用者の労働・生活現場にも襲いかかり，社会的養護の支援者には養護・養育の際に相当な覚悟をもつことを求めている。当初執筆依頼予定だった何人かについてはかなうことなく今日に至った。

　社会的養護の実践の中では，であい・ふれあい・わかちあいが大切にされてきた。生命をなくすことなく養護までたどりつき「私と出会ってくれてありがとう」（であい），寝つけない夜は優しく背中をトントンし続ける（ふれあい），悲しい時苦しい時はそっと隣で感じる，楽しい時うれしい時は自分以上にとびっきりの笑顔をみせる関係（わかちあい）等々。コロナ禍で求められる「新しい生活様式」は，ホモ・サピエンスとしての視点に立つと不自然な「様式」であるともいわれる。双方を止揚するような「親和的な環境づくり」が問われる。

　社会的養護の支援者は，子どもたちがインケアを終えた後も彼らの人生に無関心ではいられない。大森真也氏は，社会的養護の子どもたちの自立への道のりの困難さについて，今見えるさまざまな課題ですら「氷山の一角ではないか」と述べ，「なぜなら，本当に困っている人の声は，なかなか世間には届きにくいのが世の常だから」だという（高橋亜美・早川悟司・大森真也『子どもの未来をあきらめない』明石書店，2015年）。子どもたちの声に耳を傾け，実践につなぐこと，「子どもたちの未来をあきらめない」ことの大切さを伝えてくれる。

　全国児童養護問題研究会第3代会長を務めた喜多一憲氏は，初めて養問研に参加した時の様子を「子どもへの思いから制度政策の矛盾まで，その情報量の多さとこれらを熱く語る先輩たちの姿に大きな羨望と衝撃を感じ」たものの，「仲間と議論し活動するなかで育てられ，実践への望みにつなげられました」と述べ（「養問研たより」No. 14, 2018.12.），専門性を高めるには，働きながらまなびあうことが大切だと教えてくれた。

本書は，企画初期と比べると大きく方針転換をし，実践の記録化を重視した。その意味で非常に具体的で実践的である。社会的養護を学ぶ学生さんとともに現場で日々実践に取り組む支援者の皆さんの手元に置いていただければ幸いである。

　最初から最後までおつきあい下さったミネルヴァ書房の音田潔さんには心から感謝したい。

2022年2月

遠藤由美

索　引

著者紹介 （所属，執筆分担，執筆順，＊は編者）

＊遠　藤　由　美（編著者紹介参照：第1章1・第2章1（1））

望　月　　　彰（元・愛知県立大学名誉教授：第1章2・3）

淵　本　幸　那（赤ちゃんの家さくらんぼ保育士：第1章4（1））

千　田　由美子（母子生活支援施設キルシェハイム施設長：第1章4（2））

堀　江　美　希（児童養護施設一陽保育士：第1章4（3））

石　原　佳帆莉（児童心理治療施設わかば館保育士：第1章4（4））

真　崎　英　二（児童自立支援施設三重県立国児学園児童自立支援専門員：第1章4（5））

山　田　真唯子（自立援助ホームohanaの家児童指導員：第1章4（6））

長　野　奈　央（名古屋市あけぼの学園保育士：第1章4（7））

伊　藤　洋　子（放課後等デイサービスあさがお障害児相談支援専門員：第1章4（8））

藤　田　明日果（児童相談所児童福祉司：第1章4（9））

片　岡　志　保（日本福祉大学福祉経営学部（通信教育）助教：第1章5）

吉　村　　　譲（岡崎女子大学子ども教育学部教授：第1章6）

長　瀬　正　子（佛教大学社会福祉学部准教授：第2章1（2））

石　塚　かおる（児童養護施設つばさ園施設長：第2章2（1）・第4章3（1））

黒　川　真　咲（第二調布学園主任：第2章2（2）・第3章1（1））

原　田　裕貴子（すみれ乳児院家庭支援専門相談員：第2章2（3）・第4章2（1））

安　形　元　伸（白梅学園短期大学保育科教授：第2章3（1））

岩　田　正　人（児童養護施設名古屋文化キンダーホルト施設長：第2章3（2））

芦田　徹（児童養護施設つばさ園主任児童指導員：第2章3(3)）

岡出多申（児童養護施設高鷲学園施設長：第2章3(4)）

尾方麻里奈（児童養護施設高鷲学園主任：第2章3(4)）

野尻耕司（児童養護施設高鷲学園児童指導員：第2章3(4)）

貝田依子（児童養護施設三光塾主任児童指導員：第3章1(2)）

澤田好江（日本福祉大学教育・心理学部教授：第3章1(3)）

加藤　潤（児童養護施設和進館児童ホーム自立支援担当職員：第3章1(4)）

木全和巳（日本福祉大学社会福祉学部教授：第3章1(5)）

浅井梨沙（岐阜羽島ボランティア協会Lalaの部屋相談員：第3章1(6)）

黒田邦夫（愛恵会乳児院施設長：第3章1(7)）

山口　薫（元・児童心理治療施設桜学館施設長：第3章2(1)）

児玉あい（元・児童心理治療施設桜学館児童指導員：第3章2(2)）

宮﨑正宇（聖カタリナ大学短期大学部保育学科助教：第3章2(3)）

藤田哲也（岐阜聖徳学園大学短期大学部幼児教育学科専任講師：第3章2(4)）

伊部恭子（佛教大学社会福祉学部教授：第3章2(5)）

早川悟司（児童養護施設子供の家施設長：第3章3(1)）

前田佳代（広島修道院きずなの家施設長：第3章3(2)）

坂口伊都（認定NPO法人チャイルド・リソース・センタープログラム統括・養育里親：第3章3(3)）

若林康一（児童養護施設高鷲学園里親支援機関with里親主任：第3章3(3)）

藤野育代（日本児童育成園乳幼児ホームまりあ産前産後母子支援事業室長：第3章3(4)）

加藤　雅美（たんぽぽ保育園長：第3章3（5））

吉田　祐一郎（四天王寺大学教育学部准教授：第3章3（6））

吉村　美由紀（名古屋芸術大学人間発達学部准教授：第4章1）

山本　圭介（児童養護施設大野慈童園家庭支援専門相談員：第4章2（2））

池戸　裕子（児童心理療育施設桜学館生活部長：第4章3（2））

鈴木　章浩（児童養護施設二葉むさしが丘学園自立支援コーディネーター：第4章4・第5章2）

相澤　知奈実（児童養護施設高風子供園主任：第5章1）

武藤　素明（児童養護施設二葉学園・二葉むさしが丘学園統括施設長：第6章1）

安部　慎吾（児童養護施設唐池学園児童指導員：第6章2）

堀場　純矢（日本福祉大学社会福祉学部准教授：第6章3）

編著者紹介

遠藤由美（えんどう・ゆみ）

1983年　名古屋大学教育学部卒業。
1986年　名古屋大学大学院教育学研究科博士前期課程修了（教育学修士）。
1992年　名古屋大学大学院教育学研究科博士課程単位取得後退学。
現　在　日本福祉大学教育・心理学部教授。全国児童養護問題研究会調査研究部長。
主　著　「戦後日本の養護施設の系譜——合宿教育所の成立と転換」児童福祉法研
　　　　究会『児童福祉法研究』10，2010年。
　　　　『教育のための法学——子ども・親の権利を守る教育法』（共著）ミネルヴ
　　　　ァ書房，2013年。
　　　　『日本の児童養護と養問研半世紀の歩み——未来の夢語れば』（共著）福村
　　　　出版，2017年。
　　　　「教育福祉に関する覚書」『名古屋造形大学紀要』25，2019年。
　　　　『吉田恒雄先生古稀記念論文集（仮題）』（共著）尚学社，2022年（予定）。

「そだちあい」のための社会的養護

2022年3月30日　初版第1刷発行　　　　　　　〈検印省略〉

定価はカバーに
表示しています

編著者　　遠　藤　由　美
発行者　　杉　田　啓　三
印刷者　　江　戸　孝　典

発行所　　株式会社　ミネルヴァ書房
607-8494　京都市山科区日ノ岡堤谷町1
電話代表（075）581-5191
振替口座 01020-0-8076

© 遠藤由美ほか，2022　　　　共同印刷工業・新生製本

ISBN978-4-623-09296-3
Printed in Japan

「そだちあい」のための子ども家庭支援

吉村美由紀・吉村譲・藤田哲也編著
Ａ５判／280頁／本体価格2500円

子どものニーズをみつめる児童養護施設のあゆみ

大江ひろみ・山辺朗子・石塚かおる編著
Ａ５判／304頁／本体価格3000円

ジェネラリスト・ソーシャルワークにもとづく社会福祉のスーパービジョン

山辺朗子著
Ａ５判／224頁／本体価格2500円

ソーシャルワーカーのための養護原理

北川清一著
Ａ５判／244頁／本体価格2800円

福祉専門職のための統合的・多面的アセスメント

渡部律子著
Ａ５判／272頁／本体価格2800円

主体性を引き出す OJT が福祉現場を変える

津田耕一著
Ａ５判／232頁／本体価格2500円

──────── ミネルヴァ書房 ────────

https://www.minervashobo.co.jp/